Alexander Lernet-Holenia
Resignation und Rebellion
"Bin ich denn wirklich, was ihr einst wart?"

Studies in Austrian Literature, Culture and Thought

General Editors:

Jorun B. Johns
Richard H. Lawson

Alexander Lernet-Holenia
Resignation und Rebellion
"Bin ich denn wirklich, was ihr einst wart?"

Beiträge des Wiener Symposions zum 100. Geburtstag des Dichters

Herausgegeben von Thomas Hübel,
Manfred Müller und Gerald Sommer

ARIADNE PRESS
Riverside, California

Library of Congress Cataloging-in-Publication Data

Alexander Lernet-Holenia : Resignation und Rebellion. "bin ich denn wirklich, was ihr einst wart?" : Beitrage des Wiener Symposions zum 100. Geburtstag des Dichters / Hrsg. v. Thomas Hübel, Manfred Müller und Gerald Sommer.
 p. cm. -- (Studies in Austrian literature, culture and thought.)
Papers from a symposium held in Vienna in May 1997, to commemorate the 100th birthday of Alexander Lernet-Holenia.
ISBN 1-57241-143-0
1. Lernet-Holenia, Alexander, 1897-1976–Criticism and interpretation –Congresses. 2. Authors, Austrian–20th century–Congresses.
I. Hübel, Thomas. II. Müller, Manfred. III. Sommer, Gerald.
IV. Series.

PT2623.E74Z5615 2005
838'.91209--dc22
                                                        2005046975

Cover Design:
George McGinnis

Copyright ©2005
by Ariadne Press
270 Goins Court, Riverside, CA 92507

All rights reserved.
No part of this publication may be reproduced or transmitted in any form or by any means without formal permission.
Printed in the United States of America.
ISBN 1-57241-143-0 (trade paperback original)

Inhalt

Marianne Gruber
Vorwort 7

Wendelin Schmidt-Dengler
Österreich als Wille, Unwille und Vorstellung.
Lernet-Holenia und die österreichische Literatur 12

Claudia Tuppy
Ein Offizier am Schreibtisch:
Zur Darstellung von Krieg, Liebe und Tod in
Romanen und Erzählungen von Alexander Lernet-Holenia 25

Kai Luehrs-Kaiser
Der Gebrauch des Trivialen.
Zur Funktion des Gattungsklischees
in den Romanen Alexander Lernet-Holenias 41

Martin Esslin
Der Theatermacher Lernet-Holenia 57

Donald G. Daviau
Alexander Lernet-Holenia in der Kritik.
Mit besonderer Berücksichtigung seiner Beziehungen
zu Auernheimer, Bahr, Kraus und Hofmannsthal 69

Krzysztof Lipiński
Abenteuer eines älteren Bewußtseins:
die Perspektive der Spätzeit in
der Erzähltechnik Alexander Lernet-Holenias 95

Hélène Barrière
Östliche Steppe, nördlicher Wald, mittelmeerisches Licht:
Himmelsrichtungen der erzählerischen Welt
Alexander Lernet-Holenias 107

Rüdiger Görner
In Kronos' austriakischem Gehöft.
Etüde über Alexander Lernet-Holenias lyrisches Schaffen 125

Adolf Haslinger
Das Detektivische im Werk Alexander Lernet-Holenias,
besonders im Roman *Beide Sizilien* 140

Thomas Hübel
Zweifeln am Zufall.
Zum intertextuellen Verhältnis von
Perutz' *Turlupin* und Lernet-Holenias *Der 20. Juli* 157

Gerald Sommer
„Er dient um die Erlaubnis,
eine öffentliche Heimsuchung sein zu dürfen."
Anmerkungen zu Willkür und Wohlwollen fiskalischer Organe,
ausgehend von Alexander Lernet-Holenias
Roman *Das Finanzamt* 171

Walter H. Sokel
Politik als Verdrängung des Eros.
Zu Alexander Lernet-Holenias Romanwerk
in der Epoche des Faschismus 188

Jean-Jacques Pollet
Prädestination und Phantastizität:
Randbemerkungen über Alexander Lernet-Holenias
Phantastik in *Mars im Widder* 205

Manfred Müller
Ein Versuch, Staatsdichter zu sein.
Alexander Lernet-Holenia 1945 – 1955 219

Bibliographie der Werke Alexander Lernet-Holenias 238

Anhang

Autoren 245

Namenregister 248

Vorwort

Marianne Gruber (Wien)

Im Mai 1997 veranstaltete die Österreichische Gesellschaft für Literatur unter dem Titel „Die Lust an der Ungleichzeitigkeit" ein Symposion zum hundertsten Geburtstag von Alexander Lernet-Holenia. Die Ausgangspunkte waren ein Werk, das dem Publikum bis auf die von Roman Roček herausgegebene Lyrik nicht zugänglich und wissenschaftlich kaum bearbeitet war, und eine Erinnerung, die sich eher auf einen zornigen alten Mann denn auf einen Autor bezog. Wer Lernet-Holenia lesen wollte, konnte dies zwar auf spanisch, französisch oder italienisch, aber kaum im Original.

1897 in Wien geboren, hinterließ Alexander Lernet-Holenia acht Gedichtbände, dreißig Theaterstücke und rund fünfzig Romane sowie längere Prosastücke. Zu Lebzeiten ebenso gefeiert wie angefeindet, war er eine der führenden Persönlichkeiten im literarischen Leben Österreichs nach 1945 und nach dem Tode Franz Theodor Csokors Präsident des österreichischen P.E.N. Clubs, bis er 1972 aus Protest gegen die Nobelpreisverleihung an Heinrich Böll zurücktrat. Hans Weigel, bekannt für seine markigen Aussprüche, meinte 1948 zur Situation der zeitgenössischen österreichischen Literatur, sie bestehe aus zwei Autoren: dem Lernet und dem Holenia. In den folgenden Jahren wandelte sich das Bild und als Lernet-Holenia im Jahre 1976 starb, geriet er schnell in Vergessenheit. Eine neue, junge Literatur war ins Zentrum der Aufmerksamkeit gerückt, von Lernet-Holenia blieben bestenfalls von ihm angestrengte Prozesse und verteilte Ohrfeigen in Erinnerung.

Er war kein einfacher Mensch, ein zorniger und gewiß ein unglücklicher. Der Vater holte ihn zu sich und wußte mit dem Jungen nichts anzufangen. Er übergab ihn der Obhut einer Tante. Das Kind Alexander hatte somit weder Vater noch Mutter an seiner Seite. Mag sein, daß Lernet-Holenias „Sucht", sich als illegitimen Nachkommen der Habsburger zu sehen – obwohl gerade sie dem alten Lernet-Holenia zum Feindbild gerieten –, die Suche nach eben jenen Eltern war, nach jener Liebe und Annahme, die er als Kind offensichtlich nicht gefunden hatte. Die Familie mütterlicherseits bestritt die Abstammung aus der Linie Habsburg jedenfalls entschieden und jene väterlicherseits war noch dem alten Mann gram dafür, daß die Heirat mit Lernet-Holenias Mutter die Karriere des Vaters, eines begabten Offiziers, zerstört hätte.

Lernet-Holenias Schreibtisch präsentierte sich eintretenden Besuchern zumeist leer. Nichts, scheint es, sollte auf eine Dichterwerkstatt hinweisen. Die Inszenierung trog.

Über mangelnde Anerkennung konnte sich schon der junge Lernet nicht beklagen, er wurde früh und ausgiebig gefeiert. Er stand mit Bahr, Hofmannsthal und Zweig in Verbindung, Rilke verwendete sich für ihn, damit der Gedichtband *Kanzonnair* im Insel Verlag erscheinen konnte. Er verdiente recht gut, zeitweise ausgezeichnet, mußte vom Schreiben leben und konnte es zweifellos. Er schrieb viel, manches nur um Geld zu verdienen, aber seinen Schreibtisch präsentierte er grundsätzlich aufgeräumt. Arbeit ist etwas, das dem Genie widerspricht. Und so lehnte er – dem Geniebegriff Hofmannsthals und nicht jenem Goethes verhaftet – aus einem der Gründe, aus denen Doderer Beethoven schätzte, den Komponisten ab: weil er nicht verbarg, daß er ein harter Arbeiter war.

Ein einziges Mal, so scheint es, arbeitete Lernet-Holenia tatsächlich an einem Text und nannte es auch Arbeit: als er während des Zweiten Weltkriegs *Beide Sizilien* schrieb. Seinen Briefen ist zu entnehmen, daß ihn das zufriedenstellte, beinahe glücklich machte. Er war überzeugt davon, daß dies sein bestes Buch werden würde.

Widersprüche, wohin man schaut. Mit Monokel und Orden auf in eine neue Zeit, die ihm so wenig zu behagen schien, wie die Geschichte davor. Gleichzeitig ein Mensch, der genießen konnte. Er reiste, ritt, schwamm leidenschaftlich gern, war stolz darauf, einen trainierten, gut gebauten Körper zu haben. Einer der am besten verdienenden Autoren des Dritten Reiches – was zu einer Anfrage in Berlin führte, ob es noch rechtens sei, wenn einer so viel Geld verdiene – und Mitarbeiter der Heeresfilmstelle – ein Posten, der ihm nach einer Verletzung während des Polenfeldzuges angeboten wurde – schrieb 1945:

„In der Tat brauchen wir nur dort fortzusetzen, wo uns die Träume eines Irren unterbrochen haben." Man hat Lernet-Holenia seine angebliche Nazivergangenheit vorgeworfen, die Mitgliedschaft in der Reichsschrifttumskammer, ohne die er, mit Gütern längst nicht mehr gesegnet, allerdings keine Honorare hätte erhalten können, was nicht zu vergessen ist. Sein Roman *Mars im Widder*, dem Reich gewiß nicht zu Gefallen geschrieben, erschien in Fortsetzungen in einer Frauenzeitschrift als Beleg dafür, daß Zensoren zum Glück des öfteren dumm sind.

Einige Widersprüche lassen sich möglicherweise mit einer unbändigen Lust an der Ungleichzeitigkeit erklären. Monokel und Orden waren vielleicht weniger Nostalgie als Spiel – oder Revolte. Die eigentliche Revolte aber kennt weder Theorie noch Kommentar. Sie drückt sich simpel im „So nicht" aus.

Zum schwierigen Charakter kommt, daß wir es mit einem Autor zu tun haben, der sich in seinem Werk eher verbirgt als erklärt – in den Briefen ist er zu finden – und der wenig für seinen literarischen Nachruhm tat. Er legte falsche Spuren und vernichtete solche, die zu ihm hätten führen können – auch ein Paket Rilke-Briefe landete im Feuer.

Lernet-Holenia ist ein Leben lang zwei Fragen nachgegangen: der nach der eigenen Herkunft, der eigenen Identität, und jener nach der Identität Österreichs im Kontext eines zerfallenden Europas. Offensichtlich hat er in keinem der beiden Fälle eine ihn zufriedenstellende Antwort gefunden.

Zurückgelassen hat er eine Fülle von Fragen, sowohl biographischer Art als auch sein Werk betreffend.

War der Schiffsleutnant Alexander Lernet nun der Vater des späteren Reiteroffiziers Alexander Maria Norbert Lernet oder doch – wie manche Vermutungen lauten – der Habsburger Erzherzog Eugen? Letzteres hätte – entgegen dem üblichen Umgang mit außerehelichen Nachkommen des Hauses, für die diskret, wenn auch nicht immer großzügig gesorgt wurde – einen besonderen Skandal bedeutet: Eugen war als Großmeister des Deutschen Ritterordens zur Keuschheit verpflichtet.

Wenn aber der angegebene Vater auch der biologische war, was hat dann den alternden Autor an der Vaterschaft zweifeln lassen? Ein unbändiger Groll auf den Abwesenden oder doch nur eine Marotte, um Aufmerksamkeit zu erregen, ein PR-Gag? Die Suche nach dem Besonderen, also auch nach der besonderen Abstammung? Der Versuch, dem Gefühl des Fremdseins in seiner Familie, seinem Umfeld, in der Gesellschaftsschicht, in der er lebte, die adäquate Rolle zuzuweisen, nämlich die des Findelkindes?

War Lernet so unpolitisch, wie man es ihm vorgehalten hat? Der Roman *Mars im Widder* widerspricht diesem Vorwurf ebenso wie jene Stelle aus einem 1933 geschriebenen Brief an Benn, wo er schreibt: „Ein Volk, das seinen Dichtern nur dann einen Rang einräumt, wenn sie ihm passen, wird keine Dichter mehr hervorbringen."
Was ist ironisch aufzufassen, was ernst zu nehmen? Wie soll man reagieren, wenn einer mit hochmütiger Distanz Sätze schreibt, die uns heute als Ungeheuerlichkeiten erscheinen: „Die Menschen verlieren ja manchmal ganz plötzlich allen Sinn für den Wert der Dinge. Bloß um sich die Hände zu wärmen, zünden sie dann königliche Schlösser an, und nur die paar, die dabei aus den brennenden Betten fliehen, wissen, was da verbrennt" (aus *Die Standarte*). Hatte er kein Herz für soziale Fragen oder verstand er sich einfach als Chronist, der kommentarlos stehen läßt, was er an Dummheit wahrnimmt – Dummheit, die sich, wie er meint, ohnehin selbst bestrafe?

Dummheit muß ihm, der über eine umfassende Bildung verfügte, Latein und Griechisch sprechen konnte, Italienisch, Französisch und Spanisch fast wie seine Muttersprache beherrschte und darüber hinaus Englisch immerhin so gut, daß er aus dieser Sprache zu übersetzen imstande war, zutiefst zuwider gewesen sein. Eine solche Abneigung macht zweifellos ungeduldig und vielleicht den ohrfeigenden alten Mann irgendwie verständlich – aber sie reicht als Erklärung nicht aus und wirft eher erneut Fragen auf, wenn man etwa das sensible Altersportrait betrachtet, das der Fotograf Arpad Bellingrath von Lernet-Holenia gemacht hat. Da ist kein zorniger Greis zu sehen, sondern ein Leidensgesicht, das sich mit der Krankheit zum Tod hin – dem Lungenkrebs – allein nicht erklären läßt. Was verbirgt dieser Autor vor seiner Umgebung, was vor sich selbst?

Die aus mehreren Gründen späte Herausgabe des Symposienbandes erlaubt, ein Resümee über die Zeit danach zu ziehen. Das Anliegen, einen gefeierten und nach seinem Tod sehr rasch vergessenen Autor wieder in Erinnerung zu rufen, aus einem gewiß nicht einheitlichen Werk das Zeitungebundene herauszufiltern und Anreiz zu geben, sich in Zukunft mit einem Autor auseinanderzusetzen, der für eine Auseinandersetzung viel anzubieten hat, ist in erstaunlichem Maß geglückt. Eine junge Generation von Literaturwissenschaftlerinnen und Literaturwissenschaftlern hat Lernet-Holenia für sich neu entdeckt. Symposien wurden abgehalten, Dissertationen entstanden europaweit. Mit der Neuauflage einer beachtlichen Anzahl der Romane, auch der Lyrik, ist eine neue Leserschaft gewonnen worden; eine Fülle von Übersetzungen, vor allem in den romanischen Ländern, hat in der Zwischenzeit ihr Publikum erreicht.

Für einen kommt der nun vorliegende Band zu spät: Martin Esslin, einer der Referenten, der kluge und wissende Freund der österreichischen Literatur, der Theaterwissenschaftler, Beckettfreund und Brechtexperte, der aus dem Abstand der ihn bedrängenden Geschichte die Sicht des Weltbürgers gewonnen und uns diese Geschichte allmählich verziehen hat, lebt nicht mehr.

Lernet-Holenias Fragen nach der österreichischen und der eigenen Identität spiegeln sich in Martin Esslin wider. Nie endgültig beantwortet, sind sie in einem sich verändernden Europa wiederum aktuell geworden. Lernet-Holenias Wut über so manches in dem Land, in dem er lebte, kann man als Enttäuschung interpretieren, als Scham verstehen – eine Reaktion, die ihn auch auf einer nicht literarischen Ebene zeitgemäß erscheinen läßt.

Österreich als Wille, Unwille und Vorstellung. Lernet-Holenia und die österreichische Literatur

Wendelin Schmidt-Dengler (Wien)

Kaum ein Satz Alexander Lernet-Holenias hat in der Literaturgeschichte solche Fortune gemacht wie das Wort, das er am 17. Oktober 1945 an Dr. Egon Seefehlner, den Chefredakteur der Zeitschrift *Der Turm*, richtete. Darin hieß es:

> In der Tat brauchen wir nur dort fortzusetzen, wo uns die Träume eines Irren unterbrochen haben, in der Tat brauchen wir nicht voraus-, sondern nur zurückzublicken. Um es vollkommen klar zu sagen: wir haben es nicht nötig, mit der Zukunft zu kokettieren und nebulose Projekte zu machen, wir *sind,* im besten und wertvollsten Verstande, unsere Vergangenheit, wir haben uns nur zu besinnen, *daß* wir unsere Vergangenheit sind [...].[1]

Dieser Brief erschien unter dem Titel „Gruß des Dichters", und Lernet-Holenia muß damals als der Dichter schlechthin gegolten haben. Und 1966 formuliert Hans Weigel mit Bezug auf die damalige Situation: „In einem Vortrag sagte ich 1948: Die österreichische Literatur besteht derzeit aus zwei Autoren, aus dem Lernet und dem Holenia" – und vergewissernd fügt er gleich hinzu: „Doderer trat erst nach 1950 in Erscheinung."[2]

Für eine bessere Bestimmung der Position Lernet-Holenias scheint es durchaus sinnvoll, sich eben mit Äußerungen Lernets aus diesen Jahren im *Turm* zu befassen, wobei abschließend Ausblicke nach vorn und zurück gestattet seien.

Die Formel von den „Träumen eines Irren" und mehr noch die Annahme, daß es sich nur um eine Unterbrechung einer österreichischen Kontinuität gehandelt habe, wurden oft gegen Lernet-Holenia gewendet; vielleicht nicht immer mit Grund, denn Lernet beruft sich für sein Urteil auf die zweite Nummer des *Turm*, und diese Zeitschrift war, man nehme alles nur in allem, respektabel: In ihr ist noch eine gewisse Offenheit bemerkbar und wenig von jenem traditionsbewußt restaurativem Getue, das für diesen bruchlosen Anschluß an die Vergangenheit sorgte. Die gemäßigt katholische Linie ist zwar unverkennbar, aber ein Dogmatismus oder Fundamentalismus ist nicht wahrnehmbar, und daß sich ein Beitrag mit den Schäden am Stephansdom beschäftigte, kann wohl nicht als verderblich restauratives Denken gebrandmarkt werden. Ferner finden sich Texte von Paul Valéry, ein Aufsatz des Kunsthistorikers Fritz Novotny über die Kunst Herbert Boeckls, eine Erzählung Rudolf Kassners „Der Sohn" sowie Rezensionen und Berichte über Konzerte und über eine Klimt-Schiele-Kokoschka-Ausstellung. In der Tat hat man den Eindruck, als würde das Leben so weitergehen und als wäre nichts Nennenswertes und Seinesgleichen geschehen, eine gewiß bedenkliche Haltung, aber doch auch wieder einem Euphemismus verpflichtet, der die Situation überstehen half. Ich möchte die Aufmerksamkeit auf die letzten Zeilen dieses Briefes lenken, worin es heißt:

> Wir dürfen uns weder unter den kulturellen oder zivilisatorischen Geschmack andrer demokratischer Völker, noch unter die allzu aufgeklärten, das Geheimnis der Religion allzu aufklärenden Tendenzen gewisser Partikel des eigenen Volkes traditionslos beugen. Denn was uns sogar all die Zeit unserer totalen Unfreiheit *geblieben* ist, war die Unbeugsamkeit unseres Urteils und – um eines der stolzesten Worte Dantes zu gebrauchen – nostra cattolica fede.[3]

Das sind die sehr politischen Betrachtungen eines Unpolitischen, der vor den Zivilisationsliteraten warnt, aber auch vor jenen „Partikeln" in Österreich, die allzu aufklärerisch sein könnten. Aufklärung, so meint man Lernet-Holenia interpretieren zu dürfen, ist ja gut und schön, aber zu viel Aufklärung schadet nur.

Auch in die Debatte um die Rückkehr Thomas Manns nach Deutschland mischt sich Lernet-Holenia ein, und zwar in einer eher kryptischen Äußerung. Diese Debatte, in deren Verlauf ja auch der Begriff der „inneren Emigration" zur Diskussion stand, gehört nach wie vor zu den peinlichsten Momenten des Umgangs mit Nazideutschland, da man dabei des öfteren eben an die Emigranten Vorwürfe richtete und die Daheimgebliebenen zu den wahren Opfern zu machen suchte. Lernet-Holenias Haltung ist seltsam sphingisch; er fragt sich, ob es einen Sinn hat, Thomas Mann heimzuholen. „Wahrscheinlich wären die Vorteile für die Deutschen unbedeutend", meint er. Die Nachteile hingegen für Thomas Mann wären groß, weil er der „verhältnismäßigen Ruhe von Santa Monica" verlustig ginge. Lernet-

Holenia stellt ein Nachlassen der Schaffenskraft bei Thomas Mann fest und fragt sich, „ob er *jetzt* noch zu den Gebenden gehört".[4]

In einer „Notiz aus der Schweiz" wiederum repetiert Lernet-Holenia die Notwendigkeit, sich der Kontinuität anzuvertrauen. Die ganze Welt und nicht nur Österreich habe, so meint er, während des Krieges den Atem angehalten; das Vakuum sei überall, nicht nur in Österreich. „Worauf wartet die Welt, um wieder eine Welt zu werden?" fragt er besorgt.[5]

1946 wurde von der Redaktion des *Turm* die Rundfrage „Was ist österreichisch?" gestellt. Von Csokor, Henz, Kassner, Mell, Weigel und Lernet-Holenia wurden Antworten abgedruckt. Auffallend ist, daß für nahezu alle das Prinzip des Ausgleichs Priorität hatte. Hier finden sich auch all die Topoi, die in der Folge zur Kennzeichnung dessen herangezogen wurden, was als essentiell österreichisch zu gelten hatte. Lernets Antwort:

> Es ist österreichisch, im Gleichgewichte zwischen Vergangenem und Zukünftigem, zwischen Verpflichtung und Unabhängigkeit, zwischen Ideal und Wirklichkeit, zwischen Ernst und Ironie, zwischen Leidenschaft und Gelassenheit zu stehen. Es ist österreichisch, das Fremde zu begreifen, aber aus Eigenem zu urteilen, das Notwendige zu erfüllen und zuletzt doch nur sich selbst zu gehorchen, auf die Macht zu resignieren, aber die Welt dennoch zu besitzen. Es ist österreichisch, der Wirkung den Geschmack, dem Erfolge die Lebensart, dem Allgemeinen das Persönliche vorzuziehen. Kurz, es ist österreichisch, im Einklang mit sich selbst zu sein.[6]

Eine andere Stellungnahme beklagt „Die materielle Krise der Kultur". Diese Krise sei keine geistige, sondern allein durch die materielle Situation verursacht. Beklagt wird vor allem die Verzögerung, die bei der Publikation einer Schrift eintritt, und diesem Umstand hält Lernet die Tatsache entgegen, daß eine Schrift des Erasmus von Rotterdam innerhalb von vier Monaten geschrieben und gedruckt worden sei.[7] Diese Programmschrift vollzieht am Ende eine völlig antiprogrammatische Wendung: „Wenn die Menschheit endlich aufhören wird, an sich selbst zu doktern, wird sie gesunden."[8] Die Veränderung der Umstände würde also erst dadurch eintreten, daß man sie nicht verändern will.

Der resignative Zug wird immer deutlicher erkennbar. In der Glosse „Amerika und die Europäer" drückt er seine tiefe Skepsis gegen die Wirksamkeit des Wortes aus: „Das Wort ist ganz auf der Seite der alten Welt geblieben, auch das Wort bleibt in seinem Rechte, es wird freiwillig in seinem Rechte gelassen, aber es tut nicht mehr die Wirkungen, die wir von ihm erwarten und um welche wir die neue Welt, die es noch nicht hat, beneiden – *weil* es sie noch nicht hat."[9] Es geht dabei um Qualitäten, und Lernet spricht besorgt eine Vermutung dahingehend aus, daß Amerika Europa einmal an Bildung überrunden werde. Sein Hochmut wird überdeutlich: Die Europäer sollen ihre europäischen Pässe behalten, meint er, und:

> Wir [Europäer] sollten überdies nicht vergessen, daß uns, so sehr wir im Begriffe sind, überflügelt zu werden, doch noch eine Zeit bleiben wird, in der wir wieder werden können, was wir sind – wenn wir auch nie mehr sein werden, was wir waren. Die Aufträge jedenfalls, die wir haben, unsere Missionen, sie sind noch nicht zu Ende. Noch führen wir die geistige Firma. Wir sollten sie ordnungsgemäß übergeben, nicht den Bankrott ansagen, um sie jenem zu überlassen, der sie, als erster, nehmen will.[10]

Die Metaphorik ist bezeichnend: Sie setzt das Geschäftsleben und damit den Verfall einer Firma parallel zum Verfall des Geisteslebens. Offenkundig ist Europa am Ende angelangt. Die Firma steuert dem Ruin zu, doch die Bilanz soll stimmen. So wie eine Gesellschaftsklasse, das Bürgertum, ihren Bankrott erklären muß, so muß Europa sein Ende vor Augen haben. Es geht bei dieser österreichischen Variante einer Untergangsstimmung in der Manier Spenglers um die geordnete Hofübergabe. Ein so deutlicher kulturpessimistischer Zug ist allerdings in den meisten Texten anderer Autoren in der unmittelbaren Nachkriegszeit nicht auszumachen. Lernet hingegen läßt keine Aussicht auf eine bessere Zukunft zu, ja, er läßt auch keine Hoffnung zu. Es geht nur darum, das, was noch erhalten ist, auch weiterhin zu erhalten. Mit dieser Signatur des trotzigen Bewahrens ist auch alles zu verstehen, was Lernet in der Folge noch hervorbrachte. So erklärt sich auch seine durchwegs resignative, mitunter auch aggressive Rezeption aller neueren künstlerischen Erscheinungen. Optimismus ist ihm fremd. Zugleich fällt das Bekenntnis zu Missionen auf. (Übrigens scheinen fast alle seine Helden eine Mission zu haben!) Und die Konflikte, die bei der Durchführung solcher Missionen entstehen, bestimmen zu einem guten Teil die Handlungen in seiner Prosa. Die Figuren verlieren im Laufe der Handlung zusehends ihre Autonomie, sie werden zu unselbständigen Vollstreckern eines Auftrags. (Das beste Beispiel dafür ist ja *Die Standarte.*)

Das Handeln vollzieht sich immer in Extremsituationen, angesiedelt an den Bruchstellen der Geschichte, in Stern- oder Unsternstunden. Der Erzähler, der die Regie führt, ist mit einem Endzeitbewußtsein ausgestattet. In den Gedichten wird eine solche Untergangsvision beschworen. Es ist ein fortwährender Untergang: „Nicht, daß sie wirklich, die Welt / endete. Auch das Endende währt ja / immer noch weiter. Aber das Währende auch, / immerfort endet es, und euer eigenes Ende / ist auch das Ende der Welt."[11] Die Apokalypse wird zum Dauerzustand.

Dieses Bewußtsein, dauernd im Untergang zu leben, gibt der Prosa auch ihre Straffheit und die oft bezwingende Sicherheit bei der Darstellung von Abläufen. Das tritt am besten in einer Erzählung zutage, die in der Zeitschrift *Turm* erschien, und zwar unter dem vielsagenden Titel *Der Zwanzigste Juli*. Überdies, und das mag ein Indiz für die überragende Stellung Lernets unter den Mitarbeitern dieser Zeitschrift sein, ist dies die einzige längere Erzählung, die in dieser kurzlebigen Zeitschrift erschien. Weil nun diese Geschichte die Haltung Lernets zu Österreich anders und zugleich komprimierter transportiert als die expositorischen Texte, möchte ich auf ihren Inhalt etwas genauer eingehen:

> Im Frühjahr 1944 hinterließ in Wien der an einem Lungenaffekt gestorbene Dozent Alberti seine Frau Suzette, geb. Joel, eine Jüdin, die nach den Methoden des Regimes nun schutzlos der Gestapo ausgeliefert war. Suzette rettete sich zu ihrer Freundin Elisabeth v. Josselin, deren Mann, ein deutscher, schwer kriegsverletzter Major, freilich nichts von der Verborgenen wissen durfte. Man versuchte, der wachsenden Schwierigkeiten wegen, Suzette zur Flucht ins Ausland zu verhelfen. Man knüpfte Beziehungen zu einem Menschen namens Bukowsky, der im Grandhotel wohnte und eine durchaus dunkle Existenz war. Die entscheidende Komplikation trat dadurch ein, daß Suzette schwer erkrankte und in ein Spital eingeliefert werden mußte. Sie wurde unter dem Namen Elisabeth v. Josselin aufgenommen und starb dort als solche. Die Lage der wirklichen Elisabeth war dadurch verzweifelt geworden. Jetzt blieb ihr nichts anderes übrig, als sich ihrem Mann anzuvertrauen, der sofort erklärte, er sei gezwungen, seinem General Meldung zu machen; auf die Folgen könne er keine Rücksicht nehmen. Der General nun, eben damals im Einverständnis des Offizierskomplotts, bewog den Offizier, den er schätzte, nicht nur von seinem Vorhaben abzustehen, sondern sich auch der Revolte anzuschließen. Papiere für eine etwaige Fahrt im Auftrag der Verschwörer wurden ihm ausgehändigt. Seiner Frau erzählte Josselin, er

sei überhaupt nicht bei dem General gewesen. Elisabeth beschloß nun, vor allem auf Zureden ihres Vaters, des Hofrates Buschek, ins Ausland zu flüchten; konnte sie doch nicht als ‚Tote' in Wien weiterleben ...[12]

Damit ist für den zweiten Teil die Grundlage für ein dicht geschnürtes Bündel geschaffen: Es lassen sich viele Verwicklungen auf engem Raume unterbringen. Elisabeth muß also verschwinden, und damit ist für eine subtil angelegte Parallelhandlung die Ausgangsbasis geschaffen. Josselin könnte ausreisen; das ist ja, was Elisabeth auch möchte, ja muß. Aber von den Papieren, die ihr Mann hat, weiß sie nichts, und er weiß nichts von ihren Wünschen. Sie begibt sich nun in die Hände des fragwürdigen Vermittlers Bukowsky, der indes zum Sicherheitsdienst gehört. Dieser erkennt, daß Elisabeth keine Jüdin und folglich auch nicht Suzette Joel ist. Zugleich verliebt er sich in sie und will mit ihr nach Italien ausreisen. Der Intrigant läßt Josselin verhaften. Der aber entkommt. Elisabeth sitzt schon mit Bukowsky im Zug, da wird dieser zur Bahnhofskommandantur gerufen und dort von seinem Gegenspieler bei der Gestapo erwartet. Dieser möchte nun ihn verhaften, da er, seiner Auffassung nach, Josselin durch Verhaftung vor Verfolgung schützen wollte. Bukowsky will diesen Vorwand als lächerlich abtun. Es kommt zu einem Schußwechsel. Bukowsky erledigt sein Gegenüber, wird aber selbst von dessen Leuten erschossen. Ein schöner Showdown, und auf diesen folgt das melodramatische Ende: Josselin ist auf dem Bahnhof erschienen, wird in den Zug gebracht und erhält den Platz vis-à-vis von Elisabeth:

> Nach einiger Zeit sah der Major, daß Elisabeth den Kopf zurücksinken ließ, sie hatte die Augen geschlossen und begann zu lächeln wie in einem Traume. Josselin beugte sich ein weniges vor. Dabei knisterten die Reisedokumente, die ihm noch für den Fall der Revolte ausgestellt worden waren, in seiner Tasche. Er hatte nicht geahnt, für welchen Fall er sie in Wirklichkeit verwenden werde. Mit der Linken tastete er nach Elisabeths Hand, und unter dem Fenster, in dem Schatten, wohin der Schein der Lichter nicht mehr fiel, fanden sich die Hände.[13]

Es ist schwer, alle komplizierten Handlungszüge überschaubar zu erfassen; aus diesen Verwicklungen bezieht diese *short story* ihre Energien. Sie ist gerade durch die Verzahnung der einzelnen Episoden und Figuren sehr typisch für Lernets Erzähltechnik. Und gerade an dieser Geschichte läßt sich auch sehr schön zeigen, wie durch die Behandlung des österreichischen Widerstandes nach dem Krieg sich der Autor selbst wieder in die österreichische Literaturgeschichte hineinschreibt.

Am Anfang wird die Geschichte so erzählt, daß für Meinungen kein Platz zu bestehen scheint. Sie ist pure Handlung. Die Handhabung eines von Hypotaxen geprägten Satzbaues scheint den Text gegen jede Form von Mitteilung mit weltanschaulichem Zusatz abzudichten: In dieser Geschichte hat Lernet mit seltener Deutlichkeit einem großen Vorbild gehuldigt, nämlich Heinrich von Kleist. Immer wieder wird die Wortfolge durch Nebensätze unterbrochen oder durch attributive Einschübe oder erläuternde Parataxen; all dies erfolgt im Dienste einer Verdichtung:

> Angesichts der Gelassenheit, ja Selbstaufopferung, mit der Joel nicht an Flucht gedacht, sondern seinem Schicksal entgegengegangen, hatte Alberti ihm oft bedeutet, er halte ihn für einen jener sechsunddreißig Gerechten, die es auf Erden ständig gebe und die durch Gottes Ratschluß immer auf der vollen Zahl erhalten würden, weil, wenn ihrer auch nur einer weniger würde, die Welt ein Ende nehmen müsse, – worauf Joel, mit dem Versuch eines Lächelns, erwidert hatte: es scheine ja, daß die Welt ein Ende nehme; und überdies tue der Schwiegersohn unrecht, ihn darauf aufmerksam zu machen, daß er ihn für einen Gerechten halte, – gehöre es doch fast immer zum Wesen solcher Gerechten, daß sie es von sich selber nicht wüßten.[14]

Auch der Wechsel von langen und kurzen Sätzen sorgt für die eigentümliche Rhythmisierung des Ganzen. Doch unmerklich wird das Korsett der so streng geknüpften Syntax lockerer: Mehr und mehr tritt die indirekte Rede zurück und die szenische Darstellung in den Vordergrund, und die Vermutung liegt nicht fern, daß diese Erzählung mit dem Blick auf eine Verfilmung geschrieben wurde. Die Schlußszene eignet sich vorzüglich dazu, und das ist wohl auch ein Finale, mit dem ein Kinogeher in der Nachkriegszeit zufrieden sein konnte. Es wurde ja auch unter dem Titel *Das andere Leben* ein Film und später ein Fernsehspiel daraus gemacht.

Zufrieden mit dem Ende – ist uns heute diese Zufriedenheit auch gegönnt? Zweifellos, der Ausgang ist offen, aber eine Perspektive, eine Chance scheint es ja doch noch zu geben, daß der offenkundig innerlich gewandelte Josselin und seine heroische Frau Elisabeth das rettende Ausland erreichen.

Die Erzählung besticht durch ihre Handlungsfülle, durch die sichere Handhabung der Präzipitation auf das Ende zu. Der Leser ist gefordert, er muß eine Fülle einzelner Details arrangieren, den Verstrickungen folgen, die sich aus der Serienschaltung von Zufällen und Täuschungen, von Verkennen und Verkanntwerden, von Mißverständnissen und Trug ergeben – kurzum ein Kleistsches Muster, ein Muster, das mit beachtlicher Sicherheit hergestellt ist. Die Handlung läuft so geschlossen vor uns ab, daß wir uns des Eindrucks nicht erwehren können, hier würden Marionetten agieren. Die Figuren haben einen Part übernommen, den sie bis zum Ende durchzuspielen haben. Für die einen geht alles gut, ja vorzüglich aus, für die andern eben nicht. Damit Josselin und Elisabeth zueinander finden, muß es viele Opfer geben. Zunächst müssen Alberti und seine Frau Suzette sterben, mittelbar beide Opfer des Naziterrors. Deren Tod wiederum hat Elisabeth in eine ausweglose Situation gebracht: Sie muß sich dem verbrecherischen Sicherheitsdienst anvertrauen, doch da tritt nun die wunderbare Fügung ein, daß die Schurken einander beseitigen. Wäre dem nicht so, würde es nie zu einem guten Ende kommen, und es gäbe der Opfer noch mehr. Es geht zu Ende mit einem *narrow escape*, aber wenn da Josselin, der verwundete und durch den österreichischen General auch gewandelte deutsche Offizier, und Elisabeth, die Tochter eines österreichische Patrioten, am Ende zueinander finden und sich bei den Händen fassen, dann kommt dieser Szene fast so etwas wie emblematische Gültigkeit zu. Die beiden können dort fortsetzen, wo ihre Verbindung durch einen Zugriff von außen, sprich: durch die „Träume eines Irren", unterbrochen worden war.

Die kompakte Handlung, die strenge Verfugung der einzelnen Episoden – all dies scheint die Erzählung auch abzudichten gegen jede Meinung. Es entsteht der Eindruck, als sollte und wollte dies alles nicht mehr als pure Handlung sein, in der keine Tendenz, auch keine tendenziöse Aussage Unterkunft finden sollte. Und doch stößt der Erzähler, der sonst in der Aktionsdichte zu verstummen scheint, einmal das Fenster weit auf, um die Luft des Kommentars hereinzulassen. Dabei geht es natürlich um den 20. Juli, der dem Text ja auch den Titel gegeben hat. Da ist dann doch eine seltsame Ambivalenz des Urteils zu orten: Der General, der die Verschwörung unterstützt, ist eine der positiven Figuren und letztlich auch der Retter des Ehepaares Josselin, aber der Erzähler fällt über diese Aktion ein negatives Urteil:

> Man könnte den Zwanzigsten Juli für eine Sternenstunde der Menschheit nehmen – oder vielmehr für eine Stunde ihrer Unsterne. Doch steht es dahin, ob, wenn die Revolte geglückt wäre, das Geschick sich anders vollzogen hätte. [...] Erst wenn das Schicksal Nagasakis und Hiroshimas auch deutsche Städte ereilt hätte, wäre die totale Kapitulation erfolgt. Oder mit anderen Worten: statt eine totale Niederlage zu erleiden, hätte man total kapituliert.[15]

Auffallend und zugleich ein Fingerzeig ist die Formulierung, man hätte dieses Ereignis als eine „Sternenstunde der Menschheit [...] – oder vielmehr für eine Stunde ihrer Unsterne" nehmen können. Lernet geht mit dieser Stern- oder Unsternstunde anders um als Stefan Zweig, der diese Wendung geprägt hat. Bei jenem geht es meist darum, daß ein Zufall auf lange Sicht die Geschichte bestimmt. Hier ist es umgekehrt. Das Ereignis greift in das Schicksal der Menschen ein, ohne daß diese davon wissen. Erzeugt Zweig durch die Fehlleistung seiner Protagonisten den Eindruck, daß es dadurch Mißlingen in der Geschichte gäbe, so glückt in diesem Text durch das Mißlingen in der Geschichte die Rettung der Protagonisten: Planvolles Handeln ist nicht angezeigt. Die Dinge müssen sich von selbst entwickeln. Dem Rad der Fortuna kann man nicht in die Speichen fallen.

Das Ehepaar Josselin mag sinnbildhaft einstehen für die Entwicklung eines neuen Österreich; doch dieses kommt nicht durch Planung, sondern durch die purifizierende Wirkung einer Serie von Schicksalsschlägen zustande. Diesmal ist es, so deute ich die Moral der Geschichte, noch einmal gut gegangen. Das Ende ist nur hinausgeschoben. Die Guten, die überleben, werden belohnt; der Gang der Geschichte aber fordert auch seine Opfer, unter den Guten wie unter den Bösen. Diese Haltung ist keineswegs atypisch für die österreichische Literatur nach dem Zweiten Weltkrieg. Das Subjekt ist entmachtet, es ist zur Passivität verurteilt.

Der Zwanzigste Juli scheint mir ein Indiz für Lernets resignative Einstellung zu sein und – trotz des Finales, das kurzfristig eine Perspektive eröffnet – zugleich ein Zeugnis für einen tief verwurzelten Geschichtspessimismus.

Die im Gedicht „Zweite Olympische Hymne" angedeutete Endzeitvision grundiert auch diese Erzählung, die somit auch einen Kontrast zu so vielen optimistischen Visionen, die nach 1945 entworfen wurden, darstellt. Die Spiele der Mächtigen hat Lernet in seinen Romanen immer wieder zu deuten und zu fassen versucht. Zusehends werden die Symbole, die für die gültigen Werte stehen, getilgt. *Die Standarte* von 1934 läßt aus dem Rauch der verbrannten Feldzeichen in einem Traumgesicht ein neues Meer von Fahnen entstehen, immerhin eine Vision, die auf ein neues Reich zu zielen scheint. Doch viel bitterer ist der Nachgeschmack, den das Buch *Die Geheimnisse des Hauses Österreich. Roman einer Dynastie* hinterläßt. Darin erscheinen die Habsburger als ein Clan, der das Individuum schonungslos opfert, die Untertanen betrügt, aufwendige Täuschung und komplizierte Intrigen bemüht, um sinnlose Rituale und schnöden Schein aufrecht zu erhalten. Die passionierte Bindung an die Geschichte Österreichs erzeugt somit die Dekuvrierung einer Geheimgeschichte, ganz nach der Praxis der *Anekdota* des Prokopius, der Schauerliches aus den Privatgemächern der Kaiserin Theodora mitteilt.

Lernet-Holenia usurpiert die Rolle des österreichischen Historikers, der die Abgründe in einer Entwicklung, nicht aber deren Gründe kennt. Daß dieser Roman allerdings kaum den Kriterien der Gattung entspricht, sondern viel eher einem Kranz von Anekdoten, die sich um die Geschichte des Herrscherhauses ranken, mindert die diagnostische Kraft, die diesem Erzählen zukommen könnte. Das Skandalöse wird mitgeteilt, doch liegt der Skandal nicht im Ungerechten des Alltags, sondern in den Geschichten von den höchsten Damen und Herren. Statt historischer Ableitungen dominiert ein Netz magischer Beziehungen. Die Bewunderung für Maria Theresia ist groß, Franz von Lothringen wird als Betrüger enttarnt – und die Gewalt der Skandale scheint in geometrischer Progression zumindest bis zum Ende der Monarchie zu wachsen.

Österreich und sein Herrscherhaus liefern dem Grimm reichlich Nahrung, zugleich aber auch den Texten. Zu einem guten Teil ist Lernet-Holenias Werk ein Kommentar auch zur politischen und zur Ideengeschichte. Daß dem jungen Autor dieses Land zum Problem wurde, geht aus einem seiner frühen Werke hervor. Die *Österreichische Komödie* von 1926 scheint eine Antwort auf die Situation nach 1918 zu sein, wie es wohl auch die beiden Stücke Hofmannsthals, *Der Schwierige* und *Der Unbestechliche*, waren, als deren grobkörnige Variante diese Komödie zu sehen ist. Da gibt es den polternden Diener im Zentrum, um den herum die Hauptfiguren der Komödie postiert sind: Eine Affäre, die Enthüllung eines Skandals und dessen Verhüllung stehen im Mittelpunkt, eben eine ‚österreichische Komödie'.

Eine Baronin wird als Geschäftsführerin eines Bordells erkannt, und ein Aristokratentöchterchen als eine ihrer Mitarbeiterinnen. Die Situation wird dadurch bereinigt, daß ein in England ausgebildeter junger Bürgerlicher bereit ist, sich zur Wahrung des schönen Scheins mit der adligen Nobelprostituierten zu verloben und diesen Zustand so lange währen zu lassen, bis die Sache nicht mehr Gegenstand des Geredes ist... Eine sehr harmlose Komödie. Sie spielt auf dem Landgut des polternden Grafen Saurau. Die Gäste benehmen sich auch reichlich außer Rand und Band, es kommt zu zahlreichen Mißverständnissen und häßlichen Szenen mit gereiztem Wortwechsel, aber die Schlußworte des Dieners Johann zeigen, daß dies alles in der schönsten Ordnung ist:

> Die mehr gwöhnlichen Leut heutigen Tags, die was einem förmlich die Tür einrennen, daß überhaupt einmal halbwegs einen Umgang kriegen, die glauben dann schon, daß ihnen bei uns aufführen können, daß einer Sau graust. Es is ja daderhier auch schon zugangen, wie der Herr Graf mit der Kammerjungfer von der Gräfin-Mutter aufgflogen is und wie die Frau Gräfin hat an der Wand hinaufkriechen wollen. Aber da haben wir alle miteinander das gewisse Savoir-Vivre gehabt. Da warn wir wenigstens noch entre nous![16]

Die Parallelen zu Hofmannsthal liegen auf der Hand, nur ist es in den Räumen, die Hofmannsthal noch gegen die Veränderung hermetisch abzudichten verstand, recht zugig geworden. Der Herr des Hauses heißt Saurau, mit einem ja auch in der Realität vorkommenden und zugleich mit einem darauf hinweisenden Namen, daß aus der zurückhaltenden Konversation des Schwierigen und seiner Schicht der Sautanz einer Gesellschaft geworden ist, die ausgespielt hat. Dem Mann, der die prekäre Situation auf dem Schloß meistert, sagt Herr von Saurau: „Du bist einer von den wenigen charmanten Menschen, die außerdem noch etwas leisten. In Österreich sind die meisten Leute charmant, es bringt nur keiner was zusammen."[17] Und eben der so angesprochene Herr Roeder meint: „[I]hr typischen Österreicher seids doch das einzige Kulturvolk, schließlich und endlich, wenn sich auch die Leut dahier leider weniger waschen als die Engländer." Worauf Saurau erwidert: „Aber, bitt dich, laß mich aus, das mit eurem ewigen Österreich ist schon die pure Erfindung! Was denn für Österreicher? Früher hat das bei uns überhaupt kein besserer Mensch affichiert, und seitdem alles schief geht, ist plötzlich ein jeder ein Österreicher".[18] Herr von Sparre, apostrophiert als der „geborene Nörgler"[19] und teils umworben von und teils hingezogen zu der Aristokratenprostituierten, eine Parallelfigur zu Hofmannsthals Hans Karl Graf Bühl, formuliert über die hier gezeigte und vom Zerfall bedrohte Gesellschaft, daß „nichts moderner" sei als diese, obwohl „sie sich einbildet, daß sie alt ist"[20]. Auch der Baron Neuhoff sagt in *Der Schwierige,* daß diese Gesellschaft nicht mehr existiere, aber just indem sie die eigene Existenz negiert, ist sie allen jenen voraus, die in trügerischer Identitätssicherheit leben.

So bezieht das Werk Lernet-Holenias seine Energien auch aus einem fundamentalen Selbstzweifel, und er ist vielleicht dort, wo er zweifelt, am stärksten, und nicht dort, wo er den Zauber der Montur und die Symbolkraft der militärischen Embleme beschwört. Lernet-Holenia läßt sich nicht mit jenem Klischee-Urteil abfertigen, das ihn als einen sentiment- wie auch ressentimentgeladenen Nostalgiker erscheinen läßt. Gewiß, er ist konservativ, vor allem im Formalen; die Erzählbarkeit der Welt ist für ihn, den Zeitgenossen Brochs, Musils und Doderers unanfechtbar. Gib mir einen Stoff, und ich kann erzählen, scheint er zu sagen. Er war unduldsam, wenn andere anderes versuchten und die Lizenz des Experiments oder ein Wagnis mit der Sprache (was den Dichtern Horaz schon gönnte) nicht nur nachbeteten, sondern auch wirklich riskierten. Und gerade deshalb ist er auch für eine Haltung repräsentativ, deshalb ist sein Werk auch unerläßlich für eine Position. Heimito von Doderer hat 1953 in einer bislang unpublizierten Tagebuchnotiz geschrieben: „Die seltsamste Tatsache der neueren österreichischen Literaturgeschichte ist die allmähliche Verwandlung des Hofmannsthal in den Alexander Lernet-Holenia, wobei die Substanz sich etwas vergröberte."[21] Ein wenig freundliches Urteil, dem aber doch auch abgelesen werden kann, daß der ein Jahr ältere Doderer ihm doch auch den Charakter des Repräsentanten nicht streitig machen konnte.

Anmerkungen

[1] Alexander Lernet-Holenia: „Gruß des Dichters". In: *Der Turm,* 1 (1945/46), S. 109. Hervorhebungen im Text durchgehend aus der Vorlage übernommen.

[2] Hans Weigel: „Es begann mit Ilse Aichinger. Fragmentarische Erinnerungen an die Wiedergeburtsstunden der österreichischen Literatur nach 1945. In: *Aufforderung zum Mißtrauen. Literatur, Bildende Kunst, Musik in Österreich.* Hrsg. v. Otto Breicha u. Gerhard Fritsch. Salzburg: Residenz, 1967, S. 25 – 30, hier: S. 27.

[3] Lernet-Holenia, „Gruß des Dichters", a.a.O., S. 109.

⁴ Alexander Lernet-Holenia: „Der Fall Thomas Mann". In: *Der Turm*, 1 (1945/46), S. 172.
⁵ Alexander Lernet-Holenia: „Notiz aus der Schweiz". In: *Der Turm*, 1 (1945/46), S. 282.
⁶ Alexander Lernet-Holenia: „Die Frage vom ‚Turm'. Was ist österreichisch?" In: *Der Turm*, 1 (1945/46), S. 282.
⁷ Alexander Lernet-Holenia: „Die materielle Krise der Kultur". In: *Der Turm*, 2 (1946/47), S. 108.
⁸ Ebd., S. 109.
⁹ Alexander Lernet-Holenia: „Amerika und die Europäer". In: *Der Turm*, 2 (1946/47), S. 302.
¹⁰ Ebd., S. 302.
¹¹ Alexander Lernet-Holenia: „Zweite Olympische Hymne". In: *Der Turm*, 3 (1948), S. 13.
¹² Alexander Lernet-Holenia: „Der Zwanzigste Juli". In: *Der Turm*, 2 (1946/47), S. 23.
¹³ Ebd., S. 29.
¹⁴ Alexander Lernet-Holenia: „Der Zwanzigste Juli". In: *Der Turm* 1 (1945/46), S. 378.
¹⁵ Lernet-Holenia, „Zweite Olympische Hymne", a.a.O., S. 28.
¹⁶ Alexander Lernet-Holenia: *Österreichische Komödie*. Berlin: S. Fischer, 1927, S. 125.
¹⁷ Ebd., S. 11.
¹⁸ Ebd., S. 14.
¹⁹ Ebd., S. 24.
²⁰ Ebd., S. 59.
²¹ Tagebucheintragung Doderers vom 4. Juni 1953 (Ser. n. 14.082 d. Österreichischen Nationalbibliothek).

Ein Offizier am Schreibtisch: Zur Darstellung von Krieg, Liebe und Tod in Romanen und Erzählungen von Alexander Lernet-Holenia

Claudia Tuppy (Wien)

Es ist nicht allein die Beschäftigung mit Herkunft und Identität, von der Alexander Lernet-Holenias Prosa in ganz besonderem Ausmaß geprägt ist; in einem wohl untrennbaren Zusammenhang mit der Frage nach dem Ursprung steht auch jene nach der Bestimmung und dem Ende eines jeden Lebensweges. Wollte man etwa eine ‚Anleitung zur Erlangung der Unsterblichkeit nach Alexander Lernet-Holenias prosaepischem Werk' schreiben, so müßten darin wohl die folgenden drei Punkte aufscheinen:
1. Versuche, zu so großem – womöglich literarischem – Ruhm zu gelangen, so daß dein Ruf noch über deinen Tod hinaus lebendig bleibt;
2. eigne dir einen Glauben an, der ein angenehmes Weiterleben nach dem Tode verheißt und
3. liebe auf ganz wahrhaftige Weise.

Auf die an erster Stelle genannte Form des ‚Weiterlebens' nach dem Tode bin ich bei Lernet-Holenia zugegebenermaßen lediglich in seiner dem ‚Dichter des Todes', seinem großen Vorbild, zugedachten „Szene als Einleitung zu einer Totenfeier für Rainer Maria Rilke"[1] und in einigen seiner Gedichte gestoßen. Die beiden anderen Aspekte jedoch tauchen auch in Lernet-Holenias Prosa immer wieder auf, und zwar in Form wiederholter Ausgestaltungen des Todes sowie in der Thematisierung einer die Grenzen des Todes überschreitenden Liebe.

Gleich vorweg: Es ist dies nicht der Ort für eine detaillierte Studie zu den im Titel angekündigten Motiven. Vielmehr soll hier lediglich thesenartig auf einige, von der Forschung bislang nur am Rande gestreifte[2] Aspekte von Lernets Prosa hingewiesen werden. Es handelt sich dabei hauptsächlich um die Darstellung des Krieges und der Liebe, die oft in enger Verflechtung miteinander thematisiert werden, wobei ich insbesondere auf die Zeichnung einiger Frauengestalten eingehen möchte.

Es ist mittlerweile hinlänglich bekannt, daß Alexander Lernet-Holenias Herkunft militärisch geprägt ist:[3] Sein „offizieller Vater" Alexander Lernet war Marineoffizier, und er selbst meldete sich im Jahre 1915, gleich nach der Matura, als Einjährig-Freiwilliger zum Militär, wo er als Kavallerie-Offizier an der Ostfront den Zusammenbruch der österreichisch-ungarischen Armee miterlebte. Lernet-Holenia zählte zu jener speziellen Gruppe von Kriegsfreiwilligen, die, direkt von der Schulbank kommend, in die hierarchische Ordnung der Armee eingegliedert und durch diese entscheidend geprägt wurden.

Besonders in seinen frühen Romanen und Erzählungen steht denn auch das Element des Krieges sehr stark im Vordergrund, was ihnen nicht ganz zu Unrecht die Bezeichnung als Kriegs- oder Reitergeschichten eingebracht hat, wobei insbesondere die Ereignisse um den militärischen Zusammenbruch der Donaumonarchie zur Darstellung gelangt sind. Sowohl in *Ljubas Zobel* (1932) als auch in *Die Standarte* (1934) wird überdies, jeweils vor dem Hintergrund des chaotischen Zerfalls der Streitkräfte, eine Liebesgeschichte erzählt, die ohne diesen nicht möglich gewesen wäre.

In *Ljubas Zobel* liegt der Schwerpunkt der Erzählung bei den chaotischen Ereignissen rund um den militärischen Zusammenbruch der Monarchie an der Ostfront, und zwar im Zusammenspiel mit den Wirren und blutigen Begebenheiten der Russischen Revolution: Leutnant Fröhlich rettet im allgemeinen Rückzugschaos der österreichischen Truppen das Mädchen Ljuba aus den Händen plündernder Mongolen und begibt sich mit ihr nach Kiew, der einzigen Stadt, welche noch nicht von den Sowjets eingenommen worden ist. Dort werden sie Opfer einer Verwechslung im Zusammenhang mit einigen gestohlenen Juwelen. Nur mit Mühe können sie zunächst der Polizei und den herannahenden Sowjets entkommen, wobei erst die Sorge Fröhlichs um die schließlich doch verhaftete Freundin ihn sich seiner Liebe zu ihr bewußt werden läßt.

In *Die Standarte* (1934) liegt der Ausgangspunkt der bewegten Handlung bei den nationalistischen Tendenzen innerhalb der auf dem Balkan stationierten Truppen der Monarchie, also bei jenen Bestrebungen, die einen wesentlichen Anteil am Zerfall des Vielvölkerstaates hatten, in *Die Standarte* jedoch auf recht undifferenzierte Weise als alleinige Ursache des Endes der Donaumonarchie erscheinen.

In der brillant konstruierten Novelle *Der Baron Bagge* (1936) ist wiederum die Ostfront der Schauplatz der Handlung. Hier wird der Erste Weltkrieg zwar erwähnt und in Form von Einzelereignissen auch genauer thematisiert, doch dient er eher als Ausgangspunkt und Hintergrund für eine umfängliche Traumhandlung: In einer durch eine schwere Kopfverletzung verursachten Vision, die aber erst gegen Ende der Erzählung explizit als solche enthüllt wird, erlebt Bagge die Begegnung mit der Frau seiner Träume. Es sind gerade die detaillierten Zeit- und Ortsangaben des Ich-Erzählers in bezug auf die historischen Ereignisse und das militärische Vorgehen des berittenen Aufklärungstrupps, dem er angehört, welche dem Aufbau der Illusion dienen, das Erzählte habe zur Gänze real stattgefunden. Diese genauen Angaben, die der Erzähler auch in der Traumsequenz fortführt, des weiteren die für eine Traumsituation eher ungewöhnlichen, sehr detaillierten und langatmigen Exkurse sowie die – sowohl vor als auch nach dem Einsetzen der Traumsequenz – vorhandenen Hinweise auf das Ausbleiben des überall vermuteten Feindes dienen allesamt dem Zweck, eine – scheinbare – Zeitkontinuität zu wahren und die Grenzen zwischen realem und traumhaftem Geschehen zu verwischen.[4]

Als wesentliches Element dieser Verrätselung[5] erweisen sich die vom – rückblickend berichtenden – Ich-Erzähler zunächst als Kieselsteine bezeichneten Projektile, die ihn im Bereich des Kopfes getroffen hatten. Erst in einer diese Illusion aufklärenden Rückwendung gegen Ende seines Berichtes teilt er explizit mit, daß diese Steine in Wahrheit Gewehrkugeln gewesen seien. Diese hätten ihn beim Sturm auf eine vom Feind besetzte Brücke vom Pferd gerissen und seine Bewußtlosigkeit verursacht. Während der Erzählung der Traumsequenz selbst ist der visionäre Charakter des Geschehens nur anhand versteckter Indizien abzulesen.[6]

Auch die Beschreibung dreier aufgeknüpfter (angeblicher) Spione, die, bereits verwesend, im Wind hin- und herbaumeln, dient mehr dem erzähltechnischen Zweck der Illusionierung als etwa der Motivierung des Handlungsinhalts, bereitet doch dieses unvorhergesehene Bild die später auch in der Traumsequenz herrschende gespenstische Atmosphäre und andere ungewöhnliche Phänomene vor und nimmt ihnen somit die Möglichkeit, eindeutig als irreal identifiziert zu werden. Den an der Oberfläche des Textes verbleibenden Leser hindern derlei Verrätselungen daran, die kommenden irrationalen Elemente als möglicherweise bereits traumhaft zu hinterfragen. Zudem weist – und das ist nicht eben traumtypisch – der Ich-Erzähler Bagge selbst immer wieder auf sein eigenartiges Gefühl, sich wie in einem Traum zu bewegen, hin.

Klar erkennbar ist auch die starke Distanzierung des Ich-Erzählers und seiner Kavallerieoffiziers-Kameraden[7] von den ‚gemeinen Soldaten': Das beginnt bei der genauen Nennung der Offiziersdienstgrade und führt über Anmerkungen zu den Mannschaften, deren Lebensweise und Aufgaben als stark mit jenen der Offiziere kontrastierend dargestellt werden, bis hin zu Bemerkungen, die auf den gehobenen Rang der Offiziere innerhalb der allgemeinen Befehlsstruktur schließen lassen. Diese Erzählperspektive aus der Warte eines Privilegierten vermittelt eine recht einseitige Sicht des Krieges, welche das Elend und die oftmals unter den Soldaten herrschende Not ganz außer acht läßt.

In der 1938 erschienenen Erzählung *Strahlenheim* wird der Erste Weltkrieg, in dem sich das Land zum erzählten Zeitpunkt gerade befindet, oft kurz erwähnt oder indirekt evoziert, etwa in seinen Auswirkungen auf das zivile Leben – schließlich ist der Fronturlaub des Protagonisten Ausgangspunkt der Handlung. Konkrete Kriegsereignisse werden jedoch zur Gänze ausgespart zugunsten der Beschreibung der schicksalhaften Allgewalt der Naturkräfte, so etwa eines Gewitters an einem österreichischen See, infolgedessen ein amerikanischer Friedensvermittler den Tod findet. Im Gegensatz zu den sogenannten Reiterromanen wird in *Strahlenheim* der mit dem Erzähler im Hinterland weilende Leser weder mit dem Kriegsgeschehen an sich noch mit einem Kriegsschauplatz konfrontiert. Nur das schicksalhafte Walten der Natur offenbart auf symbolische Weise die Sinnlosigkeit jeglicher Friedensbestrebungen angesichts eines dem Land vorbestimmten, notwendigen Untergangs.[8]

In Lernet-Holenias frühen Romanen und Erzählungen wird der Krieg *an sich* zwar nicht glorifiziert – wenn überhaupt, so geschieht dies implizit in der etwas zu einseitig positiven Darstellung des Offizierslebens mit all seinen Privilegien und Vorzügen –, eine kritische Hinterfragung des so ausführlich geschilderten Phänomens findet allerdings auch nicht statt.

Erst in *Mars im Widder* (1941) ist – bei fortwährender Vermeidung allzu drastischer Bilder und Darstellungsformen – eine etwas differenziertere Zeichnung des Kriegsgeschehens zu erkennen. Hinterfragt wird das kriegerische Vorgehen hier im Zuge der Beschreibung des Polenfeldzugs, und dessen Darstellung läßt wiederum keinen Zweifel daran, daß die Polen den Deutschen kräftemäßig unterlegen waren und angesichts des überraschenden Angriffs keine Chance hatten, diesen erfolgreich abzuwehren. Diese wahrheitsgetreue Darstellung des Geschehens war wohl mit ausschlaggebend für die Weisung des Propagandaministeriums, die bereits gedruckten Exemplare nicht auszuliefern (der Roman konnte dann erst wieder 1947 in einer Neuauflage erscheinen[9]).

Auf der Handlungsebene begleiten wir Leutnant Wallmoden bei der Einnahme Polens, die aus der Sicht der vorrückenden deutschen Bodentruppen dargestellt wird. Dabei fällt die ständige Bezugnahme Wallmodens auf seine Erlebnisse im Ersten Weltkrieg auf. Diese Rückwärtsgewandtheit gilt als einer der Gründe für die Schlüsselfunktion dieses Romans im epischen Gesamtwerk Lernet-Holenias. Als letzter ‚Kriegsroman' stellt er einen Wendepunkt dar, und man kann sich Franziska Müller-Widmer anschließen, wenn sie erklärt, daß Lernet-Holenia mit *Mars im Widder* die Kriegs- und Reitergeschichten abschließt, welche die Donaumonarchie in verklärter Form wiederauferstehen ließen.[10]

In *Beide Sizilien* (1942) schließlich wird der Erste Weltkrieg, lange nach seinem Ende, geradezu zum versteckten Hauptakteur der Handlung. Als dunkle, die Geschehnisse schicksalhaft vorantreibende Macht zwingt er eine Reihe von ehemaligen k.u.k.-Offizieren noch in Friedenszeiten zu einer Handlungsweise, die zeigt, daß der verlorene Krieg und das Ende der Monarchie nicht ausgereicht haben, sie aus ihrer Bindung an die damals bestehenden streng hierarchischen Strukturen zu lösen. Sie handeln weiter im Interesse ihres ehemaligen Vorgesetzten und sind, so als ob man sich noch immer im Krieg befände, nach wie vor bereit, für ihren Obersten ihr Leben zu lassen: Der Krieg endet eben nicht mit der offiziellen Erklärung seines Endes; er besteht weiter und wirkt nach – eine Tatsache, die sowohl in Form von Feststellungen als auch in episch ausgestalteter Form immer wieder bei Lernet-Holenia anzutreffen ist.

In späteren Romanen und Erzählungen ist es dann weniger der Krieg *an sich*, den Lernet-Holenia dichterisch verarbeitet; vielmehr sind es dessen Auswirkungen, insbesondere jene der nationalsozialistischen Herrschaft auf das Leben von Zivilisten. Hier sind in erster Linie der Roman *Der Graf Luna* oder die Erzählung *Der Zwanzigste Juli* zu erwähnen.

Nun zur Liebe: Der erste in meinen Augen bemerkenswerte Frauentypus[11] taucht bei Lernet-Holenia relativ früh auf: Es handelt sich dabei um die sich aus Liebe aufopfernde Frau, welche sich einem anderen hingibt, um den geliebten Mann zu retten. In *Ljubas Zobel* (1932) zeigt sich dieser Typus in Gestalt der Hehlerin Janka, die sich in Leutnant Fröhlich verliebt. Obwohl ihre Liebe nicht erwidert, ja sogar dezidiert abgewiesen wird, ist sie bereit, sich einem Wachposten hinzugeben, um dem geliebten Mann zu helfen. Den Posten mit ihren weiblichen Reizen ablenkend, ermöglicht sie Fröhlich, Ljuba, der er den Vorzug gegeben hat, aus der Gefangenschaft zu befreien und mit ihr zu fliehen. Janka ist eine auf geradezu tragische Weise verschmähte Liebende. Als Mittel zum Zweck hat sie ihre Funktion erfüllt und wird in ihrer tragischen Rolle nicht weiter erwähnt – außer in der einige Tage dauernden, nicht allzu tiefen Trauer Ljubas und Fröhlichs um sie.

Etwas anders verhält es sich mit Resa Lang in *Die Standarte* (1934). Hier ist die Frau zwar ebenfalls bereit, sich für den Geliebten einem Anderen zu opfern – um Menis vor der Gefangenschaft zu bewahren, lenkt sie einen englischen Offizier ab –, im Gegensatz zu Janka handelt sie allerdings in dem Bewußtsein, von Menis auch begehrt zu werden. Der hatte immerhin versucht, sie mit dem Hinweis auf die ihm drohende Todesgefahr zu einem intimen Treffen zu bewegen. Resa kann sich also Menis' Liebe relativ sicher sein, auch wenn seine Zuneigung vorübergehend der Vaterlandsliebe (vom Zeitpunkt der Übernahme der Standarte bis zur Abgabe derselben) hintangestellt wird. Erst nach gelungener Heimführung des Feldzeichens, das im Roman durch Verwendung derselben Attribute wiederholt mit einer Geliebten gleichgesetzt wird, kehrt Menis zu Resa zurück – auch wenn dies eher in Ermangelung anderer Bezugspunkte zur ‚guten alten' Monarchiezeit denn aus wahrer Liebe geschieht. Als Trophäe und Relikt aus der gemeinsam erlebten Kriegszeit ist die junge Frau alles, was dem Heimgekehrten nach den Kriegsereignissen noch geblieben ist und ihn mit diesen (als unmittelbare Erinnerung) verbindet. Als sogenannte ‚gute Partie' gibt sie ihm, dem ausgedienten Soldaten ohne verbleibende militärische Stellung, nach dem Untergang der Donaumonarchie emotionalen und finanziellen Halt – ansonsten verbindet die beiden, wie aus der in der Zeit nach dem Ende der Monarchie situierten Rahmenhandlung hervorgeht, kaum etwas.

Auch Marika in *Der Mann im Hut* (1937) ist bereit, sich für Nikolaus Toth, der sie glücklicherweise auch liebt, zu opfern. Das elfenhafte junge Mädchen wird vom Anführer einer Räuberbande umgarnt, um seinen Geltungsdrang zu befriedigen und seine Autorität vor den Komplizen zu untermauern: Er will den Eindruck erwecken, sich das schönste Mädchen des ganzen Dorfes hörig gemacht zu haben. Doch trotz seines wiederholten Drängens gelingt ihr die Bewahrung ihrer Unschuld. Nach der Begegnung mit Toth ist sie gleichwohl bereit, die eigene körperlich-seelische Integrität zu opfern und sich dem Verbrecher hinzugeben, um den geliebten Mann vor dem Schurken zu schützen.

Wie Marika verkörpert auch Prinzessin Marusia in der epischen Fassung von *Die nächtliche Hochzeit* (1930) den eher passiven Typus des naturbezogenen, auf einfache Weise lebenden, aber sehr hübschen und liebenswerten Mädchens. Die junge Frau wird aus der ländlichen Idylle, in der sie ihr bisheriges Leben in Unkenntnis ihres adligen Standes bei einfachen Zieheltern aus dem Bauernstand verbracht hat, herausgerissen, um mit einem im Exil befindlichen Thronprätendenten verheiratet zu werden. Dieser benötigt jedoch lediglich ihr von der Mutter geerbtes Vermögen, um seine dynastischen Interessen durchzusetzen; sein Ziel ist nichts Geringeres als die Wiedererrichtung der Monarchie.

Marika und Marusia zählen zu den jungen, etwas schüchternen und eher schwächlichen *Femme-enfant*-Typen,[12] die von rohen Menschen zur Durchsetzung ihrer eigenen Interessen mißbraucht und unter Druck gesetzt werden, und die eines edlen, einfühlsamen Mannes bedürfen, der das unschuldige Opfer aus den Händen seiner Bedränger befreit, um die solchermaßen Gerettete dann selbst, allerdings in angemessen sanfter Weise, zu erobern und von ihrer Unschuld zu befreien.

Die Darstellung einer großen Liebe, die in extremen Haß umschlägt, hat ihren Niederschlag in dem Roman *Jo und der Herr zu Pferde*

(1933) gefunden. Hier erklärt sich die von Major Winter zunächst verführte Jo – in vollem Bewußtsein, dadurch seine Liebe für sie zu verlieren – bereit, den Geliebten zu ehelichen, um auf diesem Wege seine Ehre zu retten. Da eine konventionelle, nicht mehr außergewöhnliche Liebe[13] im Roman wiederholt als vernichtete Liebe bezeichnet wird, bringt auch Jo großmütig ein Opfer, nur opfert sie die Liebe ihres Geliebten zu ihr paradoxerweise eben diesem Geliebten oder eigentlich seiner Ehre. Winter verschmäht vom Zeitpunkt der Eheschließung an bewußt – aus prinzipiellen Erwägungen – Jos Zuneigung und demütigt sie mit seiner absoluten Gefühlskälte ihr gegenüber aufs Äußerste. Seine Ablehnung führt dazu, daß sie schließlich zu der nahezu zwanghaften Auffassung gelangt, ihn betrügen zu müssen. Erst als sie erkennt, daß auch das Mittel der Eifersucht nicht ausreicht, um seine Liebe zurückzuerlangen, schlägt ihre Liebe in einen dauerhaften Haß um, der auch nach Winters Tod nicht nachläßt. Besessen von der fixen Idee, den einst so geliebten Mann noch als Toten betrügen zu können, erweist Jo sich zuletzt als vom eigenen Mann zur rachsüchtigen Nymphomanin gemachte Frau, die erst durch den Mörder ihres Gatten von ihrem Wahn befreit werden kann.

Über den Tod hinaus also erstreckt sich der zerstörerische Einfluß dieser männlichen Variante einer *femme fatale*, dessen weibliches Pendant, allerdings in einer stark abgeschwächten Form, in der Charlotte des *Baron Bagge* (1936) zu finden ist. Diese in der Realität unerreichbare vollkommene Geliebte, die Bagge in seiner Zwischenreichsvision liebt und heiratet, während er tatsächlich schwer verletzt auf dem Schlachtfeld liegt, diese ideale Traumfrau kann man durchaus zu Recht als „*femme fatale* mit gemilderten Zügen"[14] bezeichnen. Erst sinnlich-verführerisch in ihrer ungewöhnlichen Schönheit und von einer geradezu vampirhaft zehrenden Kraft, dann aber verzweifelt, zerbrechlich und kraftlos, als es ans Abschiednehmen geht, entspricht sie einerseits Bagges Wunsch nach einer anziehenden, exotischen und geistvollen Frau, andererseits aber auch der Vorstellung der kleinen, schutzbedürftigen *femme fragile*. Als Wunschtraum-Erfüllung, die ihr Leben lang nur auf ihn gewartet hat (darauf deuten etwa ihr – trotz versperrter Tür möglicher – nächtlicher Besuch bei Bagge oder auch ihre Jungfräulichkeit hin), vermittelt ihre Darstellung auf implizite Weise die Einsicht, höchstmögliche Liebeserfüllung sei nur im Traum erreichbar, eine Einsicht wiederum, die man auch mit einer Absage an die Möglichkeit einer glücklichen, dauerhaften Liebe in der Realität gleichsetzen kann.[15]

Immer wieder wurde in der Literatur zu *Der Baron Bagge* auf die Anklänge an Rilkes Novelle *Die Weise von Liebe und Tod des Cornets Christoph Rilke* (1906) verwiesen, welche ebenfalls eine enge Verknüpfung von Kriegsgeschehen und Liebes- bzw. Todesthematik enthält. Trotzdem weichen die beiden Dichtungen gerade in den Auswirkungen des Liebeserlebnisses stark voneinander ab: Bagge wählt durch seinen Abschied von Charlotte das Leben (das Verbleiben bei der Traumfrau hätte seinen Tod bedeutet) und die Traumliebe aus dem todesnahen Zwischenreich wirkt in seinem tatsächlichen Leben weiter, da er sich weigert, ‚noch einmal' zu heiraten. Beim *Cornet* hingegen ist die reale Liebesnacht mit dem anschließenden, überstürzten Aufbruch in den Kampf eigentlich erst die Ursache für den Tod des Protagonisten.

Deutlicher ausgeprägt als in *Der Baron Bagge* ist das Motiv der tödlichen Gefährdung durch die Hingabe an das Schöne (und damit verbunden die Darstellung der Verderben oder Tod bringenden Seite der *femme fatale*[16]) in der Erzählung *Mona Lisa* (1937). Dort verliebt sich ein gewisser Bougainville in die auf dem berühmten Portrait dargestellte Frau. Diese ist jedoch nicht nur schon verstorben, sie hat außerdem, aufgrund der idealisierenden Darstellung des Künstlers, in *dieser* Form sicherlich *überhaupt nicht* existiert.[17] Bougainville will dies jedoch nicht wahrhaben und verstrickt sich im Zuge seiner Suche nach der angeblich verborgen- und gefangengehaltenen Schönen in ein immer schuldhafteres Verhalten, das letzten Endes zu seiner Hinrichtung führt. Mona Lisa, diese allein durch die Gegenwart ihres Bildnisses aus dem Jenseits heraus wirkende Tote, zeigt ihren unheilvollen Einfluß dadurch, daß sie den Helden der Erzählung in seiner blinden Liebe und in seiner innersten, wenn auch nicht eingestandenen Hoffnung auf Belohnung seiner Suche durch höchste Liebeserfüllung Taten vollbringen läßt, die ihm schließlich zum Verhängnis werden.

Des weiteren wird in *Beide Sizilien* explizit, wenn auch nur in Form der um sie kursierenden Gerüchte, auf die todbringende Ausstrahlung der rothaarigen Gabrielle (der Tochter des Obersten Rochonville) Bezug genommen, und zwar als publik wird, daß die Offiziere, die ihrem Vater einst unterstellt waren, scheinbar für sie nacheinander ihr Leben lassen. Zu den todbringenden *femmes fatales* in Lernets Œuvre zählt schließlich noch das schöne Mädchen Ming, das in der Erzählung „Tamerlan der Große" (1935) den Tod eines französischen Gesandten, vor allem aber den des Herrschers Timur selbst verursacht.

Lernet verwendet jedoch keineswegs nur das Muster der *femme fatale* für die Ausgestaltung seiner Frauenfiguren. Zuweilen wirkt sich die Begegnung mit einer Frau für seine Protagonisten auch durchaus positiv aus.

So wird etwa in *Der Herr von Paris* (1935) das Wiedersehen mit der totgeglaubten Geliebten als Ausdruck einer schicksalhaft vorherbestimmten glücklichen Liebe ausgestaltet: Graf Montfort liefert – die Erzählung spielt vor dem historischen Hintergrund der Französischen Revolution – zunächst seine bürgerliche Geliebte der Polizei aus, als er erfährt, daß diese mit den Revolutionären konspiriert. Indes, sie entkommt aus dem Gefängnis und nimmt eine neue Identität an, unter der sie dem früheren Geliebten einige Monate später zufällig wieder begegnet, sich ihm aber, ihre tatsächliche Herkunft verleugnend, nicht zu erkennen gibt. Die beiden verlieben sich erneut ineinander, und erst als schließlich Montfort selbst hingerichtet werden soll, rettet die einstige Geliebte ihn vor dem Henker und gibt ihre wahre Identität preis. Dem glücklichen Wiedererkennen folgt ein großmütiges Verzeihen und die gemeinsame Flucht nach Venedig.

Auch die Vorstellung einer tatsächlich über den Tod hinausgehenden Liebe hat Lernet-Holenia, und gleich mehrfach, ausgestaltet. So wird etwa für Wallmoden im Roman *Mars im Widder* (1941) die ‚falsche' Cuba Pistohlkors – das ist jene schöne Unbekannte, die sich mit Hilfe eines gestohlenen Passes die Identität der ‚richtigen' Cuba angeeignet hat – deshalb zu einer außergewöhnlichen Geliebten, weil sie, seiner festen Überzeugung nach, in Gestalt der ‚richtigen' Cuba aus dem Jenseits zurückgekehrt ist, um das Rendezvous, das sie ihm versprochen hatte, doch noch einzuhalten. Diese Überwindung der Todesgrenze, die aus der Sicht Wallmodens ausschließlich dazu dient, das Liebesversprechen einzulösen und von dem einzigen Mann besessen zu werden, auf den sie ihr Leben lang gewartet hat, gerät Wallmoden zum größtmöglichen Liebesbeweis, den eine Frau überhaupt erbringen kann und nimmt ihm gleichzeitig seine Angst vor dem Tod.[18]

Explizit erwähnt wird das Motiv einer über den Tod hinaus liebenden Frau auch in der Erzählung „Das Rendezvous" (1946), welche von der Grundanlage her mit dem Cuba-Stoff nahezu identisch ist: „Wüßten Sie aber einen größeren Beweis für das Gefühl einer Frau, als wenn sie auch dann noch zu Ihnen käme, wenn sie gar nicht mehr kommen kann? – wenn sie sogar eine Verabredung einhielte, die einzuhalten ihr schon unmöglich ist?"[19]

Auch für Bougainville in der Erzählung *Mona Lisa* (1937) ist die Liebe zu einer Frau stärker als der Tod, der damit kein endgültig beschließendes Ereignis mehr darstellt: Die Liebe sei ewig und unsterblich, sie sei das einzige, das Bestand habe und dazu befähige, den Tod ohne Angstgefühle zu überwinden.[20] Als er schließlich zu der Erkenntnis gelangt, daß er eine Tote liebt, sieht Bougainville dem Tod vertrauensvoll entgegen. Nun will er gar nicht mehr am Leben bleiben, ist er sich doch der Vereinigung mit der von ihm so lange Gesuchten im Jenseits gewiß.

Auf ähnliche Weise tröstet sich Leutnant Fröhlich in *Ljubas Zobel* (1932) über den möglichen Verlust seiner Freundin hinweg, die wegen einiger im Futter ihres Pelzmantels gefundener, gestohlener Schmuckstücke verhaftet worden ist. Die Liebe, sagt er sich, werde „um so fester, je ferner die Liebenden einander sind, [...] und sie steht nicht auf der Seite des Lebens, sondern auf der des Todes, denn sie ist ja auch stärker als der Tod."[21] Fröhlich hält es demzufolge sogar für denkbar, daß für eine leidenschaftliche Liebe ein einziges Leben gar nicht ausreiche: Ein wirkliches Liebespaar habe die Möglichkeit, durch mehrere Leben zu gehen, um eine solche unendliche Liebe auch ausleben zu können.[22]

Bei der Gestaltung der Sterbeszenen fällt auf, daß Lernet-Holenia den Tod, wenn er denn überhaupt näher auf ihn eingeht, zumeist als inneren, geistigen Vorgang aus der Sicht seines jeweiligen Protagonisten beschreibt. Die Empfindungen und Vorstellungen, welche er den Sterbenden zuschreibt, erscheinen – nahezu in Entsprechung zu der romantisch idealisierten Darstellung von Kriegs- und Liebeserlebnissen in Lernet-Holenias früher Prosa – fast durchgehend als positive, ja geradezu tröstliche Erfahrungen.

So bemerkt etwa Maltravers in *Die Auferstehung des Maltravers* (1936) keinen Bruch zwischen Leben und Tod. Während seine Familie ihn sterben sieht und sein Tod festgestellt wird, vermeint er, von seinem Krankenlager aufgestanden zu sein und sich auf seine geplante Abreise vorbereitet zu haben. Die anschließende Fahrt zum Bahnhof – an dem er auch im Geiste nie ankommen soll – wird zur nächtlichen Irrfahrt durch ein Gewirr nord- und abwärts führender Hohlwege in einem großen, dichten Wald; eine Fahrt also, deren Beschreibung Elemente des Helwegs erkennen läßt. Gemäß den Vorstellungen nordischer Mythologie nämlich führt die Todesreise auf einem engen, abgefahrenen Weg, den kein Sonnenstrahl erreicht, in das im Norden gelegene Reich der germanischen Unterweltsgöttin Hel.

In *Der Baron Bagge* wird der mythische Todesweg des Protagonisten als visionärer, neuntägiger Ritt durch ein düsteres, kalt-verschneites, enges Tal hin zu einer einen Fluß überquerenden Brücke gestaltet. Nur seine Weigerung, am neunten Tag diese unwiderruflich ins Totenreich führende Brücke zu überschreiten, ermöglicht es ihm, aus seiner Bewußtlosigkeit zu erwachen und von seinem Nahtod-Erlebnis, das sich „zwischen dem Sterben und dem wirklichen Totsein"[23] abgespielt hat, zu berichten.

Mythische Todesvorstellungen in mehr oder weniger ausführlicher Gestaltung dienen übrigens bei Lernet-Holenia sehr oft der symbolischen Spiegelung von Gefühlen der Todesnähe seiner Protagonisten. Dabei muß es sich jedoch nicht um ihren eigenen Tod handeln.

In *Der Mann im Hut* (1937) manifestiert sich der auf einer Waldlichtung befindliche Grabhügel der Nibelungen zunächst wiederholt im Dasein der Protagonisten Toth und Clarville, so etwa in Form einer für beide sichtbaren Fata Morgana, die sie den dichten, den Hügel umgebenden Wald sehen läßt, noch bevor sie diesen entdeckt haben. Überdies hört Toth ein (auf den Spielmann der Burgunder verweisendes) Geigenspiel, zunächst nur in einem Traum, dann aber auch, immer deutlicher, in Zuständen, die dem Wachsein nahe sind. Die steigende reale Wahrnehmbarkeit der Töne indiziert dabei die Annäherung der beiden Suchenden an das Ziel ihrer Erkundungen.[24] Als die beiden schließlich den Hügel zum ersten Mal besteigen, befällt Toth ein unheimliches Gefühl angesichts der Üppigkeit der Früchte jener vom Tod genährten Weinstöcke, welche den Weg säumen. Auch dieses durch die örtliche Nähe des Todes verursachte, mit Schwindel und Desorientierung einhergehende Erlebnis weckt in Kombination mit den äußeren Aspekten der Umgebung unverkennbar Assoziationen zum Helweg.

Auch der ehemalige k.u.k.-Offizier Silverstolpe in *Beide Sizilien* (1942) befindet sich vorübergehend auf dem abgefahrenen und eingesunkenen Hohlweg des Todes, der ihn ebenfalls buchstäblich in einen Abgrund hinabzuziehen scheint. Allerdings ist es hier der eigene Tod, den der sterbenskranke Mann auf diese Weise vorausahnt. Interessanterweise stirbt er jedoch ganz anders, nämlich indem er eine Art Regression in die eigene Kindheit vollzieht. Nachdem er sich bereits geraume Zeit vor seinem tatsächlichen Tod von den herkömmlichen Zeitdimensionen gelöst und sich wiederholt seiner Kindheit erinnert hat, kehrt er schließlich geistig immer mehr in diese zurück, um letztendlich, während seines Ablebens, ganz in ihr zu verbleiben. Wir bemerken also das Zurückdrängen realistischer Beschreibungen des ‚äußeren' Todes zugunsten einer eher beruhigenden, jegliche Drastik vermeidenden Darstellung der ‚inneren' Vorgänge des Sterbens. So letzen Endes auch bei Jessiersky, dessen Todesweg in den Katakomben Roms in *Der Graf Luna* (1955) von der erzählerischen Perspektive her ebenfalls mehr geistig denn körperlich ist. Besonders deutlich erkennbar ist hier die bei Lernet-Holenia oft vorzufindende Ausgestaltung einer von den spezifischen Bewußtseinsinhalten des Betroffenen geprägten, ‚persönlichen' Form des Sterbens. Jessiersky wiederholt in seiner Agonie jene Vorstellung des Sterbens, die er sich schon lange vor seinem eigenen Ableben für jene ausgemalt hatte, die er aufgrund ihres Lebenswandels für würdig hielt, in den Kreis der väterlichen Vorfahren aufgenommen zu werden. In seiner Kindheit noch hatte er die Rückkehr in das ‚Jessierskysche Jenseits' lediglich seinem Vater zugebilligt und sich selbst die Möglichkeit eines solchen Todesweges verweigert; zu weit entfernt glaubte er sich damals noch von Charakter und Lebenswandel seiner Ahnen. Doch nachdem er sich durch mehrere im Verfolgungswahn begangene Morde dem zweifelhaften Ruhm seiner Vorfahren mehr als genug angenähert, ja diese sogar übertroffen hat, bleibt auch ihm die Aufnahme in den Kreis der väterlichen Familie nicht verwehrt. Mit einem Schlitten, so erscheint es ihm in seinem Todesdelirium in den Katakomben, lassen die polnischen Ahnen ihn abholen, um ihn aufs herzlichste bei sich zu empfangen – bis, ja bis ihm auch die letzten Reste des Bewußtseins entschwinden und der Roman in einer Folge von Gedankenstrichen endet, die symbolisch die vollkommene, nicht mehr beschreibbare innere Leere des absoluten Totseins darstellen.

Wollten wir aus diesen Darstellungen des Sterbens Schlüsse für unseren eigenen Lebensweg ziehen, so blieben uns lediglich Maximen: Machen wir uns nicht allzu große Sorgen um das, was nach dem Tode kommen mag – es entspricht lediglich der Vorstellung, die wir uns bereits zu Lebzeiten davon gemacht haben. Stellen wir uns zeit unseres Lebens ein – wie auch immer geartetes – *schönes* Jenseits vor, dann brauchen wir auch keine Angst vor dem Sterben zu haben. Und sollte danach doch nur das *Nichts* sein, dann braucht uns das auch nicht mehr zu bekümmern – wir erleben es dann ja doch nicht mehr:

Denn der Tod ist nur,
solang wir selber sind. Danach ist nichts mehr.
Was du gemeint hast, war Unsterblichkeit.
Unsterblich aber, Dichter der Du warst,
unsterblich ist nur, wer das ganze Leben
dem Tode lebt.[25]

Anmerkungen

[1] Alexander Lernet-Holenia: „Szene als Einleitung zu einer Totenfeier für Rainer Maria Rilke". In: *Philobiblon. Zeitschrift für Bücherliebhaber,* 8. Jg. 1935 (Beilage: Heft 10, S. 5 – 11).

[2] Abgesehen von dem Motiv des Todes, zu dem auch eine umfassende Diplomarbeit der Verfasserin vorliegt. Vgl. Claudia Tuppy: *Die Todeslandschaften im prosaepischen Werk von Alexander Lernet-Holenia.* Phil. Dipl. Wien 1998.

[3] Vgl. z.B. Reinhard Lüth: *Drommetenrot und Azurblau. Studien zur Affinität von Erzähltechnik und Phantastik in Romanen von Leo Perutz und Alexander Lernet-Holenia.* Meitingen: Corian, 1988 (Studien zur phantastischen Literatur; 7), S. 64. Nähere biographische Angaben ebd., S. 64 – 70; vgl. a. Peter Pott: *Alexander Lernet-Holenia. Gestalt, dramatisches Werk und Bühnengeschichte.* Phil. Diss. Wien 1970, S. 8 – 10 sowie Yeong-Suk Han: *Alexander Lernet-Holenia. Studien zu einer Monographie.* Phil. Diss. Wien 1985, S. 1 – 30.

[4] Vgl. a. Nadja Scheicher: *Die Identitätsproblematik im prosaepischen Werk Alexander Lernet-Holenias.* Phil. Dipl. Wien 1989, S. 168.

[5] Vgl. dazu auch Lüth, *Drommetenrot und Azurblau,* a.a.O., S.183.

[6] Vgl. ebd., S. 310f.

[7] Fast alle Reitergeschichten Lernets werden aus der Sicht ranghöherer Armee-Angehöriger erzählt.

[8] Vgl. Alexander Lernet-Holenia: *Strahlenheim.* Berlin: S. Fischer, 1938, S. 143.

[9] Franziska Müller-Widmer: *Alexander Lernet-Holenia. Grundzüge seines Prosa-Werkes, dargestellt am Roman „Mars im Widder". Ein Beitrag zur neueren österreichischen Literaturgeschichte.* Bonn: Bouvier: 1980, S. 48f. Zum biographischen Hintergrund des Romans sei daran erinnert, daß Lernet-Holenia 1939 zu einer Waffenübung

einberufen wurde, die in den Polenfeldzug mündete, welchen er trotz einer Verletzung bis zum Ende mitmachen mußte (so Han, *Alexander Lernet-Holenia, Studien*, a.a.O., S. 101f.). Einige seiner dortigen Erlebnisse haben ohne Zweifel Niederschlag in dem Roman *Mars im Widder* gefunden.

10 Vgl. Müller-Widmer, *Alexander Lernet-Holenia. Grundzüge*, a.a.O., S. 144 – 149.

11 Weitere Frauengestalten finden sich bei Lernet-Holenia – neben der Frau als Opfer der Männer und einer idealisierten Traumfrau bzw. nur schwer erreichbaren Schönen – etwa in Verkörperung einer selbstbewußten, dem Mann gleichgestellten Komplizin oder einer jeglichen Fehltritt verständnisvoll verzeihenden ‚Frau für alle Fälle', die den Mann auch nach den größten Irrwegen treuherzig wieder aufnimmt.

12 Vgl. dazu Ariane Thomalla: *Die ‚femme fragile'. Ein literarischer Frauentypus der Jahrhundertwende*. Düsseldorf: Bertelsmann, 1972, S. 71 – 75 (Literatur in der Gesellschaft; 15).

13 Lernet-Holenia hat sich wiederholt, z.T. auf sehr kritische Weise, mit ganz banalen, alltäglich-trivialen Formen der Liebe literarisch auseinandergesetzt (z.B. in *Die Auferstehung des Maltravers*, in *Ich war Jack Mortimer* oder in *Jo und der Herr zu Pferde*).

14 So Lüth, *Drommetenrot und Azurblau*, a.a.O., S. 174.

15 Hilde Spiel: „Alexander Lernet-Holenia". In: dies.: *Welt im Widerschein. Essays*. München: C. H. Beck, 1960, S. 271. Vgl. dazu auch: Alexander Lernet-Holenia: *Der Baron Bagge*. Berlin: S. Fischer Verlag 1936, S. 141f.

16 Vgl. Mario Praz: *Liebe, Tod und Teufel. Die schwarze Romantik*. Aus d. Ital. v. Lisa Rüdiger. München: Hanser, 1963, S. 132ff. Ähnlich auch Lernet-Holenia selbst in *Riviera*. Berlin: S. Fischer: 1937, S. 65: „Denn wirkliche Schönheit hat immer auch einen Beigeschmack von Drohung und Gefahr."

17 Vgl. Alexander Lernet-Holenia: „Mona Lisa". In: ders.: *Mayerling. Erzählungen*. Wien, Hamburg: Zsolnay, 1960, S. 22f. u. 27. (Zur Bedeutung der Gioconda in der sog. ‚schwarzen' Romantik vgl. a. Praz, *Liebe, Tod und Teufel*, a.a.O., S. 174f.)

18 Vgl. dazu a. Müller-Widmer, *Alexander Lernet-Holenia. Grundzüge*, a.a.O., S. 64 – 67.

19 Alexander Lernet-Holenia: „Das Rendezvous". In: ders.: *Spangenberg. Erzählungen*. Wien: Bellaria, 1946, S. 84.

20 Vgl. Lernet-Holenia, „Mona Lisa", a.a.O., S. 50 – 52.

21 Alexander Lernet-Holenia: *Ljubas Zobel*. Berlin: Gustav Kiepenheuer, 1932, S. 248.

22 Ebd., S. 249f.

23 Alexander Lernet-Holenia: *Der Baron Bagge*, a.a.O., S. 16.

24 Vgl. Alexander Lernet-Holenia: *Der Mann im Hut*. München: dtv, 1978, S. 24, 43f. u. 62. Vgl. a. Lüth, *Drommetenrot und Azurblau*, a.a.O., S. 250f.

[25] Alexander Lernet-Holenia: „An Giacomo Leopardi". In: ders.: *Das lyrische Gesamtwerk*. Hrsg. v. Roman Roček. Wien, Darmstadt: Paul Zsolnay, 1989, S. 536.

Der Gebrauch des Trivialen.
Zur Funktion des Gattungsklischees in den Romanen Alexander Lernet-Holenias

Kai Luehrs-Kaiser (Berlin / Wien)

Die Vorstellung einer Grenze zwischen Hochliteratur und Trivialliteratur ist eine Vorstellung, die heute selbst trivial erscheint. Allzu rituell werden bei der Frage, was Beispiele für Trivialliteratur seien, immer dieselben Autoren genannt; Beispiele, deren Nennung darüber hinaus an der historischen Nichtigkeit der angeblichen Grenze zwischen Trivialliteratur und Hochliteratur zuschanden wird. Wer wollte heute, nicht nur wenn er durch eine Buchhandlung in England oder Amerika geht, die trivialen Werke von den übrigen unterscheiden? Ist der Amerikaner Gore Vidal mit Erfolgsromanen wie *Lincoln* oder *Washington, D.C.* ein Autor trivialer Bücher, nur weil sich diese zum Beispiel als ein „spannende[s] Romanepos über politische Macht und ihr verfallene Menschen"[1] anpreisen und verkaufen lassen? Ist Umberto Ecos *Name der Rose* ein weniger trivialer Roman, nur weil er im Mittelalter spielt und der Autor ein bedeutender Semiotik-Professor ist? Daß auch im deutschsprachigen Raum die Auffassung schwankt, wo die Trivialliteratur beginnen möge, zeigt die fortschreitende (und verdiente) Nobilitierung von Autoren, die bisher von der Forschung mit Geringschätzung übergangen wurden; ein Schriftsteller wie Johannes Mario Simmel ist hierfür nur eines unter vielen Beispielen. – Grundsätzlich also werden hier Fragen berührt, die längst obsolet und ein wenig langweilig geworden sind. Anstatt auf der Annahme einer bestehenden Grenze zu insistieren (oder diese Grenze auf ihren Verlauf hin zu befragen), erscheint es sinnvoller, von einzelnen Motiven zu sprechen, bei denen uns vielleicht der Verdacht beschleicht, diese Motive seien bereits ein wenig veraltet bzw. klischee- und versatzstückhaft, bei denen uns also die Lust anwandelt, wenn schon nicht von Trivialliteratur überhaupt, so zumindest von trivialen *Motiven* zu sprechen. Daß nämlich eine Versuchung besteht, triviale

Motive zu orten und als solche zu benennen, dürfte eine Tatsache des kontinentaleuropäischen Umgangs mit Literatur sein, die sich nicht wegdiskutieren läßt. Und dieser Umgang wird auch nicht sinnlos dadurch, daß die Grenze, jenseits derer die Trivialliteratur beginnt, eine Chimäre ist. Die Frage ist nur die, ob wir Kriterien für eine sinnvolle Redeweise von trivialen Motiven zur Verfügung haben. Diese Kriterien wiederum sind auch nicht erst dann am Werk, wenn wir sie benennen können, sondern schon dann, wenn ein Wiedererkennungseffekt uns *regelmäßig*, das heißt auch im Wiederholungsfall, mit der Vorstellung konfrontiert, mit etwas Trivialem in Berührung zu kommen. Dies will ich im folgenden anhand einiger Beispiele auf die Probe stellen.

Ein österreichischer Kavallerieleutnant im Ersten Weltkrieg wird bei einer Attacke unter seinem toten Pferd begraben. Er erhält Gelegenheit, als Kuhmagd maskiert, sich so lange vor den Russen zu verbergen, bis gleich zwei Töchter der ihm Unterschlupf gewährenden Familie von ihm schwanger werden. Der gute Mann kann diese Zeit benutzen, einen Angriff der Russen zu vereiteln, seine Uniform zu verstecken und, zur Kavallerie zurückgekehrt, schließlich den Orden „Pour le Mérite" entgegenzunehmen. In solchem Ausmaß dekoriert, läßt auch die Heimführung der Braut (und Mutter seines zweiten Kindes) als Happy-End nicht weiter auf sich warten.[2]

Hier haben wir es meines Erachtens mit mehreren als trivial ansprechbaren Motiven zu tun: Die Unwahrscheinlichkeit schon des Überlebens des Helden und der über alle Maßen glückliche Ausgang seiner Geschichte tragen zu einer ‚Identifikationslastigkeit' der Fabel bei, die sozusagen zu großzügig, zu verschwenderisch mit jenem Glücks- und Handlungspotential umgeht, das einen Helden zum Helden macht. Der Bewegungsakzent der Geschichte ist so sehr auf Abenteuerlichkeit hin zugeschnitten, daß die Handlungselemente forciert erscheinen: Die Verborgenheit des Kavalleristen unter seinem toten Pferd ist auf eine entschiedene Drastik angelegt, den Unterschlupf nutzt der Untergetauchte für gleich zwei Liebesabenteuer, die ihn indes an politischer Einflußnahme und an seiner eigenen Rettung und Rehabilitation nicht im geringsten hindern. Diese euphemistische Überstrukturierung der ebenso gefahrvollen wie verlustlos ablaufenden Geschichte typisiert die Gesamtsituation im Sinne einer Welt, in der sich die Konflikte in einem 1:1-Verhältnis zu

Der Gebrauch des Trivialen 43

den Lösungen befinden, durch die der Held sein eigenes Leben und die Weltgeschichte glücklich zu beeinflussen weiß.

Dies wäre nun schon eine einigermaßen durch akademische Betrachtungsweisen gesättigte Analyse der trivialen Grundstruktur der oben erwähnten Fabel. Interessanterweise hat das mit der Vorstellung einer Abgegriffenheit oder historischen Überfälligkeit, die im Begriff des Trivialen mitschwingt, noch gar nichts zu tun. Deswegen ist es wichtig, darauf hinzuweisen, daß die Verwendung des Begriffes „trivial" – und die Überzeugung, daß der Begriff hier richtig oder falsch eingesetzt wird – kein Bewußtsein bestimmter Elemente impliziert, die etwas als trivial qualifizieren. Der Wortgebrauch erfolgt vielmehr – wie immer – intuitiv. Ich gehe daher, wenn ich die Trivialität bestimmter Motive analytisch zu begründen versuche, davon aus, daß die Sprachkompetenz aller an einer Sprache Beteiligten eine gewisse Einheitlichkeit des Wortverständnisses (bzw. des Wortgebrauchs) gewährleistet, auf der ich analytisch aufbauen kann. Und dies schließt wiederum die beständige Ergänzung und Unterfütterung der Erläuterung der Motive auch im Sinne der zum Begriff des Trivialen wohl gehörenden Abgegriffenheit des Motivs nicht aus.

Die oben genannte Fabel entstammt Alexander Lernet-Holenias Roman *Die Abenteuer eines jungen Herrn in Polen* aus dem Jahr 1931. Bei ihr handelt es sich augenscheinlich um die Erneuerung einer Abenteuerhandlung, die hart die Kolportage streift und bei welcher die Wahrscheinlichkeit der Fabel weitgehend den Erwartungen an die Omnipotenz und an das Glück des Helden geopfert wird. Vornehmer ausgedrückt, handelt es sich um die Umsetzung einer (tatsächlich großartigen) Weisheit Casanovas, welche lautet: „Ich habe oft erlebt, daß mir durch einen unbedachten Schritt, der mich eigentlich an den Rand des Abgrunds hätte führen müssen, das Glück in den Schoß fiel."[3] Dieser unbedachte, zumindest gewagte Schritt besteht in der Verkleidung des jungen Herrn als Frau (ein seinerseits betagtes Motiv etwa der Verwechslungskomödie), das in den Schoß des Helden fallende Glück wird durch seine erotischen, soldatischen und schließlich staatspolitischen Komponenten auf signifikante Weise verdreifacht, wodurch zur Wiederaufnahme des Abenteu(r)ermotivs dessen Übertreibung hinzutritt.

Diese Übertreibung scheint jedoch bei näherem Zusehen die entscheidende Wendung in der Bedeutung des Romans zu bringen. Bei der Abenteuergeschichte, die schon im Titel von Lernets Roman angekündigt wird, handelt es sich nämlich durchaus nicht um einen Roman, dessen Dynamik sich im Auf und Nieder eines wechselvollen Abenteuers erschöpft, sondern, wie wir nun endlich einräumen müssen: um eine Satire! Die ein wenig unwahrscheinlich, kolportagehaft verschränkten Ereignisse mit dem nur allzu glücklichen Schluß ironisieren eben jene Heldenhaftigkeit eines bei weitem zu wunderlich reüssierenden Soldaten. Die merkwürdige Siegesverheißung des historisch scheiternden Rußlandfeldzuges wird gerade an der zu farbenprächtigen, zu romanhaften Steigerung der Abenteuerhaftigkeit ironisiert, also ironisch gebrochen. Wir haben es mit einer raffinierten *reductio ad absurdum* des Autors Lernet-Holenia zu tun, mit einer Zurückführung einer Abenteuerhandlung auf ihren klischeehaften Kern, oder anders gewendet: mit einer eben doch zu großzügigen Versorgung der Handlung mit klischeehaft harmonisierenden Versatzstücken, als daß diese Elemente noch als Funktionsbestandteile einer ungebrochenen Erfolgsgeschichte verstanden werden könnten. Diese klischeehaften Momente sind zugleich Mittel der Ironie.

Ein anderes Beispiel: „[...] eine Lernet-Geschichte voller Grazie und doch heftig".[4] Mit dieser Empfehlung, so als handle es sich um einen Markenartikel der alteingesessenen Firma Lernet, wird auf einem Taschenbuchumschlag des Jahres 1955 für den Kauf eines Romans geworben. Allnächtlich besucht der junge Fähnrich seine bildschöne Geliebte in einem „versteckten Gemach des serbischen Königspalastes".[5] Ein Rückzugsbefehl führt zu Auflösung und Meuterei innerhalb der Truppe, während der Held sich mit einem Symbol der untergehenden Donaumonarchie, der Standarte, in den Königspalast rettet und auf abenteuerliche Weise mit der Geliebten flieht: „[...] voller Unbekümmertheit und Leichtsinn, aber mit ebensoviel Tapferkeit und echter Ritterlichkeit", so kennzeichnet der Werbetext des Verlags die erneut klischeehaften, aber eben deswegen erfolgversprechenden Momente des Romans. Im Zusammenspiel eines riskant-galanten Liebesabenteuers mit den Loyalitätskonflikten des aufrechten Soldaten läßt der Roman ein hier ebenso unironisches wie (als Auswirkung des militärischen Ambientes) auch ein durchaus unsentimentales Bild der ausgehenden Donaumonarchie vor uns entstehen. Das Sittengemälde, das Lernet hier entwirft, atmet dabei allerdings die schwere Luft des ausgehenden 19. Jahrhunderts – und diese Luft ist deutlich weniger vom Pulverdampf des Ersten Weltkriegs als vom Likör- und vom Parfümgeruch der Clubs und der Salons des Fin de siècle überlagert. Das etwas pastose Dunkel der Atmosphäre markiert die charakteristische Ungleichzeitigkeit von traditioneller Form und modernem Inhalt, Gegenstand und zeitgeschichtlichem Hintergrund. Diese Ungleichzeitigkeit wird durch ein weiteres, gattungsgeschichtliches Versatzstück noch maßgeblich gesteigert: Die Liebesgeschichte, die uns Lernet hier verkauft, hat mit den aristokratischen Rittmeister-Affairen, wie wir sie schon aus Schnitzlers Erzählungen kennen mögen, deutlich weniger zu tun als mit Romanen wie Abbé Prévosts *Manon Lescaut*, mit einer literarischen Tradition des Liebesromans also, die stark mit einem galanten Weiblichkeits- und Verführungsmythos operiert, dessen überzeitlicher Geltungsanspruch mit den historischen Ambitionen, welche den Roman *Die Standarte* auszeichnen, nur schwer zusammenstimmen. Der Erste Weltkrieg ist ein Ort, an dem die Donaumonarchie zwar schon durchaus verloren erscheint, an dem aber die großartigen Abenteuer, in denen sich ein Held beweisen kann, noch zu haben sind.

Um den literarischen Anachronismus zu verdeutlichen, der in dieser Konstruktion zutage tritt, konnte in der Forschung der Vergleich mit Autoren wie Robert Musil, Joseph Roth und Heimito von Doderer nicht unterbleiben.[6] Und die Nennung dieser Namen reicht auch tatsächlich bereits aus, um eine gewisse offensive Verstaubtheit von Lernets Prosa zu kennzeichnen. Sowohl Musils Erkenntnis der Vergeblichkeit eines modernen – auch militärischen – Heldentums, Joseph Roths klagende Hinnahme der Vergänglichkeit des Mythos Habsburg und Doderers Gestaltung der Gleichzeitigkeit und Synchronizität historischer Räume und Zeiten läßt sich mit Lernets hier scheinbar traditionellerer Sicht der Dinge nicht vereinbaren. Lernet-Holenia setzt an die Stelle der Erkenntnis einer über Österreich hereinbrechenden Moderne die Chimäre einer unreduziert lebendigen Vergangenheit. Die Lebendigkeit dieser Vergangenheit scheint jedoch auch mit Sentimentalität (wie in den späten Werken Joseph Roths) viel weniger zu tun zu haben als vielmehr mit einer spezifisch historischen Abschottung und Verblendung des Blicks, die er durch eine Versenkung in verbrauchte Formen der Literaturgeschichte am Leben erhält. Wohlgemerkt: Es scheint so.

Aus dem emphatischen Anachronismus, welcher aus Lernets Werken zu sprechen scheint, ist dem Autor postwendend ein Vorwurf gemacht worden. Er kommt in einem Essay von Robert Menasse mit dem Vorzug aller Deutlichkeit zum Ausdruck. Menasse bezieht sich auf den Roman *Mars im Widder,* welcher den antifaschistischen Nimbus Lernets maßgeblich mitbegründete, stellt jedoch zugleich einleitend dazu fest, der Roman stelle gerade für die angebliche Absicht Lernets, die „Erfahrungen mit Faschismus, Krieg und der sogenannten ‚Stunde Null' literarisch aufzuarbeiten", „keine[n] relevanten Versuch" dar.[7] Ob dem so ist oder ob Menasse sich irrt, ist hier nicht mein Problem. Überhaupt scheint hier der Akzent zugunsten der Frage nach dem politischen Gehalt von Lernets Prosa verschoben. Überaus wichtig aber ist die Begründung, die Menasse gibt:

> [...] der Überfall auf Polen bleibt in diesem Roman bloß Kulisse, vor der der Autor eine *triviale, kleingeheimniskrämerische Unterhaltungsromanhandlung von Liebe und Okkultismus* ansiedelt. Dieser Roman [*Mars im Widder*], der formal und inhaltlich *nur mit billigen Effekten* arbeitet, war [...] [v]on Bedeutung [...] für die Person Lernet-Holenias, der sich mit diesem Roman als „Antifaschist" ausweisen konnte, und zwar mit Hilfe eines jener *billigen Effekte,* die er in diesen Roman gestreut hatte: Krebse, die eines Nachts unbeirrbar über eine Heerstraße marschieren, sollen als Symbol der großen Panzerarmeen begriffen worden sein, die ihrem Untergang blind entgegengingen.[8]

Abgesehen von der durchaus absurden These, daß es ausgerechnet das Motiv der Krebse ist, mit dem sich Lernet als Antifaschist ausweisen könnte, haben wir es, wie mir scheint, hier durchaus nicht mit einem gelungenen Beispiel für das zu tun, was Menasse uns illustrieren will: nämlich billige Effekte. Um zu verdeutlichen, was ein Klischee, ein billiger Effekt oder ein triviales Motiv ist und nicht ist, will ich auf dieses Beispiel kurz eingehen.

Zwar kann man dem Bild der über eine Heerstraße marschierenden Krebse, wenn man es als eine politische oder auch als eine metaphysische Metapher interpretiert, eine gewisse Pathetik nicht absprechen. Als Bild betrachtet stellt die Beschreibung der marschierenden Krebse jedoch zunächst nicht mehr als ein höchst sonderbares, ja surreales Ereignis dar. Wenn wir den metaphorischen Einsatz höchst sonderbarer Bilder generell auf der Seite billiger Effekte verbuchen wollten, so bin ich mir sicher, daß dies einem Ausverkauf des größten Teils unserer Literatur gleichkommen würde. Daß Menasse je-

Der Gebrauch des Trivialen 47

doch gerade an dieser Stelle Veranlassung für die Frage sieht, warum Lernet „soviel Trivialliteratur und soviel Affirmation rund um diese Zeilen gepappt hat,"[9] artikuliert möglicherweise doch einen ernstzunehmenden, gegen Lernet gerichteten Affekt, der hier, im besonderen, jedoch gerade deswegen ins Leere geht, weil er im allgemeinen eine gewisse Berechtigung hat. Lernets bereits festgestellte Neigung zur Verwendung gattungstypischer Klischees muß einen besonderen Grund haben. Was Robert Menasse anbetrifft, so habe ich den Eindruck, daß er den Verdacht einer politischen Bequemlichkeit Lernets mit der Beobachtung trivialliterarischer Momente verbunden und ein Beispiel gesucht hat, in welchem beides miteinander kombiniert ist. Daß Menasse dabei ein falsches Beispiel gewählt hat, besagt jedoch wiederum nicht, daß es nicht richtige Beispiele aufzuzählen gäbe.

Dagegen, daß es sich beim Bild der Krebswanderung um ein triviales Motiv handelt, spricht bereits die überaus sorgfältige Vorbereitung des Motivs, seine Verwendung ‚von langer Hand'. Diese Sorgfalt der Durcharbeitung kann als durchaus untypisch für das gelten, was wir als trivial bezeichnen würden, und zwar deshalb, weil es die *Einführung* eines Motivs bedeutet, die indirekte Bekanntgabe seiner Spielregeln, und damit die Verwendungsweise eines Bildes, das von sich aus unverständlich bliebe. Ein unverständliches Motiv kann aber, wie ich denke, niemals trivial sein.

Hinsichtlich der formalen Komposition des Romans repräsentiert die Krebswanderung das motivische Zentrum eines Buches, dessen Handlung ein poetisches Beispiel für die metaphysische Determiniertheit, für die Unausweichlichkeit des Schicksals und für das Leben „in einem [...] Zwischenreich"[10] zu geben versucht. Diese Determiniertheit wird bereits zu Beginn des Buches durch eine Reihe von Legenden und Anekdoten gesprächsweise aufgebracht: Gedanken an eine scheinbar Tote rufen dieselbe Person als Lebende zurück; der ‚Geist' eines Offiziers hat seinem Regiment dessen Besichtigung für eine bestimmte Stunde angekündigt; ein Verwundeter erwacht neben einem seit langem Verstorbenen.[11] Was diese Geschichten nur sehr undeutlich verraten und als metaphysisches Problem ihren Hörern aufgeben, zeigt sich dem Helden des Romans, Graf Wallmoden, am Ende deutlicher. Die Frau, der er für einen bestimmten Tag ein Rendezvous hat vorschlagen lassen, erweist sich als tot, aber zugleich als nicht sie selbst; zur verabredeten Stunde trifft Wallmoden die wirkliche Trägerin des Namens, wodurch sich nun das Liebesglück dieses Romans erfüllt. Es macht all diese Geschichten durchaus genießbar, daß sie auf sehr verschiedene Weise mit dem Motiv der menschlichen Verwandlung[12] und der doppelten Identität spielen und daher den Sinn des Ganzen, nämlich daß sich das „Schicksal [...] nicht unterbrechen" (MW 242) läßt, auf hinlänglich unterschiedliche Art illustrieren. Lernets Roman bestimmt diesen deterministischen Sinn des Buches damit nicht nur, er sucht ihn auch wieder zu zerstreuen.

Zu dieser Verwischung der metaphysischen Dimensionen des Romans trägt nun auch die gesamte, den Roman in seinem Zentrum ausmachende Kriegshandlung bei, in welche sich das Bild der Krebswanderung einfügt. Beiden Handlungssträngen ist das Ereignis- und Aufbruchsmotiv gemeinsam, wie es sich auch im Titel des Romans ausspricht: *Mars im Widder*, diese Konstellation benennt jene astronomische Bedingung, welche astrologisch als Kriegsomen gedeutet wird.[13]

Tatsächlich wird „das Eingreifen übersinnlicher Mächte in das Schicksal des Einzelnen",[14] mit dessen Benennung wiederum der Verlag für den Roman wirbt, tatsächlich also wird die metaphysische Dimension des sonst wohl recht unmetaphysischen Kriegshergangs gerade durch das Bild der Krebswanderung evoziert. Bereits im Vorfeld des Ereignisses wird berichtet, daß eine „besonders widerwärtige Art von Gelsen" (Stechmücken) der Kolonne die Gesichter zerstochen hätte und „Fliegen" die Soldaten am Schlaf hinderten.[15] Gleichzeitig werden aus einem Bach überraschend Krebse gefangen[16] und Betrachtungen darüber angestellt, solche Krebse seien in der Vergangenheit „große Strecken über Land gezogen, doch hätten sie immer nur Nachtmärsche unternommen, – wie wir" (MW 141). Es ist entscheidend, daß diese Erfahrungen sich auf die österreichische Heimat Wallmodens, genauer auf Kärnten beziehen, auf eine Landschaft und „Gegenden" der Erinnerung nämlich, die, wie Wallmoden hervorhebt, „ganz ähnlich aussehen wie diese hier [in Polen]". Der Fang der Krebse setzt hier wie dort die Unbeweglichkeit der Beute voraus, dieselbe Unbeweglichkeit, mit der man, wie erzählt wird, eine geröstete Kröte als Köder still ins Wasser hält. Das Bild der wandernden, sich fortbewegenden Krebse entspricht daher der Machtlosigkeit, ihrer habhaft zu werden; man muß, so wird betont, die Stellen kennen, „wo die Krebse gerastet" (MW 141) hätten. Entsprechend wird auch das stille Dasitzen der Kröten – diese hatten, „ehe man sie erschlug, unbeweglich dagesessen" – hier bereits im Sinne einer metaphysisch-politischen Metapher rundheraus als „das breite Dasitzen einer Masse" (MW 144) qualifiziert. Die Vorbereitung der Schilderung der Krebswanderung schließt also eine Metaphorik von Bewegung und Bewegungslosigkeit mit ein, von Stillhalten und Fortbewegung, die im Verhalten der Kolonne ihr Gegenstück hat. Diese Kolonne ist sicher, solange sie sich (als Schwadron oder gegen die Front zu) fortbewegt; sie wird Opfer eines Angriffs und ihrer potentiellen Vernichtung in dem Augenblick, in dem sie sich zurückzieht, um „in Stellung zu gehen." (MW 154)

Entscheidend für den metaphorischen Wert der Krebswanderung ist nun aber nicht nur die Tatsache, daß die Krebse (wie auch die Soldaten selbst) nachts marschieren, sondern vor allem die – mit Genauigkeit verzeichnete – Himmelsrichtung, in welcher sich die Krebse fortbewegen:[17] „Sie bewegten sich westwärts, also in Richtung auf die schwarze Arwa zu. [...] Diese [Krebse] hier [...] wollten – so schien es wenigstens – gar nicht in das Gebiet eines andern Flusses" (MW 154), denn diesen Fluß könnten sie durch das Wasser erreichen. Statt dessen wandern sie in genau jene Richtung, aus welcher Wallmoden sie seiner Erinnerung nach kennt, und bestätigen damit jene metaphorische Bedeutung, welche sie in der Erinnerung des Krebsfangs für Wallmoden schon zuvor besessen hatten: Die Krebse repräsentieren innerhalb des Textes eine Zivil-Metapher. Sie gehen durchaus nicht in die Richtung, in welche die Soldaten sich bewegen, und sind daher durchaus kein Bild für die machtlose Verstrickung dieser Soldaten in die eigendynamischen Entwicklungen des Krieges. Hierin liegt also Menasse mit seiner Interpretation auch inhaltlich falsch.[18] Dagegen können sie als Vorbild jenes Rückzugs der Kolonne gelten, der sich denn auch am Ende des Romans tatsächlich vollzieht; hier nämlich verlassen die Militärflugzeuge Polen. „Der Feldzug war zu Ende. [...] Sie flogen nach Westen": So und nicht anders, mit einer Änderung der Himmelsrichtung, die derselben Richtung entspricht, in welche die Krebse wanderten, endet der Roman.

In die Bewegungsmetaphorik des Romans fügt sich das Bild der Krebswanderung im übrigen deswegen besonders gut ein, weil das sich fortbewegende Band der Krebse „sich auch in sich selber" (MW 153) rührt. Indem nun Wallmoden glaubt, daß er durch ein bestimmtes Gespräch „diese Wanderung verursacht habe" (MW 153), schlägt das Ereignis eine Brücke zum metaphysischen Grundtenor des Romans: Die Krebswanderung ist ein weiteres Beispiel für die rätselhafte und vielleicht nur scheinbare Korrespondenz der gesprächsweisen Ankündigung eines Ereignisses mit dem tatsächlichen Eintritt dieses Ereignisses. An dieser Stelle ist denn auch Menasses These vom affirmativen Grundduktus des Romans wieder zuzustimmen. Lernets Charakterisierung der hier geschilderten Welt als „Zwischenreich"[19] umgibt die Kriegsgeschehnisse mit einer Geheimnisträchtigkeit, aus der sich schließlich ja auch das positive Signal des Romans, nämlich das rätselhafte Treffen mit der Geliebten ergibt. Diese Charakterisierung gibt ein Maß an Katastrophen- und Ereignisfaszination zu erkennen, das sich im Ganzen nur schwer als parabolische Faschismuskritik interpretieren läßt. Dennoch bin ich nicht sicher, ob wir von einem heute 100 Jahre alten Autor überhaupt verlangen müssen, politisch korrekt geschrieben oder auch nur gehandelt zu haben, und man könnte ebensogut empfehlen, Fragen nach Wert und Gehalt von Lernets Prosa nicht unnötig mit der ideologischen Überprüfung ihres Autors und seiner Texte zu vermengen.

In der (sehr spärlichen) Lernet-Forschung ist die (um so einschlägiger wirkende) Auffassung vertreten worden, *Mars im Widder* weise „alle für die Erzählweise des Dichters [Lernet] typischen Merkmale" auf, und die Ergebnisse einer Untersuchung dieses Romans könnten deswegen für das Gesamtwerk Lernets einen Rang von „Grundsätzlichkeit" beanspruchen.[20] Dieses Urteil scheint verfehlt gerade aufgrund von (nirgendwo bestrittenen) stilistischen Verschiedenheiten innerhalb des Lernetschen Œuvres. Lernets scheinbar leichtgewichtige Gesellschaftsromane büßen dabei ihre Leichtgewichtigkeit in demselben Maße ein, in dem sie die metaphysischen Ansprüche seiner der Transzendenz holden und hörigen Werke konterkarieren, ironisch brechen, und diese Ansprüche in den Rang möglicher, aber keineswegs notwendiger Optionen verweisen.

Die trivialen Elemente, deren auch *Mars im Widder* zweifellos genug besitzt, sind nun ganz offenbar zu jenen Mitteln einer ‚Lockerung der Transzendenz' zu rechnen. Wie viele von Lernet beschriebene Liebesbeziehungen ist auch die zwischen Wallmoden und der

Der Gebrauch des Trivialen 51

(scheinbaren) Cuba von Pistohlkors überaus stark von den Ehr- und vor allem Ritterlichkeitsgefühlen des männlichen Helden einerseits und von der Sorge der Heldin um ihren gesellschaftlichen Ruf andererseits geprägt. Daß diese Liebenden nicht zusammenkommen können, liegt grundsätzlich an soldatischen Ehr- und an aristokratischen Standesbegriffen. Hieran wäre nun wenig verwunderlich, wenn es sich um Abenteuerromane des 18. oder 19. Jahrhunderts handelte. Ehr- und Standeskonflikte sind jedoch – auch und gerade in der Gestalt von Liebes- und Abenteuerromanen – zur Zeit Lernets längst hinlänglich veraltet, literarisch analysiert und literaturgeschichtlich besetzt. Lernet verbindet das Motiv, ja den Topos der getrennten Liebenden, wie wir ihn aus zahllosen Romanen zwischen Wielands *Agathon*, Goethes *Werther*, Manzonis *I Promessi Sposi* und zahllosen anderen (vielfach barocken) Vorbildern kennen, mit genau jenen Standeskonflikten, die bereits im ausgehenden 19. Jahrhundert, etwa bei Fontane oder Schnitzler, bis auf ihren heiteren, ironischen Kern zurückgeführt – und damit tendenziell preisgegeben werden. Gerade diese Ironie jedoch, die wir etwa bei Fontane bewundern, geht Lernet sowohl in *Mars im Widder* als auch in *Die Standarte* in dieser Form ab.

Der Rede von der Trivialität liegt unter anderem so etwas wie eine ästhetische Verbrauchs- und Verfallstheorie zugrunde: Trivial ist etwas dann, wenn es zu spät gekommen ist, um noch als originell gelten zu können. Eine solche Theorie besteht in der Einsicht, daß die ästhetische Kraft bestimmter literarischer und motivischer Formen irgendwann verbraucht ist. Dies hängt tatsächlich stark mit der Form der betreffenden Motive zusammen: Das Kriterium einer zeitlichen Nachträglichkeit, des Anachronismus, ist offenbar nicht *einfach* zu verstehen. Wir müssen anscheinend sogar damit rechnen, daß in die Frage nach dem Trivialen Geschmacksurteile aller Art Eingang finden.

Lernets Romane erweisen sich vor diesem Hintergrund zunächst einmal als resistent gegen dergleichen Unterscheidungen. Lernets Werk liefert einen Beleg für das souveräne Ignorieren einer Gattungsnorm der Hochliteratur, die darin besteht, daß keine trivialen Motive auf triviale Weise verwendet werden sollen. Das Beispiel aus *Die Abenteuer eines jungen Herrn in Polen*, aber auch Motive aus dem Roman *Mars im Widder*, repräsentieren nun aber durchaus eine Verwendung trivialer Motive innerhalb von Romanen, denen zugleich eine durchaus nicht triviale Kunst der Motiventwicklung konzediert werden kann. Hinsichtlich von *Mars im Widder* ließe sich, wenn wir den grundsätzlichen Eindruck Robert Menasses hier grundsätzlich gelten lassen, sagen, daß die Zahl und das Gewicht trivialer Motive in diesem Roman so groß ist, daß das gesamte Buch trivial erscheint. Man verkennt dabei jedoch, und dieser Punkt verdient unsere besondere Aufmerksamkeit, das kompositorische Verhältnis, in welches diese trivialen Motive und Momente gesetzt sind.

Lernets Romane sind Kunstwerke, die sich trivialer Mittel bedienen, aber sie sind zugleich ein Beispiel dafür, wie deplaziert der wertende Begriff Trivialliteratur ist. Denn Lernets Technik der strukturellen Brechung des Trivialen besteht offenbar gerade in der Einbindung trivialer Motive in eine motivisch kunstvoll komponierte Fabel (wie im Fall von *Mars im Widder*) bzw. in der Aufladung einer trivial angelegten Geschichte durch ästhetisch eigenwillige Gehalte und Darstellungsziele. Lernets Kunst besteht damit in der ironischen Verbindung des scheinbar Unvereinbaren: in der Verbindung einer Liebesgeschichte des 18. Jahrhunderts mit einer Atmosphäre des 19. zur Zeit des 20. Jahrhunderts. Die Ironie des Spiels verschiedenster Ingredienzen spielt sich dabei offenbar ausschließlich auf der Ebene der Struktur und des Verhältnisses von Form und Inhalt ab. Als ein Verfechter dieses entschieden strukturellen Ironiebegriffs, der eine Oberflächenharmonie herstellt, die durch Wahl abgewirtschafteter Motive der Literaturgeschichte zugleich wieder verabschiedet wird, erweist sich Lernet-Holenia denn auch als Anwalt jener nur ironisch inaugurierten Aufhebung der Gebrochenheit der Moderne, die Georg Lukács vom Roman forderte. Durch seine Form der Amalgamierung verschiedenster Stile und Substanzen dokumentiert Lernet-Holenia den Formüberschuß seiner Romane und ordnet diesem den Inhalt seiner Bücher unter. Dieser Inhalt erscheint vollkommen in Formen aufgelöst.

Die spezifische Form der Fiktionalisierung sollte nicht verkannt werden, die Lernet durch den Einsatz trivialer Versatz- und Kompositionsmittel erreicht. Diese Fiktionalisierung ist – in der speziellen Verbindung, welche die trivialen Momente insbesondere mit dem metaphysischen Grundduktus seiner Romane eingehen – Bestandteil einer Irrealisierung, die im Dienste des von Lernet beschworenen höchsten Grades von Unwirklichkeit steht. Bei größter Wahrschein-

Der Gebrauch des Trivialen 53

lichkeit den höchsten Grad an Unwirklichkeit zu erreichen: Dieses Ziel erreicht Lernet-Holenia durch den doppelten Einsatz von Klischees. Diese sorgen – im Kontext jener literarischen Tradition, aus welcher sie genommen sind – für jenes Maß an Wahrscheinlichkeit, das Lernet mit Gattungswahrscheinlichkeit (wahrscheinlich voreilig) identifizierte. Als *zitierte* Klischees bewirken sie nämlich eine raffinierte Enthistorisierung und Irrealisierung der Stoffe, wie sie Lernet für seine metaphysischen Absichten gut gebrauchen konnte.

Als entscheidend erscheint diese doppelte Funktion des Klischees, welches sowohl den metaphysischen Sinn von Lernets Romanen an der Herkömmlichkeit und Stereotypie ihrer Handlungssituationen relativiert als auch die scheinbar vertraute, literarisch vorgeprägte Welt durch einen diese Welt transzendierenden doppelten Boden wieder in Frage stellt.

Von dieser doppelten Funktion sind dabei nun allerdings nicht nur jene Handlungselemente betroffen, deren Akzent auf einer – wenn auch floskelhaften und historisch eingeübten – Erweiterung, Intensivierung, Beschleunigung oder Abwechslung des Handlungsverlaufs liegt. Bestandteil der Klischeeverwendung sind nämlich nicht allein jene Stellen, an welchen Lernet gleichsam zuviel des Handlungsaufwandes leistet, um die Originalität der von ihm erzählten Handlung wahren zu können. Klischeehaft ist vielmehr auch die parabolische Anlage insbesondere seiner phantastischen Romane: *Mars im Widder, Der Graf von Saint Germain* sowie *Der Mann im Hut.*

Klischeehaft erzwungen wirkt in diesen Romanen gerade jener doppelte Boden, welcher den Romanen Tiefe zu geben scheint: die Transzendierung der empirischen Wirklichkeit und die symbolische Bedeutung dieser Überschreitung. Handlungsmotive wie jene, die Reinhard Lüth in der bislang bedeutendsten Monographie zu Lernet-Holenia untersucht hat: der Geheimnischarakter seiner Prosa,[21] kryptische Figurationen, visionäre Todessignale, chiffrierte Spiegelungen,[22] der Zufall, die Zahlensymbolik etc.,[23] gerade diese Motive und Techniken, die Bedeutung herstellen oder vertiefen sollen, tragen bei Lernet das Gepräge des – unbewußten oder auch bewußten – literarischen Zitats. Die Forschung hat diese Motive der ‚Metaphysizierung' des Romans durch die Zurechnung zur Phantastik des Romans gleichsam zu veräußerlichen versucht, indem sie die Motive auf ihren Handlungskern, auf ihre pragmatische und erzähltechnische

Bedeutung zurückführte. Tatsächlich bildet für Lernet-Holenia das literarische Klischee, die floskelhafte und zugleich reißerische Handlungssituation ein Medium seiner Phantastik. Es ist jedoch zu überlegen, ob mit dem Werk Lernets nicht auch der umgekehrte Weg gewagt werden kann: ob man also jenen historisch vorgegebenen Kunstgriffen, mit denen das Werk Lernets reich gesegnet ist und denen mit Sicherheit ein hohes Maß an pragmatischer Effektsicherung nicht abzusprechen ist, ob also diesen klischeehaften Motiven und Techniken der Literaturgeschichte nicht gerade aufgrund der Äußerlichkeit ihrer Verwendung, aufgrund ihres Zitatcharakters und aufgrund ihrer Regelmäßigkeit wieder eine bestimmte Tiefe und Bedeutung zugesprochen werden kann.

Dieser Zitatcharakter der Klischees und des Trivialen ergibt sich gerade aus der Offenheit und aus der Dominanz ihrer Verwendung. Die Auflösung des Handlungsinhalts in die vorgeprägten Formen der Literaturgeschichte stellt auf formaler Ebene jene Negation des Realismusprinzips dar, die Lernet inhaltlich durch die Surrealität seiner Geschichten zu bekräftigen sucht. Daß dieser Weg Lernets es erlaubt, von einem „literarischen Klischee" im Werk dieses Autors zu sprechen, wäre zumindest wohl diejenige Position, die für die Rettung seines Werkes für das literarische Bewußtsein einzunehmen ist. Die Bedeutung Lernets – gerade im internationalen Maßstab der Literaturwissenschaft – dürfte daher nur dann zu definieren sein, wenn wir uns keinen verschämten, sondern einen offensiv integrierenden Umgang mit den trivialen Mustern von Lernets Prosa angewöhnen.

Das literarische Klischee Lernet-Holenias bestimmt sich gerade durch den Abstand, den Lernet zur Form des herkömmlichen Realismus sucht – und den er mittels der spezifischen Verwendung des literarischen Zitats auch findet. Das strukturell ironische und ironisierend eingesetzte Klischee bildet heute einen Hauptansatzpunkt für die literaturgeschichtliche Rückgewinnung Alexander Lernet-Holenias.

Anmerkungen

[1] Gore Vidal: *Washington, D.C. Roman.* München: Goldmann, 1992, Umschlag-Werbetext des Verlages.

[2] Zur Zusammenfassung vgl. *Kindlers Neues Literaturlexikon.* Hrsg. v. Walter Jens, Bd. 10, München: Kindler, 1988, S. 255f.

Der Gebrauch des Trivialen 55

³ Giacomo Casanova Chevalier de Seingalt: *Geschichte meines Lebens*, erstmals nach der Urfassung übers. v. Heinz von Sauter, hrsg. u. eingel. v. Erich Loos. Berlin: Propyläen, 1964, Bd. I, S. 65.
⁴ Alexander Lernet-Holenia: *Die Standarte*. *Roman*. Frankfurt a. M., Hamburg: Fischer-Bücherei, 1955, Umschlag.
⁵ *Kindlers Neues Literaturlexikon*, a.a.O., S. 258.
⁶ Vgl. z.B. Franziska Müller-Widmer: *Alexander Lernet-Holenia. Grundzüge seines Prosa-Werkes dargestellt am Roman „Mars im Widder". Ein Beitrag zur neueren österreichischen Literaturgeschichte.* Bonn: Bouvier 1980, S. 150ff.
⁷ Robert Menasse: *Überbau und Underground. Die sozialpartnerschaftliche Ästhetik. Essays zum österreichischen Geist.* Frankfurt a. M.: Suhrkamp, 1997, S. 67.
⁸ Ebd. (Hervorhebungen K. L.-K.)
⁹ Ebd.
¹⁰ Alexander Lernet-Holenia: *Mars im Widder*. *Roman*. Stockholm: Bermann Fischer, 1947, S. 17 (nachgewiesen im Text unter der Sigle MW mit anschließender Seitenangabe).
¹¹ Vgl. MW 15ff., 18f. u. 20.
¹² Vgl. Franziska Müller-Widmer, *Alexander Lernet-Holenia*, a.a.O., S. 35, die hier im übrigen einen Bezug zu Hofmannsthal erkennt.
¹³ Vgl. sogar den Klappentext der genannten Ausgabe.
¹⁴ Ebd.
¹⁵ Vgl. MW 129 bzw. 130.
¹⁶ Vgl. MW 139 u. 140.
¹⁷ Vgl., vorbereitend, MW 146. Der hier geschilderte Weg, der Wallmoden unwillkürlich an das Bachbett erinnert, „aus welchem man die Krebse gefischt hatte", verläuft von Norden nach Süden: „Aber es schien dennoch, als ob er eigentlich aus dem Osten komme und nach dem Westen führe."
¹⁸ Einer weiteren Interpretation der Krebswanderung ist bei dieser Gelegenheit zu widersprechen: Franziska Müller-Widmer, *Alexander Lernet-Holenia*, a.a.O., S. 105, interpretiert die Krebse als „Inbegriff des Bösen schlechthin". Ähnlich hatte bereits Otto F. Beer: „Nachwort". In: Alexander Lernet-Holenia: *Mars im Widder*. Wien, Hamburg: Zsolnay, 1976, S. 261ff., hier: S. 267, von einem „Bild des großen Unterganges" gesprochen. Tatsächlich mögen die Krebse dem Helden des Romans unmittelbar so erscheinen. Entscheidend scheint mir jedoch, daß dem Roman insgesamt gerade jene Intention einer Untergangsvision fehlt. Der Roman endet nicht im Untergang, und er läßt diesen Untergang auch nirgendwo allgemein erwarten. Aus diesem Grunde ist die Bedeutung der Krebswanderung ebensowenig auf ein Motiv des Untergangs wie überhaupt auf die Wahrnehmung seines Helden beschränkt. Gerade daß die Krebse ein Symbol des zivilen Lebens darstellen, verpflichtet den aufrechten Soldaten, welcher Wallmoden ja immer bleibt, im Gegenteil auf jene kritische Reaktion, die nicht mit der Position des Romans im ganzen zu verwechseln ist.
¹⁹ MW 155, vgl. MW 17.

²⁰ Franziska Müller-Widmer, *Alexander Lernet-Holenia,* a.a.O., S. 9.
²¹ Reinhard Lüth: *Drommetenrot und Azurblau. Studien zur Affinität von Erzähltechnik und Phantastik in Romane von Leo Perutz und Alexander Lernet-Holenia.* Meitingen: Corian 1988, S. 199, vgl. 183ff.
²² Ebd., S. 243ff.
²³ Ebd., S. 331ff.

Der Theatermacher Lernet-Holenia

Martin Esslin (†)

Ist es ein bloßer Zufall, daß der verstört-manische Fürst in Thomas Bernhards Roman *Verstörung* – Saurau – den gleichen Namen trägt wie der Schloßherr in Lernet-Holenias frühem Stück *Österreichische Komödie?* Oder hat Bernhard bewußt auf das Werk eines Autors angespielt, der auf den ersten Blick von ihm so verschieden ist, wie man es sich nur vorstellen kann? Und doch – so verschieden sie auch sein mögen, einige wesentliche Züge sind ihnen gemeinsam: Bernhard wie Lernet begannen als Lyriker, Lernet wie Bernhard erreichten ihre größten Leistungen als Erzähler – und Bernhard wie Lernet schrieben zahlreiche Theaterstücke, von denen man die große Mehrzahl nicht nur als bloße Brotarbeiten betrachten, ja, die man sogar als Manifestationen einer wirklichen Verachtung des Genres sehen kann, in gewissem Sinne geradezu als eine Art von Publikumsbeschimpfung: „wenn ihr solches Zeug wollt – und noch dafür gut zahlt – so sollt ihr's eben haben, ihr verdient nichts Besseres!" Bei Bernhard wird dies immer wieder von der *Jagdgesellschaft* bis hin zu *Theatermacher* und *Heldenplatz* von der Bühne herab den Leuten ins Gesicht gesagt, bei Lernet findet man diese Haltung eher in seinen persönlichen Äußerungen.

So zum Beispiel, als er 1930 – wegen seines Stückes *Attraktion* – des Plagiats beschuldigt wurde, verteidigte er sich genau so, wie Brecht ein Jahr zuvor es getan hatte (Brecht erklärte seine Verwendung existierenden Materials mit seiner „Laxheit in Fragen geistigen Eigentums"). Es fiele ihm selbst fast nie etwas Originelles ein, erklärte Lernet, und:

> Ob die Attraktion tatsächlich vom Krokodil kopiert ist, weiß ich also nicht [...], ich selbst aber wünsche meine königlich-bayerische Ruhe zu haben. Ich kann ohnedem die ganze Literatur nicht leiden [...], ich schreibe meine Stücke nur der Tantiemen halber, und alle jene, die ihre Stücke auch nur der Tantiemen halber schreiben, sollen sich schämen, daß sie's nicht ebenfalls eingestehen. An wirklicher Dichtung gemessen, sind unsere Stücke ohnehin nur Quark. Das Publi-

kum hat ein Recht darauf, das von Fachleuten gesagt zu bekommen, denn das Publikum selber bemerkt es nur selten [...].[1]

Das mag zu einem hohen Grad nur grandseigneurale Pose gewesen sein – es ist sicher nicht anwendbar auf seine früheren hochpoetischen Stücke, den expressionistisch geballten *Demetrius* und die an Hofmannsthals kleine Dramen angelehnten *Saul* und *Alkestis* –, aber dennoch verbirgt sich hier durchaus ein Kern von Wahrheit. Oskar Maurus Fontana, ein großer Verehrer Lernets, meinte noch 1961, daß „er gerne zeigt, daß die Welt betrogen sein will, und daß er des zum Beweis auch sein Teil beitragen möchte, indem er ein Erfolgsstück schreibt."[2]

Diese Laxheit, diese grandseigneurale Haltung des aristokratischen Ex-Kavallerieoffiziers bildet ja, wie immer wieder betont, so etwa von Torberg in seinem Gratulationsartikel zu Lernets 70. Geburtstag, den wesentlichen Grundzug seiner menschlichen wie seiner schriftstellerischen Persönlichkeit:

> Was will ein Grandseigneur in der Literatur? Eigentlich nichts und darin liegt es ja gerade: daß er nichts will, auf dezidiertere Weise nichts, als es sich durch noch so dezidierte Abkehr von „Schulen" oder „Richtungen" dartun ließe. [...] Er will nichts, weil etwas zu „wollen" der Absicht bedürfte, des Vorsatzes, der Berechnung, also sehr fragwürdiger und keinesfalls seigneuraler Voraussetzungen. Er brötelt eigen, car tel est son plaisir. Daß dieses Plaisir die Kehrseite eines krassen Mißvergnügens ist, steht wieder auf einem anderen Blatt, auf einem der vielen Blätter, die er mit allerlei Übellaunigem vollgeschrieben hat oder mit allerlei auf gängigen Erfolg Gerichtetem [...].[3]

Das Positive an einer solchen Haltung ist die völlige Abwesenheit jeder Prätention auf Seiten des auf das Verdienen von Tantiemen abzielenden Stückeschreibers.

Ganz anders sah Lernet-Holenia sein lyrisches Werk, nämlich – wie seine Vorbilder Hölderlin und Rilke – als eine Sphäre des Erhabenen, ja des Heiligen. Das trug ihm in jener frühen Periode seines Schaffens, ehe er die Lyrik praktisch aufgab, manchen Spott ein. In der Parodie eines Lernetschen Sonetts von Robert Neumann erscheint er als „Sankt Lernet": „Teils Heiliger (aus dem Barockoko), [/] Teils Troubadour (in Breeches) (und aus Kärnten)."[4] Und Karl Kraus, der ihn als Protegé seines Erzfeindes Hermann Bahr betrachtete, nannte ihn einen „Sterilke" und „Puerilke".[5]

Konzentrierte Lernet später seine künstlerischen und dichterischen Ambitionen auf die Novelle und den Roman, so blieb er bis zum Schluß ohne jeden solchen Anspruch, was sein Stückeschreiben betraf. In seinen „Theatralischen Thesen" von 1926 hatte er bereits ausdrücklich erklärt: „Ein Theaterstück ist eine Ware, Dramatik ein Handwerk". Drama als Handwerk – das ist im wörtlichen Sinne Commedia dell'arte, und Lernets dramatisches Oeuvre ist immer wieder mit der Commedia in Verbindung gebracht worden, also einer Form des Theaters, die auf dem artistischen (nahezu im zirkus-artistischen Sinne) Können der Schauspieler beruht, also auf reiner Theatralik. Hier sei wieder eine von Lernets eigenen „Theatralischen Thesen" zitiert: „Es handelt sich nicht darum Theaterstücke durch ihr Literarisches ihren Wert gewinnen zu lassen, sondern vielmehr durch ihr Theatralisches [...]"[6] Die Commedia dell'arte wurde improvisiert, Lernets gelöste, grandseigneurale Haltung zum Theater impliziert gleichfalls das Fehlen rigoroser Konstruktion, ausgeklügelter Planung – kommt also der Improvisation recht nahe. Eine unmittelbare Wirkung folgt fast spontan auf die andere.

Wesentlich an dieser Theatralik scheint mir vor allem, daß hier einzig und allein der theatralische Augenblick, der momentane Eindruck, dominiert, was oft bedeutet, daß Motivierung und Charakterisierung, die innere Logik der Vorgänge, außer acht gelassen werden und alles auf die augenblickliche Wirkung, den augenblicklichen Lacher oder den augenblicklichen *coup de théâtre* hin angelegt ist. Zu diesen Augenblickseffekten gehört vor allem auch das aphoristische Bonmot, das den Dialog von Moment zu Moment mit seinem Witz und seiner Paradoxie belebt. Hier stand Lernet ganz bewußt in der Tradition von Shaw und Wilde, wobei es aber bei solchen Geistesblitzen wiederum nicht so sehr darauf ankommt, daß die Aphorismen tatsächliche Wahrheiten oder Erkenntnisse enthalten, sondern daß sie eben auf den ersten Blick überraschen und frappieren und zu Widerspruch und eigenem Denken anregen. Hier ein aufs Geratewohl, durch bloßes Aufschlagen des Textes von *Parforce* gewonnenes Beispiel: „Geschmacklosigkeiten sind aber Frauen gegenüber immer noch das Geschmackvollste. Ich habe konstatiert, daß geschmacklose Leute bei Frauen immer die beste Chance haben, obwohl sich Frauen sonst in einem fort über Geschmacklosigkeit beklagen [...]"[7] – oder ein paar Seiten später:

Takt ist nichts als eine gewisse Überlegenheit, es ist das Gefühl der Sicherheit, sich nicht blamieren zu können [...]. Und Taktlosigkeit ist nichts als eine Art Schwäche. Ich bin geneigt, es den Herren zu verzeihen, wenn sie taktlos sind. Sie müssen doch immer alles arrangieren und sind eigentlich nie ganz auf der Höhe, sie fühlen sich nicht ganz sicher und werden dann einfach taktlos. Aber seit jetzt auch die Frauen anfangen, so aggressiv zu werden, verlieren sie natürlich ebenfalls den Kopf und werden taktlos. Das ist ihnen allerdings nicht zu verzeihen [...].[8]

Ob solche Sentenzen Wahrheiten enthalten oder nicht, ist ohne einiges Nachdenken sicher schwer zu sagen – aber dazu ist nicht die Zeit, denn der Dialog geht über zum nächsten Moment und zum nächsten Aphorismus oder Bonmot. Was Lernet jedoch vor allen anderen Autoren leichter Gesellschaftsstücke und Farcen auszeichnet, ist die Eleganz seiner Sprache und der Esprit seiner Formulierungen.

Schon Lernets erster großer Erfolg *Ollapotrida*, für den ihm Bernhard Diebold, der Kritiker der Frankfurter Zeitung, 1926 den Kleist-Preis verlieh, zeigt diese auf den Moment bezogene Theatralik sehr deutlich. Die Ausgangssituation ist die immer wieder wirksame so vieler Farcen: Der Protagonist Henninger versucht eine Freundin, die im Pyjama auf dem Sofa lungert, dazu zu bewegen, endlich nach Hause zu gehen, als ihr Mann, Herr Lassarus, an der Wohnungstür erscheint. Er kommt aber nicht, weil er etwa Henninger in flagranti ertappen will, sondern gleich mit zwei anderen Damen: einer verheirateten Frau, mit der er selbst ein Verhältnis hat, und einem jungen Mädchen, Clara Ende. Das ist eine sehr komische Situation, die dann noch komplizierter wird, als der Gatte von Lassarus' Maitresse, ein Rittmeister Rosenzopf, und der Vater des jungen Mädchens, Herr Ende, ebenfalls Einlaß begehren. Die Permutationen, wie die verschiedenen Personen voreinander verborgen, hinter einen Paravent oder ins Nebenzimmer expediert werden können, sind endlos und sehr lustig. Aber die Motivation der Situation bleibt unerklärt, nämlich warum Herr Lassarus in ehebrecherischer Absicht mit seiner Freundin unangesagt bei Henninger erscheint, und noch dazu von einer weiteren weiblichen Person begleitet. Hat er diese seinem Freund Henninger für eine Orgie zu viert anbieten wollen? Oder hat er sie als Chaperon mitgebracht? Was tut's, solange die Aktion selbst dauert – aber nachher fragt man sich doch, was die Basis des ganzen Soufflés gewesen sein mochte. Hierin unterscheidet sich dieses Stück etwa von den klassischen Farcen eines Feydeau oder Ben Travers, wo gerade die Motivierung der Vorgänge mit einer geradezu eisernen, wenn auch absurden Logik entwickelt wird. Selbst in der Stegreif-Commedia ist die Motivierung handfester – die stehenden Masken tragen ihre permanente Motivierung in sich. Bei Lernet tun das nur die stets vorhandenen komischen Diener, die direkt aus der Commedia und dem Wiener Volksstück kommen. In *Ollapotrida* heißt dieser Diener Toison d'or, wohl weil er zwar ein Schafskopf ist, aber doch als Diener „worth his weight in gold"...

Ein solcher Diener ist auch der Johann in Lernets zweitem frühen Erfolg, der *Österreichischen Komödie* (bei der Uraufführung in der Josefstadt, 1927, spielte Hans Moser diesen uralten Domestiken). Er kommentiert die Handlung ungeniert und total taktlos als eine Art griechischer Chor; der Herr von Saurau akzeptiert es, weil er der Offiziersdiener seines seligen Vaters gewesen ist. In diesem Stück scheint der meisterhafte erste Akt zunächst eine starke Gesellschaftssatire einzuleiten – wir sind im Nachkriegsösterreich der ersten Republik. Im Schloß Saurau ist eine Jagdgesellschaft versammelt, auch einen Ball wird es geben. Unter den Gästen ist Herr von Albertini mit seiner Tochter Martina und ihrer Anstandsdame, einer Baronin Rauscher. Martina soll sich hier mit dem jungen Herrn von Sparre verloben. Einer der Gäste indes erkennt in der Baronin Rauscher eine professionelle Kupplerin wieder, die er in einem Bordell operieren sah... Und tatsächlich merkt das Publikum, daß ein deutscher Gast, der reiche Herr Roeder, mit der jungen Martina ein auf diese Weise kommerziell arrangiertes Verhältnis hat. Mit dieser spannenden Situation, reinstem Oscar Wilde, endet der erste Akt.

Aber was dann folgt, ist wieder nicht viel mehr als Feydeausche Farce, in der in der Nacht Gestalten aus verschiedenen Türen auftauchen und dann immer im rechten Augenblick verschwinden. Und die schlußendliche Lösung nach vielen Permutationen und Komplikationen ist, daß – um den Schein der Wohlanständigkeit zu wahren – der reiche Herr Roeder sich mit Martina, die bloßgestellt wurde, verlobt, allerdings – und damit wird doch noch ein Schuß Ironie und Gesellschaftskritik gerettet – vielleicht nur bis auf weiteres.

Neben diesem Stück und *Ollapotrida* fallen im Grunde noch drei weitere, zwischen 1927 und 1931 uraufgeführte Komödien, *Erotik*

(1927), *Parforce* (1928) und *Kapriolen* (1931), in die Kategorie der Farce im Feydeauschen Sinne.

Erotik – ein Titel, von dem eine der Figuren am Ende des Stücks bemerkt, daß es da eigentlich gar nicht so erotisch zugeht: „[I]m Grund sind sie ja doch nur der alte Schnaps. Die Leute fliegen eben bloß auf den Titel herein, das ist das Ganze" – hat wieder eine witzige, vielversprechende Grundsituation: Blanche, die Frau eines Industriellen, vergnügt sich ganz unschuldig mit ihrer Freundin, einem jungen Mädchen namens Maresi, und als sie gerade lachend auf dem Diwan herumkugeln, tritt ein in Blanche verliebter Aristokrat auf, eine ältere Graf-Bobby-Figur namens Herr von Sternfeld. Er ist so entrüstet über das, was er für eine lesbische Liebesszene hält, daß er Blanches jetzt auftauchenden Gatten informiert, er habe seine Frau in flagranti ertappt. Aber weil er es nicht über sich bringen kann, ein so unerhörtes Laster wie lesbische Liebe auch nur beim Namen zu nennen, vermutet der Gatte, seine Frau habe ihn mit einem oder sogar mehreren anderen Männern betrogen, reißt alle Schränke der Wohnung auf und wirft sie schließlich hinaus. Aber auch hier schließt sich an diesen ersten Akt ein aus endlosen Mißverständnissen bestehender zweiter an, in dem die Charaktere der bereits aufgetretenen Personen kaum eine logische Verbindung mit dem Vorangegangenen zu haben scheinen und dem folgt dann noch ein dritter Akt (der bezeichnenderweise in zumindest einer späteren Inszenierung einfach weggelassen werden konnte); er spielt in einem Nachtlokal. Der degenerierte Aristokrat des ersten Akts heiratet die Dame, deren Ehe er zerstört hat und ist auf einmal ein durchaus annehmbarer Liebhaber geworden...

In *Parforce* geht es um einen Herrenreiter, der sich auf die Teilnahme an der Amsterdamer Olympiade von 1928 vorbereitet, um eine seiner Maitressen loszuwerden. Da er mit seiner Frau und dem Stubenmädchen glücklicher ist, erklärt er seiner Maitresse, er habe ein Verhältnis mit einer anderen verheirateten Frau, deren Mann, seinen besten Freund, er aber informiert, daß er das eben nur gesagt habe, um sich zu befreien. Aber dessen Frau, die weiß, daß ihr Mann jetzt überzeugt sei, sie habe eben nichts mit seinem Freund, meldet sich sofort, um jetzt ein Verhältnis anzufangen, das ja jetzt nicht mehr gefährlich wäre – woraufhin sich das Gerücht von der Promiskuität dieses schönen Parforcereiters so rasch verbreitet, daß das Stück wieder in einer furiosen Farce ausläuft, mit Horden von Damen, die um ein Souper bitten, bis es schließlich damit endet, daß der Held sie los wird und wieder zu seiner geliebten Gattin und dem Stubenmädchen zurückkehrt – allerdings mit der Bemerkung, daß die Köchin ja auch nicht übel sei.

Kapriolen (in Wien lief es mit dem Titel *Lauter Achter und Neuner*) ist wohl das heute noch am ehesten aufführbare Stück dieser Gruppe von Farcen. Hier geht es um einen adligen Falschspieler, Herrn von Miller, der ein Verhältnis mit der Dame eben des Hauses hat, in dem er operiert. Als das alles auffliegt, kommt es zu einem Duell – auf ungarischem Boden in Ödenburg –, bei dem Miller tot hinfällt. Er hat aber nur den ungarischen Arzt bestochen, ihn für tot zu erklären. Im letzten Akt nimmt er an seinem eigenen Begräbnis teil und verschwindet dann mit der Gattin seines Gegners und dem unvermeidlichen komischen Diener ins Ausland. Hier bleiben Motivierung und Logik der Handlung im wesentlichen gewahrt, obwohl einige der Figuren recht verschroben motiviert sind. So denunziert etwa der Diener Miller bei dem Gatten seiner Freundin, einfach deshalb, weil er moralische Bedenken gegen Ehebruch hat – was aber Miller nicht hindert, ihn bei sich zu behalten.

Neben diesen Stücken kollaborierte Lernet in der gleichen Periode noch mit anderen Autoren. Am 22. September 1929 schrieb Alfred Polgar in seinem Wiener Theaterbericht in der „Weltbühne":

> Es ist auch von zwei Ur-Aufführungen zu berichten, zwei halben Lernet-Holenias. Dieser vermengt sich zum Zweck der Komödienherstellung einmal mit Stefan Zweig, das andre Mal mit Rudolf Lothar. Aus der ersten Mischung gedieh das nette unsüße Lustspiel „Gelegenheit macht Liebe" (Volkstheater), aus der zweiten eine rohe und reizlose Komödie der Mißverständnisse „Die Frau in der Wolke" (Akademietheater). Sage mir, mit wem du umgehst und ich bin nicht mehr neugierig auf das Manuskript, grobe Finger verderben die beste Schreibmaschine und der Apfel fällt nicht weit vom Mitarbeiter.[9]

Mit Paul Frank schrieb er noch *Die Attraktion* (1930), die Plagiatsvorwürfe nach sich zog; wiederum eine Farce, in der ein als vornehmer Herr verkleideter Dieb zu endlosen Verwechslungen Anlaß gibt.

Aus der Zusammenarbeit mit Stefan Zweig resultierte eine echte – vergleichsweise milde und auch ein wenig sentimental daherkommende – Komödie ohne plumpe Verwechslungen und groteske Mißverständnisse. In diesem Ton sind auch die Komödien *Liebesnächte* (1932) und *Glastüren* (1939) gehalten.

Bemerkenswert ist jedoch, daß diese beiden Stücke um das gleiche Thema kreisen wie die farbenfrohe *Österreichische Komödie*, nämlich um die Prostitution von Mädchen aus guter Gesellschaft. *Liebesnächte* beginnt in Buenos Aires in einem Nachtlokal, wo eine junge Frau aus einer englischen Adelsfamilie, die als Tänzerin engagiert ist, vom Besitzer des Lokals einem Gast im chambre séparée zugeführt wird. Dieser besteht auf seinem Recht, das Nachtlokal ist nämlich eigentlich ein Bordell. Das Mädchen fleht den Gast an, sie zu verschonen, und nach langem Bitten und Weinen läßt er sie entfliehen. Im zweiten Akt sind wir in England. Das Mädchen ist jetzt Mannequin in ihrem eigenen hocherfolgreichen Modehaus. Der Freier aus Argentinien erscheint – er hat sich damals in sie verliebt und wirbt um sie –, und schließlich löst sie ihre Verlobung mit einem englischen Aristokraten und erkennt, daß sie ihren Argentinier liebt.

Umgekehrt geht es zu in *Glastüren* (uraufgeführt im Theater in der Josefstadt im Februar 1939, also schon nach dem Anschluß): Die Tochter österreichischer Aristokraten – sie trägt den schönen katholischen Namen Maria del Pilar –, die, um sich in der Zwischenkriegszeit finanziell über Wasser zu halten, ihre Schlösser als Ferienaufenthalte für reiche Fremde zur Verfügung stellt, hat sich in den reichen amerikanischen Gast Clarence Cooper verliebt. Auch er liebt sie innig, meint aber, er müsse sie schon immer gekannt, vielleicht auch im Traum schon gesehen haben. Doch als jemand im Gespräch die Glastüren des Saals erwähnt, fällt ihm ein, daß er Pilar tatsächlich schon einmal gesehen hat, und zwar in einem anrüchigen Pariser Lokal, das „Die Glastüren" hieß, einem Nobelbordell. Es mag sein, daß ihre Anwesenheit dort völlig harmlos war; jemand hat sie, scheint es, mitgenommen, um ihr einmal so ein Lokal zu zeigen. Aber unschuldig ist sie deshalb doch nicht, wir sehen, daß sie einen einheimischen Liebhaber hat, den sie um des Amerikaners willen aufgibt. Die Hochzeit mit Pilar steht unmittelbar bevor, aber der desillusionierte Cooper will abreisen, zögert dann wieder, es wird immer später, die Spannung wächst, aber schließlich siegt seine Liebe und sie werden am Ende doch ein Paar.

Es ist wohl kein Zufall, daß es auch in Oscar Wildes Komödien, wie in *Lady Windermere's Fan* und in *A Woman of No Importance* im wesentlichen um den guten Ruf von Damen der Gesellschaft geht. Mit Bernard Shaw wurde eine andere Komödie Lernets aus dieser Periode verglichen: *Die Frau des Potiphar* (1934), die einen biblischen Vorwurf modern-ironisch behandelt. Joseph kommt als Sklave in Potiphars Haus. Potiphars Frau verliebt sich sterblich in den schönen Jüngling. Er aber weist sie ab. Aus Keuschheit? Oder aus Angst vor den Folgen? Weil sie diesen Jüngling liebt, weist die Frau des Potiphar die Anträge immer höherer Würdenträger des ägyptischen Hofs zurück, bis schließlich der Pharao selbst sie zu seiner Maitresse macht – und wer könnte zum Pharao nein sagen? Zwischenzeitlich hat Joseph aufgrund seiner Intelligenz und seiner Fähigkeit zur Traumdeutung ebenfalls eine der höchsten Positionen am Hof erreicht. Jetzt, da beide an der Spitze stehen, ist er bereit, ihr Liebhaber zu werden. Aber jetzt weist sie ihn ab – sie hat nur das Unerreichbare geliebt, nicht ihn: „Nichts bist du mir gewesen als das Lockende, nichts als das Unstillbare, nichts als das ewig Ferne. Du Nichts!"[10] Hier, wie nicht oft in Lernets Dramatik, klingt eines der Hauptthemen seiner Epik an – das Problem der Identität. „Wer war denn der, und wer ist der, den ich liebe!" – mit diesen Worten der Frau fällt der Vorhang.

Die Frau des Potiphar wurde 1936 in Wien uraufgeführt. Im Dritten Reich konnte dieses Stück offenbar nicht mehr gespielt werden, da es nicht nur eine Episode aus dem Alten Testament behandelt, sondern darin auch immer wieder von der besonderen Intelligenz der Juden die Rede ist.

Ein Stück, das in Nazideutschland gespielt wurde, allerdings nur kurz und nur in einem einzigen Theater, und das höchst aufschlußreich ist für Lernet-Holenias Haltung gegenüber den Nationalsozialisten, ist das als „Festspiel" bezeichnete Schauspiel *Die Lützowschen Reiter* (uraufgeführt im April 1936 in Bremerhaven). Es ist dies, abgesehen von den poetischen Frühwerken des Dichters, sein einziges Drama mit tragischem Ausgang – allerdings würde ich es eher als Melodram, denn als Tragödie bezeichnen.

Das Thema ist, auf den ersten Blick, der Zeitsituation angepaßt – ein patriotisches Festspiel aus der Zeit der deutschen Befreiungskriege; unter den Personen befinden sich der große Freischarführer Major von Lützow, der Dichter und Freiheitsheld Theodor Körner und der Freiherr vom Stein. Die Hauptfigur, Herr von Herbeck, (in einer frühen Fassung heißt er bezeichnenderweise Holenia) ist von der

Ideologie des deutschen Freiheitskampfs um die Einigung der Nation nicht so ganz überzeugt. Bei seinem ersten Zusammentreffen mit Lützow zeigt er sogar Sympathien für die Einigung Europas durch Napoleon:

Glauben Sie denn wirklich, Major, daß das Erwachen der Nationen einer Einigung Europas vorzuziehen wäre, die mit so vielem Blut der Sieger und Besiegten eigentlich schon erkauft ist? Daß Krieg und Mord, Not und Elend nicht wiederum folgen würden, bis eben ein anderer die Vormachtstellung erlangt hätte, die Frankreich jetzt besitzt? Der Gedanke des Kaisers ist wenigstens noch ein europäischer, der des nächsten Siegers wäre vielleicht nur mehr der einer bloßen Tyrannis schlechthin.[11]

Und als ihn der Freiherr vom Stein mahnt, an die Nation zu denken, erwidert er: „Nein! Denn Sie alle denken nur an die Nation. Wer aber dächte an die Menschheit?"[12]

Erst als seine Geliebte sich für ihn aufgeopfert hat, indem sie sich seinen Mördern, von den Franzosen gedungenen Individuen, in den Weg wirft, entschließt sich Herbeck dazu, doch mit den Lützowschen Reitern an der Völkerschlacht bei Leipzig teilzunehmen. Und so schließt das Stück melodramatisch mit dem donnernden Gesang von Theodor Körners Strophen von Lützows wilder, verwegener Jagd, womit wohl für den Nazi-Zensor erwiesen sein sollte, daß der menschheitsduselige Herbeck am Ende doch zum Nationalismus bekehrt worden sei. Aber darauf scheint der Zensor doch nicht hereingefallen zu sein. Das Stück verschwand alsbald vom Spielplan und wurde nicht wieder angesetzt.

Die Handlung der *Lützowschen Reiter* ist, wie gesagt, verwickelt, geschickt gebaut und spannend. Die Schilderungen des Brandes von Moskau durch den russischen Bedienten des Herrn vom Stein und des Rückzugs der Franzosen in der Kälte des russischen Winters durch einen dem Wahnsinn nahen französischen Offizier scheinen überdies prophetische Warnungen an die Adresse Hitlers zu sein.

Ebenso wirksam – und melodramatisch – erscheint mir ein anderes historisches Schauspiel Lernets, *Radetzky*, 1956 bei S. Fischer erschienen und bisher offenbar noch nie aufgeführt. Die drei Akte zeigen den österreichischen Heerführer in drei Phasen seiner Karriere: 1797, 1813 und im hohen Alter, 1849. Es sind eigentlich drei unabhängige Einakter, aber äußerst wirksam, witzig, ironisch und sehr österreichisch. Enden die *Lützowschen Reiter* mit Körners Kampflied, so schließt dieses Stück, ebenso melodramatisch mit der ersten Aufführung des Radetzkymarsches durch Johann Strauß bei einer Galavorstellung des Kärntnertortheaters.

In weiteren nach dem zweiten Weltkrieg entstandenen Dramen wie in *Spanische Komödie* oder *Thronprätendenten*, von denen das zweite bisher unaufgeführt blieb, zeigt sich Lernet nicht auf der Höhe seiner Schaffenskraft.

Wie viele – und welche? – Stücke Lernet-Holenias sind heute noch aufführbar? Diese Frage ist nicht leicht zu beantworten: Das farbenfrohe Genre der erfolgreichsten ist heutzutage, meine ich, durch die Sitcom des Fernsehens (eine weitere Bastardfrucht der Commedia dell'arte) wohl endgültig banalisiert und entwertet. Dazu kommt, daß die Motivierungen dieser farcenhaften Stücke – meist der gute Ruf aristokratischer Mädchen oder verheirateter Frauen – heute wohl nicht mehr die emotionale Durchschlagskraft besitzen wie zu jener uns so naiv erscheinenden Welt des beginnenden Jahrhunderts. Das gleiche gilt in noch höherem Maße für die sentimentaleren Stücke. Es ist wahr, daß einige Meisterwerke mit dieser Form und Thematik – von Feydeau oder Courteline, Wilde oder Schnitzler, sogar Pinero oder Hermann Bahr, noch auf dem Spielplan bleiben – aber sie sind viel strenger gebaut und in ihrer Charakterisierung und Motivierung viel rigoroser.

Die viel besser geplanten und konstruierten, patriotischen Melodramen, *Die Lützowschen Reiter* und *Radetzky*, sind dagegen wohl wieder in ihrer Thematik für heutige Verhältnisse etwas problematisch geworden.

Mir scheint, daß Lernets dramatisches Werk seine Bedeutung vor allem darin hat, daß es beiträgt zum tieferen Verständnis von Persönlichkeit und Umwelt eines überaus bedeutenden Dichters und Erzählers, der überdies ein archetypischer Österreicher war, ebenso wie ein Nestroy, Schnitzler, Hofmannsthal oder Thomas Bernhard.

Anmerkungen
[1] Alexander Lernet-Holenia: „Das gestohlene Krokodil". In: *Die Literatur*, September 1930, S. 699ff.
[2] Oskar Maurus Fontana: „Statt eines Vorworts". In: Joachim Schondorff (Hrsg.): *Österreichisches Theater des XX. Jahrhunderts*. München: Albert Langen, Georg Müller, 1961, S. 9 – 35, hier S. 28.

³ Friedrich Torberg: „Ein schwieriger Herr". In: *Alexander Lernet-Holenia. Festschrift zum 70. Geburtstag des Dichters*. Wien, Hamburg: Paul Zsolnay, 1967, S. 15 – 18, hier: S. 17.
⁴ Robert Neumann: *Mit Fremden Federn*. Stuttgart: J. Engelhorns Nachf., 1927, S. 79.
⁵ Karl Kraus: *Die Fackel*, Dezember 1925, Nr. 706, 27. Jahrgang, S. 54.
⁶ Alexander Lernet-Holenia: „Theatralische Thesen". Zitiert nach: Kurt Becsi: „Einleitung". In: ders.: *Konservatives Theater*. Wien: Österreichische Verlagsanstalt, 1973, S.7 – 10, hier: S. 7.
⁷ Alexander Lernet-Holenia: *Parforce. Komödie*. Berlin: S. Fischer, 1928, S. 12.
⁸ Ebd., S. 16
⁹ Alfred Polgar: „Theater in Wien". In: ders.: *Kleine Schriften*. Band 6: Theater; 2. Hrsg. Von Marcel Reich-Ranicki. Reinbek b. Hamburg: Rowohlt, 1985, S. 255 – 258, hier: S. 258.
¹⁰ Alexander Lernet-Holenia: *Die Frau des Potiphar*. Berlin: S. Fischer Verlag, 1934, S. 81.
¹¹ Alexander Lernet-Holenia: „Die Lützowschen Reiter". In: ders.: Konservatives Theater, a.a.O., S. 77.
¹² Ebd., S. 105.

Alexander Lernet-Holenia in der Kritik.
Mit besonderer Berücksichtigung seiner Beziehungen zu Auernheimer, Bahr, Kraus und Hofmannsthal

Donald G. Daviau (Riverside)

Wenn man die Fülle der Sekundärliteratur liest, fällt auf, wie homogen das Bild Alexander Lernet-Holenias präsentiert wird. Ich kann mit Reinhard Lüth nicht übereinstimmen, wenn er Lernet „als eine der schillerndsten, in seiner Bewertung aber auch umstrittensten Persönlichkeiten der österreichischen Literatur unseres Jahrhunderts"[1] beschreibt. Einzelheiten seiner Biographie, seine Beurteilung als Schriftsteller und die Wertungen seiner Werke werden in kaum variierter Form wiederholt. Die Worte wechseln zwar, aber die Meinungen bleiben im wesentlichen dieselben. Das bedeutet nicht, daß die Kritiker und Rezensenten Lernet-Holenia nur loben würden. Keinesfalls. Sie tadeln ihn zwar als Menschen wegen seiner Polemiken, Tiraden und unverantwortlichen Ausbrüche und fällen auch abschätzige Urteile über viele seiner Werke, doch diese Kritiken fallen stets nachsichtig aus. Man war bereit, Lernet zu nehmen, wie er war, und ihn als Einzelgänger und Ikonoklasten zu respektieren, als „den letzten Grandseigneur, den Vertreter eines Spezies also, die dem Untergang geweiht ist."[2] Flesch-Brunningen steht für viele, wenn er schreibt: „Eigentlich ist unsere Intimität zu verwundern, denn ich habe selten mit einem Menschen, für den ich Sympathie, ja Liebe empfinde, so wenig Ansichten geteilt."[3] Torberg schreibt: „Man weiß nie bei Lernet."[4] Nichts, was Lernet tat oder schrieb, und sei es noch so trivial, unbedeutend, unwillkürlich oder bizarr, konnte diesen allgemeinen guten Willen, den man in nahezu der gesamten Kritik findet, in Frage stellen. Die einzigen Ausnahmen, die ich bis jetzt gefunden habe, sind – keinesfalls überraschend – die Kommentare von Karl Kraus und – was erstaunlich ist – jener von Raoul Auernheimer.

Auch bei der Lektüre der Sekundärliteratur fallen oberflächliche Stellungnahmen auf sowie ein genereller Mangel an Analyse, begründeten Argumenten und sinnvollen Interpretationen. In seiner Dissertation beklagt Lüth, daß Lernet in Literaturgeschichten und Handbüchern unterbewertet sei und daß die Mehrzahl der Kritiken aus „anspruchsvollen, jedoch emphatisch-unkritischen, zuweilen gar peinlich hymnischen Essays"[5] bestünde. Dieser Zustand rührt daher, daß die Germanistik Lernet von Anfang an niemals als bedeutenden Autor betrachtet hat, und dies trotz der Tatsache, daß Rilke, Hofmannsthal und Bahr Lernets frühe Gedichtbände gelobt hatten. Man benutzte seine Werke nicht im Unterricht und analysierte sie nicht wissenschaftlich. Hinzu kommt die Tatsache, daß die Kritiker, die gerne über Lernet schrieben, den Menschen interessanter fanden als den Schriftsteller. Vieles über Lernet stammt von wohlwollenden Freunden und Kollegen. Lernets vergangenheitsorientierte Ansichten über Politik, sein Mangel an Engagement, die Wahl seiner Themen, seine abschätzigen Ansichten über die Literatur und seine Rolle als Schriftsteller – er kokettierte damit, ungern zu schreiben und es nur zu tun, um sich „sein Brot zu verdienen"[6] –, aus der Summe dieser Einzelposten ergab sich wohl, daß man ihn in akademischen Kreisen beim Wort nahm und als Unterhaltungsschriftsteller abtat. Sogar in Österreich gibt es nur wenige wissenschaftliche Arbeiten über Lernet-Holenia, und, was noch bemerkenswerter ist, kaum Dissertationen. In Deutschland spielt er überhaupt keine Rolle, und viele Literaturgeschichten und Lexika erwähnen ihn nicht einmal. Robert Dassanowsky, der das neueste und wohl tiefgreifendste Buch über Lernet geschrieben hat,[7] mußte H. A. Frenzel persönlich überreden, ein einziges Werk, *Die Standarte,* in den *Daten deutscher Dichtung* anzuführen. In Amerika kommt Lernet im Unterricht an den Universitäten nicht vor und ist, sogar unter Fachleuten, so gut wie unbekannt. Bis jetzt gibt es nur vier Werke, die man als ernsthafte Versuche betrachten kann, Lernet als bedeutenden Schriftsteller zu behandeln: die Arbeiten von Robert Dassanowsky, Reinhard Lüth, Franziska Müller-Widmer und Peter Pott.[8] Insbesondere Dassanowsky betont Lernets Relevanz für das gegenwärtige Österreich und daher auch die Notwendigkeit einer kritischen Ausgabe seiner Werke, damit eine Überprüfung seiner literarischen Bedeutung stattfinden könne.[9] Lüth lehnt die Einordnung von Lernets Werk in den Bereich der Trivialliteratur ab.[10] Pott hat die bisher umfangreichste und wertvollste Untersuchung über Lernets dramatisches Werk geschrieben. Es wird interessant sein zu sehen,

Alexander Lernet-Holenia in der Kritik 71

ob jetzt, nach Jahren der wissenschaftlichen Vernachlässigung, Lernet eine Wiedergeburt als anerkannter, forschungs- und unterrichtsrelevanter Schriftsteller erleben kann.

Ein umfassendes Bild Lernet-Holenias aus der Fülle der Kritiken zu entwerfen, hätte sich für einen Artikel als viel zu umfangreich erwiesen, daher werde ich mich im folgenden auf eine Teilübersicht beschränken. Ich werde Lernets Beziehungen zu einigen Autoren der Jahrhundertwende – Bahr, Kraus und Hofmannsthal – berücksichtigen, um zu zeigen, wie Kritiker sie in der Sekundärliteratur präsentiert haben, und um, wo notwendig, diese Beschreibungen zu ergänzen beziehungsweise zu korrigieren. Ich werde auch auf die Meinung Raoul Auernheimers eingehen, weil sie so entschieden anders ist als alles, was sonst über Lernet geschrieben wurde.

Kritiker und Kommentatoren haben Lernet gutmütig so geschildert, wie er gesehen werden wollte, und sie wurden nicht müde, ihn als Grandseigneur, Kavalier und Ritter in immer neuen Variationen zu beschreiben: als „Grandseigneur der österreichischen Literatur", „Grandseigneur der Feder", „österreichische[n] Dichterfürst[en]", „Grandseigneur altösterreichischer Prägung", „Grandseigneur altösterreichischer Wesensart", als „letzten Grandseigneur österreichischer Literatur", als „betagten Grandseigneur der österreichischen Literatur", als „Caballero, [...] Lordsiegelbewahrer, [...] Grandseigneur unter den Dichtern seiner Generation [...] ritterliche[n] Poet[en]", als „Kavalier", „Literaturkavalier", „Kavalier der Kunst", „Dichterfürsten", „Österreichs Paradedichter", als einen „der letzten dichterischen Repräsentanten des alten Österreich", als einen „der letzten Herren der Literatur", als den „letzte[n] Österreicher", als „Ritter des Absurden," und als „Snob". Für einige war er „ein großer, ein guter Geist, ein Genius", für andere war er „ein Schwieriger", „ein geborener Einzelgänger", „eine vielschichtige Figur", „ein ungewöhnlicher, eigenwilliger, und höchst ungleich produzierender Autor", „ein geistvoller und amüsanter Fabulierer", „Causeur und Charmeur", „rebellischer Konservativer", „erster österreichischer Dichter", „literarischer grand old man", „einer der wenigen heute, die noch wirklich Fabulierkunst besitzen und damit jugendfrisch und zeitgemäß [sind]", aber auch „eigenwillig, vertrackt, geheimnisumwittert, eine wandelnde Legende von Anbeginn". Viele Kritiker betonten die starken Gegensätze in ihm, sowohl im Menschen als auch in seinen Werken, die eine Spannweite von der reinsten, edelsten Lyrik bis hin zur leichtesten und seichtesten Trivialliteratur zeigen. Lernet selbst betonte, er wolle mit seinen Werken (zu Lebzeiten) Geld verdienen, und gab vor, sich nicht für seinen posthumen Ruf zu interessieren.

Raoul Auernheimer, Theaterkritiker und Feuilletonist für die *Neue Freie Presse* von 1908 bis 1938,[11] sah Lernet in einem ganz anderen Licht als alle anderen Kritiker damals und heute. Nach dem Zweiten Weltkrieg wurde Auernheimer, der, seit 1939 im Exil, in Kalifornien wohnte, von der amerikanischen Militärbehörde gebeten – wahrscheinlich auf Anregung seines guten Freundes Ernst Lothar, der als Offizier der amerikanischen Armee 1946 nach Wien zurückgekehrt war, um die Theaterszene neu zu beleben –, Berichte über österreichische Schriftsteller zu verfassen, um so beim Entnazifizierungsprozeß behilflich zu sein. Im Gegensatz zu fast allen anderen, die Lernet überschwenglich und übertrieben lobten und ihn als Nazigegner feierten, lehnte Auernheimer ihn als Menschen und Schriftsteller fast völlig ab. Seine Einschätzung Lernets weicht insbesondere hinsichtlich Lernets politischer Orientierung in merkwürdiger Weise von allen anderen ab.

Auernheimer ist bis heute der einzige, der auf Lernets Sympathie für die Nazis hinwies. Sonst wurde und wird Lernet stets als Autor der inneren Emigration bzw. als Gegner des Nationalsozialismus angesehen, zuweilen, aufgrund seines Romans *Mars im Widder,* dessen Buchpublikation (nach seiner Veröffentlichung als Fortsetzungsroman in einer Zeitung) 1942 verboten wurde, sogar als Widerstandskämpfer. Um eine Bewertung von Auernheimers Bericht zu ermöglichen, soll dieses Dokument nachfolgend vollständig zitiert werden:

Name: Alexander Lernet Holenia
Country: Austria
City: Vienna (Wien)
Position: Playwright, novelist, poet.
Birth date and Place: October 10th 1897 Wien
Race, Nationality and Religion: Aryan, German, Catholic
Family History: Father: Alexander L.H: k.u.k. Linienschiffsleutnant (officer in the Austrian Navy) later „Kapitän langer Fahrt" (Captain of long journey). Mother: Sidonie, widowed baroness Boyneburgk. Ancestors had come to Austria in 1570 from Belgium which at that time was an Austrian province and Habsburg dominion. By his descent L. H. belongs to what was called in Old Austria the „lower no-

bility", a fact proudly overevaluated by him.
Education and Work History: Went through the Gymnasium and in World War I after the usual training as „Einjährig Freiwilliger" joined the ranks of a cavalry regiment. The gallantly charging Austrian cavalry nearly was abolished on the Russian battlefields, but L. H. survived and entered his literary career as „Lieutenant in the reserve" when the war was over. He possessed both the courage and the class consciousness of the Austrian nobleman in uniform and because of the latter despised the young Austrian republic from its very beginning. In Carinthia where a part of his family had settled down he participated in the German national movement to influence the plebiscite in favor of the German part of the population. The so-called ideology of Nazism, then still in the bud, at this occasion first might have infected him.
In 1927 his first play *Österreichische Komödie* (Austrian Comedy) was staged at the Vienna Josefstädter Theater. It was a comedy of manners describing the manners of a rotten set of Austrian society, whose hero, an impoverished Austrian Count, sells his daughter or niece in order to save his hereditary Barock castle. This might have happened in Austria as well as elsewhere but was not to be imputed either to the Austrian aristocracy or to the democratic republic as the author by the generalization „The Austrian Comedy" apparently had in mind to demonstrate. The comedy was a failure but two years later the witty cynicism of the author scored a remarkable success with a gay and frivolous farce *Ollapotrida*. At the same time he published a book of verse: *Die goldene Horde* and several serious plays: Alkestis, Saul, Demetrius, followed up by a handful of tales and novels: *Die Standarte* (1934), *Die neue Atlantis* (35), *Der Herr von Paris* (35), *Die Auferstehung des Maltravers* (36), *Der Baron Bagge* and *Mona Lisa* (37). The telling titles explain the growing success of the skilful and inventive writer with the Nazi reader. L. H. did not wait for the „Anschluß" to join the ranks of the German national movement. It was years before that he, becoming „illegal" betrayed his homeland Austria.
As since the outbreak of World War II Lernet Holenia's rich production did not subside and his books uninterruptedly were printed and reprinted by his Berlin publisher, one may conclude, that his fertility seemed desirable to the Nazis. Otherwise the Nazi government would have silenced the „officer in the reserve" by calling him to the colors. The conclusion is admissible that L. H. became a complete Nazi in Naziland despite the fact, that his address is still: Wolfgangsee in Upper Austria.
Political attitude: L. H.s political attitude always was antidemocratic and profascist. This is to be read as well from his biography as from his books. The hero of his partly brilliant stories generally is a dashing aristocratic officer whose adventurous life the Anglosaxon reader re-

minds of the „cavaliers" of the English Restoration Epoch and whose cynical romanticism meets the ideas of Nazi-German Feudalism. There is little hope that this buccaneer of sexual and racial greed ever will change into a decent human being. At its best *Die Standarte* – most significant title of one of Lernet-Holenia's novels – will go underground.
Source: met L. H. casually but did not know him intimately.[12]

Was diesen Ausbruch gegen Lernet motivierte, wird man wahrscheinlich nie herausfinden, denn Auernheimer gibt keine Gründe für seine Behauptungen an, und der Name Lernet erscheint in keiner seiner anderen Schriften. Obwohl Auernheimer fortwährend über österreichische Autoren schrieb – 734 Feuilletons sowie zahlreiche Rezensionen und Theaterkritiken –, hat er niemals den Namen Lernet-Holenia erwähnt. Auch nahm Lernet keine Kenntnis von Auernheimer. Dies gibt Anlaß zu der Vermutung, daß Auernheimers Feindseligkeit auf persönlichen Differenzen beruhte. Es bleibt jedoch unklar, wie sie hätten entstehen können, da beide keinerlei Notiz voneinander zu nehmen schienen. Lernet war in den zwanziger und dreißiger Jahren, als Auernheimer im Vorstand des PEN-Club tätig war, zwar Mitglied des PEN, aber nicht im Vorstand, und er nahm 1933 nicht am PEN-Treffen in Dubrovnik teil, um mit Auernheimer und anderen gegen die Bücherverbrennungen in Deutschland zu protestieren. Lernet war nach allen Berichten nie ein engagierter Schriftsteller. Seinen eigenen Worten zufolge versuchte er, sein Leben und seine Karriere so angenehm wie möglich zu gestalten. Er beteiligte sich 1938 nicht an dem berüchtigten *Bekenntnisbuch*,[13] obwohl bekannte Nationalsozialisten wie Max Mell und Josef Friedrich Perkonig zu seinen Freunden gehörten. Möglicherweise hat Auernheimer es ihm verübelt, daß er verhaftet wurde und sechs Monate in Dachau verbringen mußte, bevor er entlassen wurde und in die USA emigrierte, während Lernet in einem Filmstudio in Berlin arbeitete und mit Erlaubnis der Nazis weiterhin seine Bücher schreiben und publizieren konnte. Vor dem Hintergrund, daß man im Deutschen Reich damals nur mit Erlaubnis der Reichsschrifttumskammer publizieren durfte, erscheinen Auernheimers Vermutungen und Anschuldigungen durchaus verständlich.

Ursächlich für sein negatives Urteil muß etwas gewesen sein, das starke Gefühle hervorrief, denn sowohl die Vehemenz als auch der verdammend anklagende Ton sind untypisch für Auernheimer, der allgemein für seine „Liebenswürdigkeit" bekannt war. Da er auf leichte Theaterstücke, Romane und Novellen spezialisiert war, sollte man annehmen, er würde Sympathie für einen Kollegen empfinden, der ebenfalls diesen Schaffensbereich favorisierte. Lernet und Auernheimer waren sich auch darin ähnlich, daß sie beide die österreichische Vergangenheit der Gegenwart vorzogen, Rilke, Hofmannsthal und Schnitzler bewunderten und sich weigerten, die Erste Republik anzuerkennen. Wie immer dem auch gewesen sein mag, Auernheimers Aussage hatte keinerlei Wirkung, und sie hat Lernet bei den Amerikanern nicht geschadet. Er konnte seine Werke herausbringen und fand in der Nachkriegszeit größere Anerkennung denn je. Als Vertreter der österreichischen Tradition der dreißiger Jahre, die in der Nachkriegszeit wieder auflebte und sehr gepflegt wurde, um den Bruch, den die sieben Jahre des Anschlusses verursacht hatten, zu überbrücken, wurde Lernet nicht nur gefeiert – Hans Weigel prägte etwa das Bonmot, die österreichische Literatur bestehe nur aus zwei Autoren, aus dem Lernet und dem Holenia –, sondern auch mit Preisen überhäuft.

Die Ansichten Carl Zuckmayers, der ebenfalls im US-Exil lebte, stehen in starkem Kontrast zu denen Auernheimers und spiegeln die im Grunde einstimmige Meinung über Lernet und seine Beziehungen zum Nationalsozialismus wieder: „Das tausendjährige Reich blieb für ihn [Lernet] eine Welt des Abscheus und der Schande, mit der es nicht den Schatten eines Kompromisses geben konnte, nur schweigende Verachtung. Nicht einen Augenblick zweifelte er am Untergang dieses Reiches, dessen Vorzeichen er einmal, in seinem Roman *Mars im Widder*, durch ein Bild, oder besser: Naturereignis heraufbeschwört [...]."[14] Hilde Spiel, die wie Zuckmayer immer für Lernet schwärmte und eine der begeistertsten Kommentatoren Lernetscher Werke war, nannte den Roman *Mars im Widder* gar eine „einzige edel verschlüsselte Absage an Hitler im gleichgeschalteten Österreich."[15]

In Ermangelung irgendwelcher Belege müssen die Fragen, zu denen Auernheimers Beschreibung anregt, jedoch offen bleiben.

Hermann Bahr, der sein Leben lang auf Ausschau nach neuen Talenten war, welche die Kultur Österreichs bereichern konnten, wurde es als Verdienst angerechnet, einer der „Entdecker" und Förderer Lernets gewesen zu sein. Da er Lernet einem breiten Publikum nicht nur in Österreich und Deutschland, sondern auch in England präsentierte, hat er wesentlich mehr dazu beigetragen, Lernets Ruf als Dichter aufzubauen als etwa Rilke oder Hofmannsthal, deren Meinungen über Lernet private Äußerungen blieben. Am 27. Januar 1921 schrieb Bahr in sein Tagebuch, das fast wöchentlich im *Neuen Wiener Journal* und dann jährlich in Buchform veröffentlicht wurde,[16] einen begeisterten Bericht über Lernet. Er begrüßte ihn aufgrund des Gedichts „Erwachendes Mädchen" aus dem Lyrikband *Pastorale* als neuen, vielversprechenden Schriftsteller. Es gilt hier jedoch klarzustellen, daß Bahr Lernet nicht zu dessen Wohl, sondern, wie alle seine Entdeckungen, in erster Linie im Dienste seiner eigenen Interessen pries. In jeder Lebensphase hatte Bahr ganz spezifische Vorstellungen, die er immer wiederholte, und er suchte fortwährend nach Belegen, die dazu taugten, seinen Standpunkt zu unterstützen. In den zwanziger Jahren vertrat er die Ideen, daß die westliche Welt mehr Form brauche und daß die Werke großer Schriftsteller von einer höheren Instanz diktiert würden, das heißt, echte Autoren waren für ihn, wie Goethe es einmal ausdrückte, „Sekretäre ihrer Eingebungen". Vor allem aber glaubte er damals an die außerordentliche Bedeutung des Barock für Österreich und für Europa. Bahr verfolgte Lernets Entwicklung zwar nicht lange genug, um dessen Interesse am Barock zu entdecken, aber zwischen 1922 und 1926 schätzte er ihn als Beispiel exemplarischer literarischer Form und als echten Dichter:

> Das Unaussprechliche zu sagen ist des Dichters Sendung: wer zwar sagen kann, aber nichts Unaussprechliches hat, ist so wenig ein Dichter als wer das Unaussprechliche hat, aber nur die Hände darüber ringt. Hier ist ein Expressionist, der das Geheimnis der Form wiedergefunden hat! Und wie seltsam geht auch sein Wort leise zuweilen über die Muttersprache noch hinaus, fast fremdsprachig anklingend, zur Weltsprache der großen Dichtung![17]

Am 21. Dezember 1922 diskutiert Bahr erneut den Stil Lernets, „der zu meinen stärksten Hoffnungen gehört, wenn sein Name gleich noch immer so wenig umlauft, daß ihn, als ich neulich in Stephan Großmanns Tagebuch, aufgefordert, die zehn Bücher zu nennen, die heuer am stärksten auf mich gewirkt, sein ‚Pastorale' dazu zählte, sogar der Setzer Stephan Großmanns nicht kannte"[18] und den Namen falsch buchstabierte. Lernet erhielt einen Platz auf Bahrs Bestenliste von 1922; was dieses Lob und die Wirkung auf Bahr so interessant macht, ist die Tatsache, daß er in seinen vielen Kritiken Lyrik und Lyriker kaum kommentiert hat. Bahr erwähnt, daß „dieser erlauchte

Dichter" – die zwei haben sich nie getroffen – in einem Brief an ihn
über Stil gesprochen habe: Lernet wolle die Stile nach ihren Hauptfunktionen geschieden haben, den, der praktischen Zwecken dient,
von dem, der künstlerischen Zwecken zu dienen hat. Bahr paraphrasiert und zitiert aus Lernets Brief:

> Was aber den anderen Stil anlangt, den künstlerischen, so müssen wir
> noch erst wieder unterscheiden „die Talente, die ihre Empfindungen
> und ihre Gedanken, seien sie auch noch so kompliziert, einfach und
> ohne besondere Anstrengung mitteilen und möglichst naturgetreu
> darstellen, ohne den Stil selbst zu modulieren, Künstler, die sozusagen eine graphische Darstellung geben, ohne auf einem Instrument
> zu spielen," von jenen anderen Künstlern, denen es nicht genügt, sich
> selbst mit ihren Empfindungen und ihren Gedanken von der Sache
> zu geben, die mehr wollen, nämlich dazu dann auch noch die Sache
> selbst, „bei denen der Stil in allem mit dem Inhalt mitgeht, im Satzbau, in den Vokalen, in der sogenannten Stimmung." [...] Und er weist
> auf die großen Beispiele hin, vor allem auf Homer, [...] Dante, Paul
> Gerhard [sic], Hölderlin, gar aber Goethe [...]. Lernet hätte noch
> auch auf Stifter weisen können, der ganz dasselbe will mit seiner Maxime: „Gestalten machen, nicht Worte!"[19]

1924 erwähnte Bahr Lernet in einem neuen Kontext. Er beklagt den
Verlust der Monarchie: „Dies alles haben wir vertan: unser Vaterland
ist weg, der Eingang zur Welt zu, kein noch so kleiner archimedischer
Punkt bleibt uns."[20] Es gibt für Bahr jedoch einen Hoffnungsschimmer: „Heute will ich mir das karge Flämmchen langsam wiedererwachender Zuversicht durch den holden Blick eines jungen Dichters beleben, meiner letzten großen Hoffnung: Alexander Lernet-Holenias,
dessen ‚Kanzonnair', mich seit Jahren durchwärmend, jetzt im Inselverlag erschienen ist, Rainer Maria Rilken in Dankbarkeit gewidmet,
ja man könnte vielleicht in einem hohen Sinn [...] sagen: zurückerstattet."[21] Zu dieser Zeit seines Lebens beschrieb Bahr Goethe und andere bedeutende Dichter wiederholt als Sekretäre ihrer Eingebungen.
In diese illustre Gesellschaft reiht er nun auch Lernet ein:

> Es ist der Reiz dieser Gedichte, daß sie sich, jeder Laut verrät's, selbst
> gedichtet haben, man hört's ihnen an, daß sie dem Dichter diktiert
> worden sind, aber einem vollendeten Kunstdichter, der nun keineswegs das Diktat durch sich rinnen läßt, sich begnügend, es nachzustammeln, sondern ihm, als einen auffangenden und abwehrenden
> Schild gleichsam, den reinen Spiegel eines ebenso sehr selbst mit
> Wohlgestalt als mit Drang auf Gestalt und gestaltender Kraft begab-

ten Kunstsinns entgegenhält. Wir meinen ein Volkslied zu hören, aber von einem Meistersinger.²²

Bahr ist darüber besorgt, daß Lernet imitiert werden könnte, daß „sich unsere sprachlich so gewissenlose Jugend auch aus diesem Glücksfall, der Lernet für unsere Dichtung werden kann, im Handumdrehen nur wieder eine neue Manier macht."²³ Er hätte deswegen keine Angst zu haben brauchen, denn obwohl Lernet sich immer wesentlich als Lyriker betrachtet hat und die Lyrik für seine bedeutendste Leistung hielt,²⁴ gab er die Lyrik aus freien Stücken auf und fing an, Dramen und dann Romane zu schreiben, um besser zu verdienen. In der Lyrik der Nachkriegszeit kann man nur Felix Braun mit ihm vergleichen, den Lernet selbst – vielleicht aus noblesse oblige – als den besseren Dichter anerkannte.²⁵ Die nächste Generation ist Lernets klassischer Richtung und Orientierung indes nicht gefolgt.

1925 erwähnt Bahr Lernet in einer Diskussion über die Bedeutung von Kunst und Form für die Gesellschaft: „Die Flucht der Erscheinungen zum Stehen, ins Chaos Gestalt, Natur in den Dienst des Geistes zu bringen ist die Kunst uns gegeben."²⁶ Die Diskussion über Kunst führt wieder zur Form:

> Alle Künste sind Entdeckungen seiner [des Menschen] bindenden Kraft und bleiben alle Zeit Übungen dieser bindenden Kraft, die ja den sämtlichen Sinnen zugeteilt ist [...]. Kunst [...] soll ja nur immer das eine: formen, gestalten, an Sinn, Ordnung und Maß binden. Irre Zeiten vergessen das zuweilen [...]. In seiner Todesangst beginnt das Abendland zu merken, daß seine sämtlichen Fragen in eine einzige münden: in das Formproblem. Form finden heißt bindende Kraft finden.²⁷

Bahr glaubt, Anzeichen dafür im Expressionismus zu sehen, und von seinen Vertretern ist ihm „Alexander Lernets edle Gestalt [...] das schönste."²⁸ Aber bald darauf hat Bahr allen Optimismus und jede Hoffnung verloren. Am 20. Januar 1926 bemerkt er:

> Formgefühl scheint unter uns erloschen, ja Form stößt überall auf Mißtrauen, Zweifel, ja Haß. Heute noch ganz ebenso wie schon vor dem Kriege. Form scheint das deutsche Bürgertum als Vorwurf, ja Beleidigung zu empfinden. [...] Darum ward es ja Lernet-Holenia so schwer, dem in einer für Form gesinnten Nation gleich nach seinen ersten Versen der Ruhm hätte zufliegen müssen. Er lächelt jetzt heiter, wenn er gedenkt, wie lange er hat warten müssen, bis sein Werk erkannt wurde.²⁹

Wie hoch Bahr Lernet geschätzt hatte, kann man daraus ersehen, daß er ihn in seinem „Letter from Germany" erwähnte. In diesen „Letters", die er unregelmäßig zwischen 1922 und 1927 im *London Mercury* veröffentlichte, um den Engländern über die kulturellen Ereignisse in Deutschland und Österreich zu berichten, hat er zweimal über Lernet gesprochen. Da Bahr aus Deutschland schreibt – er wohnte seit 1922 in München –, identifiziert er Lernet nicht als Österreicher. Was dabei auch bemerkenswert ist, ist der Kontext, in den er Lernet stellt:

> The German is always inwardly opposed to any kind of intellectual subjugation. He is always calling for leaders, but he never allows himself to be led. He does not recognize the value of tradition and therefore he takes no account of it, because his passion for a personal and special originality is too strong. He is a beginner; every German starts his life at the beginning, as if no one had ever lived before him. There is great evil in this, but it is the cause of his renown, his position in the world and his justifiable pride. And when one of these poets gradually triumphs, thus proving the extent of his originality, to the general admiration of the cognoscenti – when he triumphs thus, in spite of the appalling lack of intellectual unity and the almost grotesque overproduction, it must be with quite a genuine work of the true poet. Such is Lernet-Holenia's mighty *Demetrius* [...] a play of a truly classical perfection which will outlast all the confusion of these so confused times.[30]

In seinem nächsten „Letter" im folgenden Jahr konnte Bahr mit Zufriedenheit berichten, daß Lernet inzwischen berühmt geworden sei: „His plays are produced everywhere, and prizes are awarded him."[31] Bahr schenkte Lernet keine weitere Aufmerksamkeit, trotz der Tatsache, daß dieser sich dem Theater zuwandte, wo der Rückgriff auf das Barock Anlaß für ihn gewesen wäre, Lernet aufs Neue zu preisen. Typischerweise interessierte sich Bahr für Autoren nur, solange sie noch nicht allgemein bekannt waren. Kaum hatten sie Erfolg, wandte er sich einer neuen Entdeckung zu.

Karl Kraus hätte keinen Grund gehabt, auf Lernet aufmerksam zu werden, hätte er nicht den begeisterten Bericht über ihn in Bahrs veröffentlichtem Tagebuch gelesen. Kraus griff Bahr unentwegt und bei jeder Gelegenheit, von 1893 bis 1936 – noch zwei Jahre nach dessen Tod – an. Als er las, wie Bahr Lernets Gebrauch von Fremdwörtern sowie Lernets Ansichten über die Sprache unterstützte und verteidigte, machte sich Kraus über Bahrs neueste Entdeckung, die dieser eine seiner „stärksten Hoffnungen" nannte, lustig, indem er ihn so beschrieb: „[...] offenbar auch ein Schüler meiner Sprachlehre, der nicht mit Unrecht Lernet heißt."[32] 1923 amüsiert sich Kraus erneut über Lernet, weil Bahr ihn „seine letzte Hoffnung" genannt hatte.[33] In der Folge mokiert Kraus sich über Lernet und bezeichnet ihn als „eine Art Sterilke" bzw. „Puerilke".[34] Er scherzt außerdem darüber, daß Lernet auch Maria heißt. In bezug auf Lernets lyrischen Stil, den Bahr und alle anderen Kritiker hoch priesen, war Kraus entgegengesetzter Meinung: „Gleich dem Vorbild reimt Herr Maria Lernet alles, Präfixe, Präpositionen, Silben, Artikel, wie und die, hält Konstruktionen durch Strophen durch, atmet in einer Vitrine, verdinglicht Ätherisches und kann ,die Liebe leisten', kurz, er ist nur noch der Schatten der Maria."[35] Kraus zitiert das Gedicht „Sieg über Sisera" vollständig, um Lernets sprachliche Fehltritte hervorzuheben und um zu zeigen, „was im heutigen Buchwesen möglich ist." Er wollte seine Leser vor diesem neuen Schriftsteller warnen, der den Kleistpreis erhalten hatte und dessen Stücke bald in den Theatern aufgeführt werden würden. Bezugnehmend auf das Gedicht „Totgeborenes Kind" beschließt Kraus seinen Kommentar zu Lernet mit einer vernichtenden Beurteilung: „Nein, die totgeborenen Kinder der neuen Lyrik, die syntaktischen Mißgeburten, deren Satzgliederverwachsungen nicht einmal die Unterscheidung zulassen, wo nicht Hand und wo nicht Fuß ist – sie sind der Natur, die sich zum Schaffen bereitet, kein gutes Omen."[36] Da Bahr Lernet nicht weiter kommentierte, wurde Kraus, der sein Talent, seine Energie und Zeit in so vielen bedeutungslosen Polemiken wie dieser vergeudete, des Spiels müde. Er erwähnte Lernet nie wieder.

Von den Schriftstellern, die mit Lernet in Verbindung gebracht werden – Rilke, Bahr, Schnitzler, Beer-Hofmann, Benn, Kleist, Trakl etc. –, wird keiner öfter erwähnt als Hofmannsthal. Manches, was die Kritiker in diesem Zusammenhang geschrieben haben, trifft zu, wenn auch Belege für die Behauptung einer Analogie oder Ähnlichkeit meist ausbleiben. Daß es eine enge Beziehung zwischen beiden Schriftstellern gegeben habe, stimmt nicht mit den Tatsachen überein, obwohl Roman Roček schreibt, daß Lernet Hofmannsthal oft in Rodaun besucht und einmal dort übernachtet habe.[37]

In bezug auf die Thematik des Einflusses Hofmannsthals auf Lernet sind spezifische Beweise bislang ausgeblieben. Es gibt eine Reihe von Behauptungen verschiedener Forscher, aber noch keine ausführliche Dokumentation. Robert Dassanowsky notiert beispielsweise, daß Lernets „poetry was strongly influenced by the historic and mythic themes found in the works of the two authors he admired most: Hugo von Hofmannsthal and Rainer Maria Rilke."[38] Er erwähnt auch, daß die Novelle „Robert Blauhut" von Hofmannsthals „Reitergeschichte" beeinflußt sei, daß Teile des Romans *Beide Sizilien* mit Hofmannsthals „Chandos-Brief" zu tun hätten, und daß Lernet Hofmannsthals „Märchen der 672. Nacht" im Roman *Der Graf von Saint-Germain* benutzt habe.[39]

Lernet hat Hofmannsthal bewundert, und Kritiker haben den letzteren im allgemeinen als jemanden betrachtet, der Lernets frühe Lyrik hoch geschätzt hat. Dies zu belegen, zitierten sie folgenden Kommentar: „Lernet-Holenia kann alles, was er will." Es gibt keine Quellenangabe und keinen Kontext für diese Beurteilung, aber sie wird allgemein nicht nur als authentisch, sondern auch als absolut positiv akzeptiert.[40] Jeder, der Hofmannsthal kennt, hat Grund, daran zu zweifeln, ob diese zweideutige Bemerkung als die Bestätigung beabsichtigt war, als die sie interpretiert wird. Die beiden Männer trafen einander persönlich nur ein paar Mal, und ihre Beziehung beschränkte sich, wie es auch auf Lernets Bekanntschaft mit Rilke oder Bahr zutrifft, auf den Austausch einiger Briefe, die nicht aufbewahrt worden sind.[41]

Nach Lernet hat man die „Beziehungen jenes großen Dichters zu mir bei weitem überschätzt – vielleicht auf Grund einer gewissen Ähnlichkeit zwischen seiner und meiner äußeren Haltung."[42] Lernet hegte für Hofmannsthal „Gefühle vollkommener Ehrfurcht". „Doch habe ich nicht zu seinem Kreise gehört, wie etwa Mell und Billinger dazugehört haben [...]. Ich habe ihn zwei oder drei Male besucht, und wir sind einander dann noch einige Male begegnet." Außerdem habe Hofmannsthal ihm einmal „die Ehre erwiesen," von der „‚Spannweite' meiner Begabung zu reden."[43] Gleichwohl sucht man den Namen Lernets in Hofmannsthals Briefen oder in der Sekundärliteratur über Hofmannsthal vergebens, mit Ausnahme zweier kurzer Zettel an Max Mell vom 3. und 4. Januar 1923, in denen er ihn bittet, ein Gedicht von Lernet in den „Beiträgen" zu veröffentlichen, denn „Herr A. v. Holenia quält mich [wegen der Publikation]".[44]

Am Anfang seiner Laufbahn als Schriftsteller hat Lernet zwei Rezensionen – „Hofmannsthals Werk" (1924) und „Hofmannsthal: Die

Komödien und Dramen" (1924) – für die *Neue Freie Presse* geschrieben. Diese Besprechungen zeigen, daß Lernet nicht nur und besser als andere Zeitgenossen Hofmannsthals Ehrgeiz verstand, Österreich einen Plan für die Zukunft zu geben, sondern auch, daß er dessen besondere Leistung als Dramatiker zu würdigen wußte.

In „Hofmannsthals Werk" lobt Lernet die neue Ausgabe der Werke, da es für zukünftige Generationen wichtig sei zu wissen, was Hofmannsthal für Österreich bedeutet habe. Alle seine Charaktere „sind wie ideale Gestalten aus unseren eigensten Möglichkeiten geformt, etwa wie unsere Urenkel sein könnten, voll einer zukünftigen Jugend, die uns erstaunt. So sehr mit unserem Lebendigsten verwandt, wie er ist, war uns Hofmannsthal eigentlich immer gegenwärtig."[45] Mit feinem Spürsinn trägt Lernet diese Idee weiter, indem er aufgrund der „Reden und Aufsätze" Hofmannsthals Wendung zur Gesellschaft und zur Nation bespricht:

> Hier zeigt sich der eigentliche Wert jener vielen Wandlungen des Dichters, und auf solches Ziel lief es hinaus. Es war nicht mehr möglich, privat zu bleiben, als man die Nation, mehr noch: die Welt, mitzufühlen begann, und es fing sein Bezug zu allen an und auf alle. [...] hier ist alles zu einem tiefen und allgemeinen Gefühle eigentlich erst erwacht, und vor unserem mannhaft gewordenen Blick erscheinen unsere eigentlichsten Güter noch einmal neu und entscheidend auf der Höhe der Kraft seines Geistes.[46]

Lernet betrachtet es als ein Unrecht, daß „vor dieser Entwicklung des Dichters zum Edelsten, nämlich zum Führer [...] manche seine Wandlungen mißverstanden haben."[47] In diesem Zusammenhang nennt er insbesondere Stefan George.

Schließlich zeigt Lernet, wie die Salzburger Festspiele, die alles umfingen – „Musik und Tanz, und eine Bühne auf der Bühne, ein ganzes Zeitalter als Folie, Molières Frankreich und die Götter Griechenlands, und das Volk und der Markt und die Kirchen und wir selbst" –, Hofmannsthal in die Rolle eines Sprechers der Nation versetzten: „Was in ihm, unbewußt noch, ins Breiteste strebend, sich vorbereitet hatte, war ihm auf einmal klar; und es zeigte sich, daß dieses des Dichters eigentlichster Beruf sei: zu führen."[48] Sehr wenige haben bereits 1924 Hofmannsthal und seine Ambitionen so tiefgründig verstanden wie Lernet in dieser Rezension. Im Gegenteil, die meisten, Berufskritiker eingeschlossen, taten Hofmannsthal immer noch als Ästheten ab.

In „Hofmannsthal: Die Komödien und Dramen" bedient sich Lernet der Werke Hofmannsthals, um den Zustand des Dramas und des Theaters seiner Zeit zu kommentieren. Er betont die Wichtigkeit von Hofmannsthals Versuch, zur Theatralik zurückzukehren, und vertritt die Ansicht, daß die zeitgenössischen Dramatiker nur noch Dramen produzierten, aber kein Theater mehr. Hofmannsthal jedoch habe diese Tendenz umgekehrt: „Hier aber zeigt sich noch einmal Vorgang statt Ereignis, Zustand statt Flucht, Theatralik statt Dramatik."[49] Er bespricht Hofmannsthals *Alkestis* und meint, daß solch ein Inhalt nicht mehr glaubhaft sei, eine Ansicht, die Lernet jedoch nicht davon abgehalten hat, diesem Thema seine eigene dramatische Fassung zu geben.

Lernet behauptet, daß Hofmannsthal „niemals Entscheidenderes geschrieben hat, als die *Ariadne* und das *Große Welttheater*." Und er warnt davor, Hofmannsthal zu kritisieren, weil er auf Stoffe aus der Weltliteratur zurückgegriffen habe: „Es ist nicht eigentlich das Amt dieses Dichters, neue Dramen zu kreieren, sondern vielmehr das: jene ganze, vergangene, theatralische Welt mit ungeheurem Blick zu übersehen und die Ebenen jener einzelnen, dauernden Stücke zum theatralischen Raum aneinander zu lehnen."[50] Dieser Gedanke führt Lernet dazu, in Hofmannsthal einen Vertreter der Auffassung zu sehen, daß große Kunst in der Weltliteratur mehr oder weniger anonym sei:

> Man sah wohl ein, daß das große und entscheidende Kunstwerk allein durch ein Zusammenwirken zu entstehen vermöchte, bei dem die Namen der einzelnen verschwänden. Es ist klar, daß Hofmannsthal, wenn er die größte Theatralik aufbauen will, den einzelnen Elementen ihre Einmaligkeit zu nehmen hat. Daß Calderon ebenso zum Hintergrund wird wie der Molière in jener Ariadne. Es kommt nicht auf die Namen an, sondern auf das Werk. Niemals aber, glaube ich, sind, wie von ihm, Szenen aus so berühmten Kulissen aufgeschlagen worden und nie hat eine Welt wirklich so viel Welttheater vereinigt, wie seines.[51]

Möglicherweise wollte Lernet Hofmannsthal als Vorbild aufrechterhalten, um die Anleihen, die er selbst bei anderen Autoren gemacht hatte, zu rechtfertigen. Er hat aber recht, wenn er behauptet, daß man damals dieses Wesentliche von Hofmannsthals Werk übersehen hat: „Ich halte es für entschieden, daß Hofmannsthal in diesem Maßgebenden nicht erkannt ist, vielleicht, von diesem Zeitalter, nicht mehr zu erkennen ist. Das aber ist seine sichere Dauer: seine Gestalten [...] verlieren [...] sich in den schließlich doch unerforschlichen Raum des Kunstwerkes, aus dem sie hergetreten sind."52 Einen weiteren Artikel zu Hofmannsthal mit dem Titel „Der Brief des Lord Chandos" schrieb Lernet 1954.53 Er bewunderte dieses Prosastück, besser bekannt unter dem Namen „Chandos-Brief", in besonderem Maße und las es einmal bei einem Treffen steirischer Schriftsteller vor.

Kritiker stellen gern und möglichst oft eine Verbindung zwischen Lernet und Hofmannsthal her, um ihren Aussagen Glaubwürdigkeit, Gewicht und Tiefgang zu verleihen. In der Regel ist diese Verbindung jedoch eine bloße Annahme und kann nicht wirklich belegt werden. So behauptet etwa Lüth, ohne dies indes weiter zu begründen, Lernet verdanke Hofmannsthal viel für seine klassischen Dramen *Alkestis* und *Saul*.54 Eigentlich hat Lernets *Alkestis* jedoch außer dem Titel kaum etwas mit Hofmannsthals Stück gemein. Selbst Nadler verallgemeinert: „*Alkestis* (1924), sein russischer *Demetrius* (1926), seine *Ollapotrida* (1926), seine *Österreichische Komödie* (1927) sind, bald mit und bald gegen Hofmannsthal, Versuche um einen modernen Barockstil nach eigenen Entwürfen."55

Besonders oft wird auch versucht, Lernets Charaktere mit der sogenannten Sprachkrise des Lord Chandos in Zusammenhang zu bringen, doch in den meisten Fällen sind Behauptungen dieser Art übertrieben oder sogar falsch. So läßt etwa Branis' Unfähigkeit zu schreiben in *Der Graf von Saint Germain* Lüth unwillkürlich an die Sprachkrise des Chandos-Briefs denken. Die Tatsache, daß in jeder Darstellung von Schreibschwierigkeiten automatisch eine Anspielung auf dieses Werk Hofmannsthals vermutet wird, zeigt nur, wie mißverstanden es immer noch ist. Chandos' Problem ist nämlich, wie ich an anderer Stelle gezeigt habe, ein ganz spezifisches.56 Wenn man die zeitweiligen Schreibschwierigkeiten von Branis mit denen von Chandos vergleicht, wird sofort klar, daß sie nicht nur verschiedener Art, sondern nicht einmal analog sind. Branis kann nicht schreiben, weil er ganz einfach vorübergehend aufgrund der Spannungen, die seine Lebensumstände verursachen, blockiert ist: „Was schreibe ich das alles, und für wen, und was gelingt mir's, zumindest ungefähr, damals aber, wie oft hatte ich schreiben wollen und es nicht können! Nun schreibe ich, [...] wie gehetzt schreibe ich, daß ich's noch zu

Ende bringe, damals aber, auf dem Lande, als meine Zeit noch zahllos war und als ich schreiben wollte, hatte ich's nicht gekonnt!"[57] Wie man sieht, haben diese besonderen Umstände nichts mit Chandos' Zustand zu tun. Chandos beschrieb sein Problem folgendermaßen: „Mein Fall ist, in Kürze, dieser: es ist mir völlig die Fähigkeit abhanden gekommen, über etwas zusammenhängend zu denken oder zu sprechen."[58] Auch will er keine Werturteile mehr treffen und erträgt auch die anderer nicht. Er kann sich der Wirklichkeit nur über Epiphanien nähern, die jederzeit durch den einfachsten Gegenstand ausgelöst werden können. Diese Probleme stehen in keinerlei Beziehung zu den Schreibschwierigkeiten von Lernets Charakteren.

Lüth verweist ferner auf eine Parallele zu Chandos in *Beide Sizilien*:

> So wie Chandos wird auch der todkranke Silverstolpe [...] zu solch tiefen Empfindungen fähig, die er sprachlich nicht mehr bewältigen kann: „Unendlich viel, das ich nicht ausdrücken kann, meinte ich dann zu empfinden oder vielmehr: mich auf Dinge zu besinnen, die so traumhaft und so vergessen waren, daß mir schien, nicht nur mein ganzes Leben, bis in so entlegene Tage, daß ich sie unmöglich kann erlebt haben, fiele mir ein, sondern auch viele Tage aus vielen anderen Leben."[59]

Wiederum existiert keine Parallele zu Chandos. Silverstolpe liegt im Sterben, er erinnert sich an sein Leben und befindet sich in einem Zustand des Träumens und möglicherweise der Halluzination. Chandos dagegen ist sechsundzwanzig Jahre alt, aktiv, aufgeweckt und hat einen klaren Kopf. Die Unfähigkeit Silverstolpes, sich an Ereignisse zu erinnern, hat nichts mit Sprachproblemen, Sprachskepsis oder den Grenzen der Sprache zu tun und auch nichts mit Chandos' Zustand.

Um eine weitere Parallele zu Hofmannsthals Sprachskepsis hervorzuheben, wie sie im Chandos-Brief aufgezeigt wird, zieht Lüth *Die Inseln unter dem Winde* heran. Spangenberg, der Protagonist, erklärt: „Denn was ist schließlich eine Erzählung, ein Bericht! Er ist immer ungenau. Was wir erleben, ist in Wirklichkeit ganz anders, als wir's sehen, es ist verzerrt [...]."[60] Lüth kommentiert: „Diese Unmöglichkeit, Wirklichkeit adäquat aufzufassen und darstellen zu können, [...] führt bei Lernet zur Konsequenz des Phantastischen."[61] Lüth nimmt an, daß Spangenberg für Lernet spricht, was stimmen mag oder auch nicht. Es gibt keine Zeugnisse dafür, daß Lernet jemals persönlich unter einer Sprachkrise oder selbst unter Sprachskepsis gelitten habe –

Beherrschung der Sprache war überhaupt seine große Stärke. Sei dies, wie es sei, diese Episode steht in gewissem Sinne in näherer Beziehung zu Chandos, obwohl sie zu einer entgegengesetzten Konsequenz führt – Lernet wendet sich dem Phantastischen zu als einer Art und Weise, mehr anzudeuten, als man sagen kann. Im Gegensatz dazu steht Chandos' Entscheidung, nicht mehr zu schreiben, bis er eine Sprache gefunden hat, welche die Wirklichkeit genau wiedergibt, was natürlich bedeutet, daß er nie wieder schreiben wird, da solch eine Sprache unmöglich ist.

Chandos will eine Sprache finden, mit der er die Multidimensionalität der Welt wiedergeben kann. Lernet zieht das Phantastische vor, wo man gar nicht präzise sein muß, wo man alles suggerieren kann, ohne es logisch erklären zu müssen. Eine bessere Parallele zu Lernet ergibt sich in diesem Falle bei Maeterlinck, der den Gegensatz zwischen dem, was er schrieb, und dem, was er sich vorstellte, durch ein Bild veranschaulicht: Steine, die unter Wasser hell und glänzend aussehen, werden grau und glanzlos, wenn man sie aus dem Wasser herausholt und trocknen läßt.

Lernets Besprechung des Chandos-Briefs zeigt, wie gründlich er dieses Werk mißverstanden hat. Er beschreibt den jungen Hofmannsthal als jemanden, dessen Fähigkeiten keine Grenzen gesetzt waren, „weil er nicht eigentlich aus sich selber, sondern weil ein Höheres aus ihm und durch ihn zu sprechen und zu schreiben schien."[62] Das Hauptproblem in Lernets Analyse liegt darin, daß er Chandos mit Hofmannsthal gleichsetzt, was grundfalsch und vollkommen irreführend ist. Er glaubt, Hofmannsthal zu beschreiben, wenn er erklärt: „[...] seine Exaltation verließ ihn, sobald er zum Manne geworden, und erst als er dem Fünfzigsten nahekam, stellte sie sich als eine Art von Aufgeregtheit des Alterns wieder ein"[63], die es ihm ermöglichte, „sozusagen auf Diktat", den *Turm* in der ursprünglichen Fassung zu schreiben. Dazwischen, so Lernet, verbrachte Hofmannsthal „eine lange Zeit der Trostlosigkeit" – was nicht stimmt. Wenn man daran denkt, was für Meisterwerke Hofmannsthal während dieser Jahre seiner angeblichen „Trostlosigkeit" verfaßt hat und welche anderen wichtigen Projekte, wie zum Beispiel die *Österreichische Bibliothek*, er durchgeführt hat, ist diese Meinung Lernets schwer zu verstehen. Merkwürdiger noch sind andere Behauptungen, etwa die, daß „Hofmannsthal selbst diese seine Arbeit, wohl weil er sie für allzu verräterisch gehalten, kaum gemocht und daß er versucht hat, sie zu unterdrücken, ja sogar zu verheimlichen."⁶⁴ Was Lernet zu diesen Schlußfolgerungen geführt hat, verrät er nicht. Es ist wahr, daß Hofmannsthal den Brief nicht höher als andere Werke geschätzt hat, aber er hat ihn in einer Zeitung veröffentlicht, was wohl kaum bedeuten kann, daß er diesen Essay verheimlichen wollte. Im Gegenteil, dies war der erste Schritt seiner Wendung zum Sozialen und seiner Befreiung von Stefan George.

Lernet betrachtet das Problem des Lord Chandos als eine Sache des „Glaubens": „Der Begriff, die Abstraktion, das Wort hat uns zuletzt dorthin geführt, wo wir das Nichts erblicken. [...] Wir wissen [...], daß es das Nichts in der Tat gibt [...], ja daß es wahrscheinlich das einzig Vorhandene ist, [...] wir glauben jetzt daran, wie wir früher an Gott geglaubt haben, und wenn es überhaupt noch einen Gott gibt, wird er das Nichts sein."⁶⁵ Chandos und Hofmannsthal hätten versucht, sich gegen diese Angst vor dem Nichts in der Dichtung zu wehren, um sich so zu retten, aber „wir wissen, daß in dieser unserer Welt selbst die Dichtung nichts Rettendes mehr ist." Die Konsequenz für Chandos und Hofmannsthal sei das Schweigen gewesen: „Hier wird auf alles verzichtet, [...] hier hat der Dichter gemeint, das Äußerste auszusprechen und danach nichts mehr aussprechen zu müssen oder zu können, und wenngleich er noch viele Bücher geschrieben hat, darunter, zuletzt, den *Turm,* so war ihm dennoch, daß er nie wieder eines schreiben werde [...]."⁶⁶

Man kann Lernets Deutung des Chandos-Briefs nur als eigenwillig bezeichnen. Trotz seiner einsichtsvollen Würdigung Hofmannsthals in seinen früheren Besprechungen mißversteht er in diesem Falle sowohl Hofmannsthal als auch dessen Chandos-Brief. Daß er dafür die wichtigsten Werke Hofmannsthals, von *Elektra* bis hin zu *Der Schwierige,* einfach überspringt und nur die erste Fassung von *Der Turm* gelten läßt, um seine Theorie zu stützen, ist nicht nachvollziehbar.

Lernet wollte eigentlich wie Hofmannsthal Gesellschaftskomödien schreiben, aber ein Vergleich von Hofmannsthals *Der Schwierige* mit Lernets *Glastüren* zeigt sofort den qualitativen Unterschied zwischen den beiden. Lernets Komödie erfüllt seine Vorstellung vom Theater als reiner Unterhaltung und macht mit dem Porträt einer Familie alternder Aristokraten, denen außer ihren Erinnerungen und ihrem Sinn für Etikette nichts geblieben ist, viel Lärm um wenig. Die

Anziehungskraft des Stückes liegt in Lernets Talent für die das Stück tragenden Dialoge. In seiner doppelbödigen Komödie charakterisiert Hofmannsthal ebenfalls die Oberschicht der Gesellschaft, aber sein Stück geht wesentlich tiefer, da er gleichzeitig die Qualität gegenseitiger Transformation – das Allomatische – demonstriert. Lernets Stück gleicht viel mehr einer Komödie von Florian Kalbeck, die als Fortsetzung von *Der Schwierige* betrachtet wird und Hofmannsthals Charaktere in weit fortgeschrittenem Alter zeigt.

Beide Schriftsteller schätzten Diskretion und Abstand, interessierten sich für die Commedia dell'arte, die Tradition des Barock, den Katholizismus, beide blickten gern auf die Vergangenheit zurück und wünschten sich eine Welt der Ordnung und der Hierarchie, und beide ignorierten die Republik. Der größte Unterschied zwischen ihnen bestand in ihren Ansichten über das Schreiben, das Hofmannsthal äußerst ernst nahm, Lernet dagegen in geradezu frivoler Weise handhabte, etwa, so man seinen Aussagen Glauben schenken darf, als ein Mittel, Geld zu verdienen. Fundamental unterschied sich Lernet von den Jung-Wien-Schriftstellern auch aufgrund seines mangelnden sozialen Bewußtseins. Lernet hatte ein äußerst feines Gespür für seine Zeit, hat sich aber nicht engagiert. Hofmannsthal war engagiert und seine Schriften gehen wichtigen Themen nach, die das Publikum bereichern und es moralisch belehren; sie wollen überdies Nationalstolz hervorrufen, indem sie sich auf die großen Werke der Vergangenheit beziehen, um so der Gegenwart Stärke zu verleihen. Lernet dagegen hatte keinen Sinn für Verantwortung, weder für seine Kunst oder für sein Publikum noch für sein Land. Sein Werk sollte allein der Unterhaltung dienen. Er hatte keine Grundideen, die seine Schriften vereinigen könnten, war aber bereit, sein Talent an jedes Projekt zu vergeuden, so lange es versprach, sich finanziell auszuzahlen. Er schrieb für den Tagesgebrauch und kümmerte sich nicht um sein zukünftiges Ansehen.

Als Helmut Fiechtner einen Band über Hofmannsthal mit dem Titel *Hugo von Hofmannsthal. Der Dichter im Spiegel seiner Freunde* vorbereitete, lud er Lernet ein, sich daran zu beteiligen. Zuerst lehnte dieser ab, aber für die zweite Ausgabe schrieb er einen kurzen, eher verblüffenden Beitrag, in dem er Hofmannsthals Beziehung zur Religion diskutierte. Da, wie Lernet sagt, Religion „von bedeutendem Interesse für uns und unsere Zeit"[67] ist, wundert er sich, warum Hofmannsthal, von dem er richtig meint, daß er sehr gläubig war, nie mit irgend jemandem über seinen Glauben gesprochen habe und warum Religion in seinen Werken nicht zum Vorschein komme. In bezug auf letztere Aussage kann man nur fragen, warum Lernet nicht den religiösen Inhalt von *Jedermann* und *Das Salzburger große Welttheater* in Betracht zieht. Lernet spekuliert, warum Hofmannsthal über Religion schwieg, „obwohl bei Hofmannsthal das Bekenntnis zur Kirche so stark war wie bei kaum jemand anders". Heutzutage sei es anders, meint er in dem überraschenden Kommentar: „Sind wir nicht darauf angewiesen, daß jeder die Religion auch auf dem Gebiete seines Berufs, oder gar seiner Berufung, bekenne?"[68] Er kommt zu dem Schluß, daß Hofmannsthal möglicherweise mit dem Kinderkönig am Ende von *Der Turm* einen Ersatz für sein fehlendes religiöses Bekenntnis einführen wollte, aber er gibt keine Erklärung dafür, wie diese Behauptung zu verstehen sei. Man kann dem entgegenhalten, daß Hofmannsthal religiös war, die kleine Barockkirche neben seinem Grundstück in Rodaun besuchte, zufrieden war mit der Kirche, wie sie war, und kein Interesse daran hatte, einen Ersatz für ein religiöses Bekenntnis zu schaffen oder zu suchen.

Diese Bemerkungen zeigen, daß Lernet Hofmannsthal nicht gut kannte und ihn nicht verstand. Hofmannsthal wollte nicht über Religion oder andere persönliche Angelegenheiten sprechen, da dies zu viel über sein innerstes, privates Wesen enthüllt und seinen stark ausgeprägten Sinn für Diskretion verletzt hätte. Hofmannsthal brachte wenig von sich selbst in seine Schriften ein. Lernet, der Abstand angeblich auch schätzte, hätte eigentlich in der Lage sein müssen, diese Eigenschaft Hofmannsthals zu würdigen. Lernet dürfte wohl Bahrs Haltung bevorzugt haben, der ab 1914, nach seiner Rückkehr in die katholische Kirche, ständig über seine Religion sprach und schrieb.

Eine besondere Nähe zwischen Lernet und Hofmannsthal gibt es indes in *Der Graf von Saint Germain;* Lernet läßt darin im Grunde Hofmannsthals „Märchen der 672. Nacht" nacherzählen. Der Protagonist Branis gibt das Märchen, das „von einem unserer großen Dichter" geschrieben worden sei, fast wörtlich wieder. Er tut dies aus zwei Gründen, und zwar um es „als Sinnbild des kommenden Untergangs Österreichs zu benutzen und gleichzeitig als Vorausdeutung seines eigenen Todes."[69]

Die Behauptung, die Figur des Baron Bagge sei von Hofmannsthals „Reitergeschichte" geprägt, ist jedoch übertrieben. Baron Bagge lebt als Protagonist in einer völlig anderen Welt als Wachtmeister Lerch, und er kann in keiner Weise mit ihm verglichen werden. Während Bagge angeschossen wird und neun Tage lang zwischen Leben und Tod schwebt, wird Lerch als Meuterer hingerichtet: Er ist höchstens für einen Tag von seiner Truppe getrennt, denkt während dieser Zeit an eine Frau und an Reichtum in seiner unmittelbaren Zukunft und hat danach Schwierigkeiten, wieder die militärische Haltung unbedingten Gehorsams anzunehmen; dieses Versagen kostet ihn das Leben. Der ganze Ansatz der beiden Werke ist verschieden: Die „Reitergeschichte" ist die psychologische Studie eines Charakters und eines Persönlichkeitswandels, *Der Baron Bagge* dagegen „behandelt den Zusammenbruch des Österreichischen Reiches und den Verlust seiner Gesellschaftsordnung."[70]

Schließlich gibt es eine weitere und letzte Verbindung zwischen Lernet und Hofmannsthal: Lernet nannte sich einen „konservativen Revolutionär" und nahm damit Hofmannsthals Idee einer „konservativen Revolution", diese gleichwohl mißverstehend, auf. Da er sowohl als Mensch als auch als Schriftsteller apolitisch war, ist es schwierig einzusehen, wie er denn, auf welche Art auch immer, ein Revolutionär hätte sein können. Er hat zwar oft und gern, sofern dies persönliche Anliegen betraf, Protestnoten geschrieben, aber ein Revolutionär, der sich engagiert, um die Welt zu verändern, war er nicht einmal ansatzweise. Laut Dassanowsky war er eher ein „habsburgischer Legitimist, der einen zentraleuropäischen Regionalismus und die spezifisch österreichische Mission von Hofmannsthals Österreichidee unterstützte."[71] Dassanowsky zeigt in seinem Buch, wie Lernet diese Idee verfolgte. Er nahm, im Unterschied zu Hofmannsthal, die Österreichidee nur ab und zu auf und verfolgte sie nicht konsequent als Programm, das auf einen höheren Zweck für die Nation abzielte. So hielt er auch niemals Vorträge über seine Ideen, wie Hofmannsthal dies tat. Mit anderen Worten, er mag Hofmannsthals politische Denkweise übernommen haben, aber nicht seine politischen Aktivitäten. Kurz, es fehlte dem selbsternannten „konservativen Revolutionär" Lernet-Holenia nicht nur Hofmannsthals politischer Wille, er hatte auch nicht dessen Ehrgeiz, als Sprecher Österreichs zu fungieren.

Alexander Lernet-Holenia in der Kritik 91

Zum Schluß sei hier auf die dringliche Notwendigkeit hingewiesen, Lernet-Holenia auf Grund einer Analyse seiner Werke neu zu bewerten. Die Sekundärliteratur ist zwar positiv und wohlwollend, aber – einige der neuesten Studien ausgenommen – weder wissenschaftlich noch verläßlich. Es wird daher interessant sein zu sehen, ob das Werk Alexander Lernet-Holenias nach Jahren der wissenschaftlichen Vernachlässigung eine Wiedergeburt erleben kann.

Anmerkungen

[1] Reinhard Lüth: *Drommetenrot und Azurblau: Studien zur Affinität von Erzähltechnik und Phantastik in Romanen von Leo Perutz und Alexander Lernet-Holenia.* Meitingen: Corian, 1988, S. 23.

[2] György Sebestyèn: „Mit Lernet-Holenia im Strom der Träume". In: *Die Welt,* 10. 10. 1989, S. 32.

[3] Hans Flesch-Brunningen: „Portrait eines Freundes". In: *Die Presse,* 21. 10. 1972.

[4] Friedrich Torberg: „Ein schwieriger Herr". In: *Alexander Lernet-Holenia. Festschrift zum 70. Geburtstag des Dichters.* Wien: Zsolnay, 1967, S. 15 – 18, hier: S. 15.

[5] Lüth, *Drommetenrot und Azurblau,* a.a.O., S. 38f.

[6] „Ich kann ohnedem die ganze Literatur nicht leiden [...]. Ich schreibe meine Stücke nur der Tantiemen halber [...]." Lernet schreibt Romane, „weil man mit Romanen noch viel mehr Geld verdienen kann als mit Theaterstücken." In: Piero Rismondo: „Alexander Lernet-Holenia zum Gedenken". In: *Die Presse,* 5. 7. 1976.

[7] Robert Dassanowsky: *Phantom Empires. The Novels of Alexander Lernet-Holenia and the Quest of Postempirial Austrian Identity.* Riverside: Ariadne, 1996.

[8] Franziska Müller-Widmer: *Alexander Lernet-Holenia: Grundzüge seines Prosawerkes dargestellt am Roman „Mars im Widder".* Bonn: Bouvier, 1980. Peter Pott: *Alexander Lernet-Holenia: Gestalt, dramatisches Werk und Bühnengeschichte.* Wien: Braumüller, 1972.

[9] Dassanowsky, *Phantom Empires,* a.a.O., S. 14.

[10] Lüth, *Drommetenrot und Azurblau,* a.a.O., S. 29.

[11] Vgl. Donald G. Daviau: „Raoul Auernheimer – in Memoriam". In: *Modern Austrian Literature,* Bd. III, H. 4, 1970, S. 7 – 21; vgl. a. ders.: „Raoul Auernheimer in Amerika". In: John M. Spalek u. Joseph Strelka: *Deutsche Exilliteratur seit 1933.* Bern: Francke, 1976, S. 234 – 237.

[12] Dokument im Besitz des Verfasssers.

[13] Bund deutscher Schriftsteller Österreichs (Hrsg.): *Bekenntnisbuch österreichischer Dichter.* Wien: Kristall-Verlag, 1938.

[14] Carl Zuckmayer: „Der Siegel des Dichters". In: *Alexander Lernet-Holenia. Festschrift,* a.a.O., S. 7 – 13, hier: S. 13.

¹⁵ Hilde Spiel (Hrsg.): *Die zeitgenössische Literatur Österreichs*, Zürich: Kindler, 1976, S. 50.
¹⁶ Vgl. Donald G. Daviau: „Hermann Bahrs veröffentlichte und unveröffentlichte Tagebücher". In: Donald G. Daviau (Hrsg.): *Österreichische Tagebuchschriftsteller*. Wien: Atelier, 1994, S. 21 – 64.
¹⁷ Hermann Bahr: *Liebe der Lebenden*, Band 1. Hildesheim: Borgmeyer, 1922, S. 49f.
¹⁸ Ebd., S. 388.
¹⁹ Ebd., S. 388f.
²⁰ Hermann Bahr: *Liebe der Lebenden*, Band 3. Hildesheim: Borgmeyer, 1924, S. 90.
²¹ Ebd., S. 91.
²² Ebd.
²³ Ebd., S. 92.
²⁴ Vgl. Roman Roček (Hrsg.): *Alexander Lernet-Holenia. Das lyrische Gesamtwerk*. Wien: Zsolnay, 1989, S. 10.
²⁵ Briefe Alexander Lernet-Holenias an Felix Braun vom 7. August 1946 und 23. September 1971 (Handschriftenabteilung der Wiener Stadtbibliothek).
²⁶ Hermann Bahr: *Der Zauberstab. Tagebücher 1924/26*. Hildesheim: Borgmeyer, 1927, S. 78.
²⁷ Ebd.
²⁸ Ebd.
²⁹ Ebd., S. 303.
³⁰ Hermann Bahr: „A Letter from Germany". In: *The London Mercury*, Band XIV, May – October 1926, S. 643.
³¹ Hermann Bahr: „A Letter from Germany". In: *The London Mercury*, Band XVI, May – October 1927, S. 423.
³² Karl Kraus: *Die Fackel*, März 1922, Nr. 588, 23. Jg., S. 27.
³³ Karl Kraus: *Die Fackel*, Mitte Juni 1923, Nr. 622, 25. Jg., S. 52.
³⁴ Karl Kraus: *Die Fackel*, Dezember 1925, Nr. 706, 27. Jg., S. 54.
³⁵ Karl Kraus: *Die Fackel*, Dezember 1926, Nr. 743, 28. Jg., S. 82.
³⁶ Ebd., S. 83.
³⁷ Roman Roček: *Die neun Leben des Alexander Lernet-Holenia. Eine Biographie*. Wien: Böhlau Verlag, 1997, S. 98.
³⁸ Dassanowsky, *Phantom Empires*, a.a.O., S. 20.
³⁹ Vgl. Dassanowsky, *Phantom Empires*, a.a.O., S. 60, 113 u. 131.
⁴⁰ Roman Roček hat durch Rudolf Hirsch, den anerkannten Papst der Hofmannsthal-Forschung, in Erfahrung gebracht, daß kein schriftlicher Beleg für diese Bemerkung existiert. Er schreibt außerdem, Lernet habe ihm persönlich berichtet, daß Hofmannsthal diesen Ausspruch ihm gegenüber während eines Gesprächs getätigt habe. Roček, *Die neun Leben des Alexander Lernet-Holenia*, a.a.O., S. 100.

Alexander Lernet-Holenia in der Kritik 93

[41] Roček erwähnt außerdem eine Würdigung einer Aufführung von Lernets *Österreichische Komödie* im Theater an der Josefstadt. Dabei handelte es sich eigentlich um eine Nachricht für Helene Thimig, die gerade auf Tournee war. Hofmannsthal schrieb ihr: „Das Stück fängt an wie der ‚Schwierige', endet wie ein Schwank und streift dabei ein Kino [...]. Es wurde reizend gespielt." Roček, *Die neun Leben des Alexander Lernet-Holenia*, a.a.O., S. 102 – 103.

[42] Alexander Lernet-Holenia: „Ein Brief an den Herausgeber". In: Helmut A. Fiechtner: *Hugo von Hofmannsthal. Die Gestalt des Dichters im Spiegel seiner Freunde*. Wien: Humboldt, 1949, S. 356.

[43] Ebd.

[44] Hugo von Hofmannsthal / Max Mell: *Briefwechsel 1907 – 1929*. Hrsg. v. Margret Dietrich u. Heinz Kindermann. Heidelberg: Lambert Schneider, 1982, S. 177 – 179.

[45] Alexander Lernet-Holenia: „Hofmannsthals Werk". In: *Neue Freie Presse*, 23. 3. 1924, S. 31.

[46] Ebd., S. 32.

[47] Ebd.

[48] Ebd.

[49] Alexander Lernet-Holenia: „Hofmannsthal: Die Komödien und Dramen". In: *Neue Freie Presse*, 7. 12. 1924, S. 31.

[50] Ebd.

[51] Ebd., S. 33.

[52] Ebd.

[53] Alexander Lernet-Holenia: „Der Brief des Lord Chandos. Bemerkungen zu Hugo v. Hofmannsthal". In: *Der Monat*, Mai 1954, Heft 68, 6. Jg, S. 182 – 186.

[54] Lüth, *Drommetenrot und Azurblau*, a.a.O., S. 24.

[55] Josef Nadler: *Literaturgeschichte Österreichs*, Salzburg: Otto Müller, 1951, S. 506.

[56] Vgl. Donald G. Daviau: „Hugo von Hofmannsthal and the Chandos Letter". In: *Modern Austrian Literature*, Bd. IV, Nr. 2, 1971, S. 28 – 44; vgl. a. ders.: „Hugo von Hofmannsthal, Stefan George und der Chandosbrief. Eine neue Perspektive auf Hofmannsthals sogenannte Sprachkrise". In: Karl Konrad Polheim (Hrsg.): *Sinn und Symbol. Festschrift für Joseph P. Strelka*. Bern: Peter Lang, 1989, S. 229 – 248.

[57] Alexander Lernet-Holenia: *Der Graf von Saint-Germain*. München, Zürich: Knaur, 1980 S. 89.

[58] Hugo von Hofmannsthal: „Ein Brief". In: *Prosa II*, Frankfurt a. M.: S. Fischer, 1951, S. 12.

[59] Lüth, *Drommetenrot und Azurblau*, a.a.O., S. 246.

[60] Alexander Lernet-Holenia: *Die Inseln unter dem Winde*. Frankfurt a. M.: S. Fischer Verlag, 1952, S. 262.

[61] Lüth, *Drommetenrot und Azurblau*, a.a.O., S. 150.

⁶² Alexander Lernet-Holenia: „Der Brief des Lord Chandos. Bemerkungen zu Hugo v. Hofmannsthal". In: *Der Monat,* Mai 1954, Heft 68, 6. Jg, S. 182 – 186, hier: S. 182.
⁶³ Ebd.
⁶⁴ Ebd.
⁶⁵ Ebd., S. 184.
⁶⁶ Ebd., S. 186.
⁶⁷ Helmut A. Fiechtner: *Hugo von Hofmannsthal. Der Dichter im Spiegel seiner Freunde.* Bern: Francke, 1963, S. 274.
⁶⁸ Ebd.
⁶⁹ Lüth, *Drommetenrot und Azurblau,* a.a.O., S. 395.
⁷⁰ Dassanowsky, *Phantom Empires,* a.a.O., S. 60.
⁷¹ Ebd., S. 22.

Abenteuer eines älteren Bewußtseins: die Perspektive der Spätzeit in der Erzähltechnik Alexander Lernet-Holenias

Krzysztof Lipiński (Krakau)

Jede Wissenschaftsdisziplin liebt saubere Kategorien, klare Begriffe und deutliche Grenzen. Dies betrifft nicht zuletzt auch die literarische Fachwelt, und zwar umso mehr, je stärker der Gegenstand der Untersuchung sich einer solchen Begriffsbestimmung entzieht. In Ermangelung einer klaren und pauschalisierenden Antwort greift man nach Epitheta verschiedenster Art, die brauchbar erscheinen, weil sie suggestiv sind und hinter ihrer einprägsamen Einmaligkeit die Ratlosigkeit der Formulierung verbergen.

Mehrere Jahrzehnte lang sorgte Alexander Lernet-Holenia für die Verwirrung der literarischen Fachwelt[1] vor allem deshalb, weil man „das umfangreiche und weitverzweigte Werk [...] auf einen Nenner zu bringen und eine Formel zu finden"[2] nicht vermochte. Herabwürdigende Ablehnung als Trivialliteratur und Bewunderung hielten sich die Waage. Mit Recht zitierte in diesem Zusammenhang Franziska Müller-Widmer folgende Aussage von Hilde Spiel: „Alexander Lernet-Holenia ist schon deshalb als eine Art von Genie festgelegt, weil es seiner Mitwelt, und vor allem seinem Vaterlande, noch ganz unmöglich erscheint, ihn als ein solches anzuerkennen."[3]

Statt dessen begnügte man sich mit Epitheta, wobei jedoch zu betonen wäre, daß der Dichter selbst die Aufgabe einer eindeutigen Bestimmung seines Werkes und seiner Persönlichkeit keineswegs erleichterte: Er verstellte und maskierte sich mit Konventionen und bewahrte auf diese Art und Weise sein Inkognito, ohne sich genau fixieren zu lassen.

Es scheint mir in bezug auf die folgenden Ausführungen legitim, einige dieser etikettierenden Bezeichnungen in Erinnerung zu rufen. Allein ihre Vielfalt veranschaulicht, mit welcher Mühe die literarische Fachwelt das umfangreiche und vielfältige Oeuvre und seinen Autor in die Falle einer eindeutigen Kategorisierung zu locken versuchte: ein „ritterlicher Poet", „der Caballero, der Lordsiegelbewahrer, der Grandseigneur unter den Dichtern seiner Generation" – diese Bezeichnungen finden wir in einem Text von Carl Zuckmayer,[4] Friedrich Torberg aber nannte den Dichter „einen schwierigen Herrn" und mag bezüglich der Literatur Recht haben, denn „literarisch schwierig zu sein, ist ein schlimmes Schicksal".[5] Zu den oben genannten Bezeichnungen gesellen sich Formulierungen wie „Dichter des Finis Austriae" oder sogar „Ritter des Absurden", das letztere aber auf den Helden des Romans *Die Standarte* bezogen.[6] Januskörfigkeit, Inkognito und fehlende Identität[7] bleiben das eher dürftige Fazit all dieser Verallgemeinerungsversuche.

In den Mittelpunkt meiner Überlegungen möchte ich zwei Texte Lernet-Holenias stellen, deren Entstehungszeit nicht weit auseinanderliegt: *Die Abenteuer eines jungen Herrn in Polen* (1931)[8] und *Der Baron Bagge* (1936).[9] Beide zählen zu den gelungensten Werken des Dichters und gestalten zwei wichtige Themen im Werk unseres Autors – die Frage nach der Identität und das Phantastische, die Grenze zwischen dem Wirklichen und Unwirklichen, zwischen Leben und Tod, von anderen charakteristischen Aspekten ganz abgesehen. Darüber hinaus arbeiten sie bewußt mit Elementen der Trivialliteratur, was aber keinesfalls besagen soll, daß diese Texte der Trivialliteratur zuzurechnen wären, ganz im Gegenteil, gerade in der souveränen Handhabung früherer Konventionen und ihrer Sprengung liegt Lernet-Holenias Modernität.

Der Roman *Die Abenteuer eines jungen Herrn in Polen* erntete vor allem wegen der „galant-chevaleresken Atmosphäre und seines eleganten Stils"[10] viel Lob; Carl Zuckmayer nannte ihn sogar ein „genialisch-galante[s] Scherzo".[11] Bereits der Titel suggeriert Nähe zum Abenteuerroman, ja, er gibt den Text gar als solchen aus. Bei näherer Betrachtung erweist sich indessen die gattungsmäßige Einordnung als viel komplizierter. Vergleicht man die obligatorischen Merkmale eines Abenteuerromans mit dem Romantext Lernet-Holenias, muß man feststellen, daß sie dort überraschenderweise fast ganz fehlen oder ins Groteske verkehrt sind. Natürlich gehören solche Elemente wie Sichverkleiden, Sichverstecken, Kavalleriemilieu und Liebschaften mit schönen Gutsbesitzertöchtern zum Repertoire der Gattung; sie bilden jedoch lediglich die Oberfläche. Der als Bauernmädchen verkleidete Leutnant Keller vollbringt eigentlich keine Heldentat, abgesehen von der Szene bei dem nächtlichen Überfall der Wölfe. Er spielt seine Rolle geschickt, jedoch nicht frei von Fehlern – er will auf seine Husarenstiefel nicht verzichten und schwängert beide Töchter des Hauses, was die Gefahr seiner Entlarvung durchaus nicht mindert. Zum Helden und Träger des Ordens „Pour le Mérite" wird er ohne sein Zutun und beinahe zufällig. Der wirkliche Held in dieser Geschichte, der degradierte russische Offizier Lawrentjew, stirbt anonym. Keller verfügt – anders als der typische Held eines Abenteuerromans[12] – über keine außerordentlichen Eigenschaften, er ist eher kindlich von Gemüt und läßt sich von den Ereignissen tragen. Anders als im klassischen Abenteuerroman schildert Lernet-Holenia spannende, überaus abenteuerliche Begebenheiten bewußt *nicht*, sondern deutet sie nur an. Es handelt sich dabei um Szenen, die in jedem traditionellen Abenteuerroman eine breite Ausführung gefunden hätten. Lernet verzichtet auf diese Möglichkeit, mehr noch, er verbalisiert sie sogar direkt und überläßt alles Übrige der Phantasie des in Abenteuerromanen bewanderten Lesers. Das späte Spiel mit der Konvention erlaubt nämlich, das Dargestellte auf bloße Signale zu reduzieren:

> Wozu aber noch lange erzählen, wie die Verhandlungen zwischen den beiden hin und her schwankten, wie Trierenberg Bedenken bekam, die Karte zu übernehmen, und wie Lawrentjew ihn dazu überredete, sie doch zu übernehmen, und wie Trierenberg sie übernahm, sie aber sogleich wieder zurückgab und sagte, er übernehme sie doch nicht, und wie er von Lawrentjew doch wieder dazu überredet wurde, sie zu übernehmen, und wie er plötzlich erklärte: nein, er werde doch nicht überlaufen, und wie Lawrentjew ihn überredete, doch zu überlaufen, und so weiter, und so weiter. (JH 128f.)

Wie Trierenberg übergelaufen ist, darüber erfährt der Leser genauso wenig wie darüber, wie er die Karte überreichte, was wohl nicht ohne Schwierigkeiten geschehen sein kann. Auch die triumphale Wiedererkennung Kaschas als Leutnant kommt in der Schilderung eher zu kurz: „Kurz, man verständigte sich, nachdem zwar der Wachtmeister noch auf viele Fragen Kaschas erklärt, es gehe sie einen Dreck an, und nachdem die Dragoner vor Staunen das Maul aufgerissen, daß das Mädchen ein Leutnant war." (JH 156) Minutiös und mit allen Schattierungen der aufsteigenden Spannung wird zwar der nächtliche Überfall der Wölfe geschildert, nicht aber die darauffolgenden Ereignisse, die einer extremen Raffung unterzogen werden:

Um halb drei Uhr morgens war man wieder in Gorochow.
Am nächsten Tage gingen die Pferde krumm.
Vier Wochen später eröffnete Duschka ihrer Mutter, sie sei guter
Hoffnung. (JH 81)

Dem Leser werden auch andere Bezüge und Perspektiven lediglich angedeutet, wobei anzunehmen ist, daß Lernet diese Anspielungen und Krypto-Zitate nicht ganz ernst, ja beinahe augenzwinkernd gebraucht, um sofort aus der angedeuteten Konvention zu schlüpfen. Die Geschichte des zu Unrecht degradierten Lawrentjew und seiner Familie könnte ohne weiteres den Stoff zu einem Roman im Stil von Dostojewskij abgeben, hier aber wird sie nur grob skizziert. Aber auch andere Perspektiven und Facetten drängen sich dem Leser auf: Die Pläne der Festung Lublin sollen kurz vor dem Ausbruch des Krieges verraten worden sein. Erinnert das nicht an die Redl-Affäre mit der Festung Przemysl, nur auf der anderen Seite? Und noch mehr: Der anonyme, verkannte Held, der zugleich ein Verräter ist, wird gehängt, und sein Tod ändert den Verlauf des Krieges maßgeblich, ja vielleicht sogar die Geschichte Europas:

> Hätte er überdies gewußt, daß sich an die militärische Aktion, die er verraten hatte, das Zurückweichen der ganzen russischen Front, der Waffenstillstand, der Zusammenbruch Rußlands und der Bolschewismus letzten Endes knüpfen werde, so hätte es ihm noch viel eher dafürgestanden.
> „Auf!" befahl der Fürst.
> So starb, nachdem er, ohne es zu sein, jahrelang für einen Verräter gegolten, Lawrentjew, der schließlich doch ein Verräter geworden war. Er starb als Held.
> Vielleicht hätte er als Held einen angemesseneren Tod verdient als das Gehängtwerden. Zum Beispiel den Tod durch Erschießen. Aber man hatte ja nicht einmal mehr gewußt, daß er Offizier gewesen, geschweige, daß man bemerkt hätte wie er als Held gestorben war. War er denn überhaupt ein wirklicher Held? Er hatte bloß seine Angst überwunden, ein wirklicher Held aber hat überhaupt keine Angst zu haben.
> Aber was ist denn schließlich dieses sogenannte wirkliche Heldentum! (JH 134f.)

Eine sehr ähnliche, durchaus bekannte Szene finden wir in den *Sternstunden der Menschheit* von Stefan Zweig:

> Eine Sekunde überlegt Grouchy, und diese eine Sekunde formt sein ganzes Schicksal, das Napoleons und das der Welt. Sie entscheidet,

diese Sekunde im Bauernhaus von Walhaim, über das ganze neunzehnte Jahrhundert, und sie hängt an den Lippen – Unsterblichkeit – eines recht braven, recht banalen Menschen, sie liegt flach und offen in den Händen, die nervös die verhängnisvolle Ordre des Kaisers zwischen den Fingern knittern. Könnte Grouchy jetzt Mut fassen, kühn sein, ungehorsam der Ordre aus Glauben an sich und das sichtliche Zeichen, so wäre Frankreich gerettet. Aber der subalterne Mensch gehorcht immer dem Vorgeschriebenen und nie dem Anruf des Schicksals.
So winkt Grouchy energisch ab.[13]

Aber im Unterschied zu Zweig steht Lernet-Holenia nicht ganz hinter seinem Helden und der angedeuteten Konvention.

In diesem relativ kurzen, nur 159 Seiten starken Roman verbergen sich aber auch andere, nicht bis zum Ende ausgeführte, um nicht zu sagen ‚embryonale' Konstellationen. Die Affäre mit der Schwangerschaft Duschkas und die mißlungene Abtreibung in Kiew fügen sich in den Kontext des Paragraphen 218, was im Text unmittelbar zur Sprache kommt, und zwar in Form eines Kommentars des Erzählers: „Dafür und für den Aufenthalt im Sanatorium hatten die Lubienskis soviel Lehrgeld zahlen müssen, wie es eben für Leute angemessen ist, die vor lauter Konservativität noch gar keine Übung in der Umgehung eines gewissen Paragraphen haben." (JH 104f.)

Die Bemühungen des werdenden Großvaters wider Willen, Lubienski, seine Tochter zu verheiraten, tragen deutliche Züge einer bürgerlichen Sittenkomödie. Auch dieses Genre wird aber nicht ganz ernst genommen, sondern gesprengt und karikiert, etwa in der Gestalt Lubienskis selbst, der zwischen der fixen Idee des Kleiderventilierens und dem Kampf gegen die Sucht des Rauchens beinahe anankastisch schwankt. Dabei wird die Phantasie des Lesers, ohne ein Hehl daraus zu machen, ins Plakative delegiert, und man kann vermuten, daß auch der Autor daran seinen Spaß hatte:

> Begreiflicherweise waren die Farben eines großen Teiles seiner Garderobe schon verschossen. Alle Fräcke und Smokings zum Beispiel waren grau geworden, schwarze Tuchanzüge grünlich und graue Anzüge gelb.
> Die Hüte hängte er an die Obstspaliere.
> Wenn alles an die Sonne gehängt war, setzte er sich ans Klavier und spielte, mit der Zigarette im Mund, bei offenen Fenstern stundenlang, indem er ein besonderes Vergnügen bei dem Gedanken empfand, daß die Sonne währenddem auf seiner Garderobe brütete.

Unvermutet vorfahrende Gäste sahen die ganze Front mit dicken
Bündeln und Trauben von Röcken und Hosen behängt und hörten
dazu Chopin spielen. (JH 49f.)

Aus diesem Verfahren ergibt sich ein Stilmittel, das mit Vorliebe wiederholt wird:

> Lubienski trug einen seiner von der Sonne vollkommen ausgebleichten Cutaways.
> Die Lubienska trug keinen Schmuck, weil sie andeuten wollte, es stehe ihr nicht dafür.
> Die Damen Zagorski trugen keinen Schmuck, weil sie keinen mehr hatten. Und Tadeusz Lubienski dachte nicht daran, ihnen einen solchen etwa auch noch zu kaufen.
> Duschka sah entzückend aus.
> Claire gleichfalls.
> Kascha ebenfalls, obwohl sie geistesabwesend schien.
> Stefan Zagorski sah aus, wie junge Polen eben aussehen.
> Zdzislaw Zagorski sah jovial und leicht angeheitert aus.
> Auch die Strzyzewskis waren da und sahen aus wie Strzyzewskis [...].
> (JH 145).

Brillante Ironie, Humor und Distanz von den Figuren und vom Geschriebenen selbst kennzeichnen ganze Passagen des Buches: „Dieses Mädchen gefiel dem Eintretenden sogleich sehr gut, er gab sich auch gar keine Mühe, dieses Wohlgefallen zu verbergen, und nie noch ist ein Leutnant so öffentlich auf einen andern versessen gewesen wie in der Folge der Leutnant Arapow auf den Leutnant Keller." (JH 43)
Der Duktus der Sprache wechselt indes von der Ironie zum Pathos (Hinrichtung Lawrentjews), zur stimmungsvollen, beinahe impressionistischen Darstellung (Schilderung der Schlacht) und sogar zum Aphoristischen. Hier nur einige Textproben des letztgenannten Genres: „Man macht, wenn man verliebt ist, auf eine Frau fast nie einen guten Eindruck." (JH 56) – „Es gibt eben Leute, die für Frauenrollen ganz besonders talentiert sind und darin größeren Erfolg haben als wirkliche Frauen." (JH 66) Sowie, wohlgemerkt handlungs-, nicht wirklichkeitsbezogen: „die Weiber sind ja doch alle Kanaillen, besonders wenn sie eigentlich Männer sind!" (JH 149)
Aber Scherz beiseite, *Die Abenteuer eines jungen Herrn in Polen* enthalten auch viel Reales und treffende soziologische Beobachtungen. Die Topographie der Gegend (Wolhynien, speziell die Umgebung von Luzk, Brody, Podhorze, Sassow) und das Kriegsgeschehen (Brussilow-Offensive) werden getreulich dargestellt. Bei all der genannten

Vielfalt bietet der Text kein „kumulatives Durcheinander",[14] was ein Indiz für Triviales wäre, sondern ist trotz dieses formalen und inhaltlichen Reichtums wie aus einem Guß. Verkürzungs- und Raffungstechnik, bewußtes verfremdendes Spiel mit Konventionen, Zitaten und Assoziationen, sprachlich manifestierte Selbstironie und souveränes Augenzwinkern dem Leser gegenüber lassen den Roman als einen durchaus modernen Text erscheinen.

Die fünf Jahre später erschienene Novelle *Der Baron Bagge* wurde kurz nach ihrem Erscheinen von Leo Perutz sehr gelobt.[15] In der Tat ist sie ein Glanzstück phantastisch-dämonischer Prosa, das von Carl Zuckmayer sogar als „ein absolutes Kunstwerk" gepriesen wurde.[16] Auch wenn diese Bezeichnung übertrieben erscheinen mag, stellt *Der Baron Bagge* innerhalb seiner Gattung einen besonders gelungenen Fall dar. Das Interesse für das Phantastische und Dämonische, für die Verwechslung von Traum und Wirklichkeit, ist in der österreichischen Literatur der ersten Hälfte des zwanzigsten Jahrhunderts besonders rege,[17] man denke nur an Meyrink, Kubin, Hofmannsthal oder Perutz. Diese Tendenz besitzt selbstverständlich einen breiteren kulturgeschichtlichen Kontext: Freuds *Traumdeutung*, Hofmannsthals „Chandos-Brief" und Machs Wort vom „unrettbaren Ich".[18] Phänomene wie Wirklichkeit, Traum und Identität werden aus ihrer unbefangenen Selbstverständlichkeit gehoben und in Frage gestellt. Genau im Zentrum dieses Fragenkomplexes befindet sich die Novelle *Der Baron Bagge*. Sie schildert den Grenzzustand des Bewußtseins zwischen Leben und Tod,[19] den neun Tage lang dauernden Traum des schwerverwundeten Barons Bagge, der in diesem phantastischen Zwischenreich spielt.[20] Das Merkwürdigste am Text der Novelle ist jedoch, daß sich der Übergang zwischen Traum und Wirklichkeit sowohl aus der Perspektive des Helden als auch aus der des Lesers ganz unmerklich vollzieht:[21] „Das Phantastische besteht darin, daß alles so weiter geschieht, wie es hätte geschehen können, daß keine imaginäre, der irdischen entfremdete, sondern eine der gewohnten und bekannten entsprechende Landschaft das Geschehen umschließt [...]."[22]

Das stimmt genau und zugleich nur partiell. In Wirklichkeit erreicht Lernet-Holenia die Vermengung des Realen und Phantastischen mit vielen subtil eingesetzten Mitteln. Zunächst muß hervorgehoben werden, daß der realistische Teil streckenweise wie ein Traum dargestellt wird, das „visionäre Geschehen [dagegen] sich in der

Hauptsache realistisch gibt",[23] erst gegen Ende nehmen die eindeutig visionären Elemente zu, dann aber erfolgt das Erwachen. Dieser „Austauschbarkeit" von Realem und Irrealem, diesem subjektiven Nicht-Erkennen-Können der kaum merklichen (oder gar nicht merkbaren) Grenze galt ein besonderes Interesse Lernet-Holenias: „Interessant zu werden beginnt das Leben überhaupt erst in den Augenblicken, in welchen es unwirklich wird; und die vollkommensten Erzählungen sind jene, welche bei größter Wahrscheinlichkeit, die sie für sich beanspruchen können, den höchsten Grad von Unwirklichkeit erreichen."[24]

Diese Fragwürdigkeit der Realität, insbesondere angesichts der Kriegserlebnisse, findet sich in einer frappanten Ähnlichkeit überraschenderweise auch bei Gottfried Benn: „Im Krieg und Frieden, in der Front und in der Etappe, als Offizier wie als Arzt, zwischen Schiebern und Exzellenzen, vor Gummi- und Gefängniszellen, an Betten und an Särgen, im Triumph und im Verfall verließ mich die Trance nie, daß es diese Wirklichkeit nicht gäbe."[25]

Vielleicht aus psychischer Abwehr den Grausamkeiten des Kriegsgeschehens gegenüber wird das Reale des Erlebten verdrängt. In der verschneiten Ebene stößt die Schwadron Bagges auf drei Gehenkte. Die Szene macht einen unwirklichen Eindruck:

> Unter dem Baum standen drei Männer. Das heißt: es sah von weitem so aus, als ob sie stünden. Als wir aber hinkamen, sahen wir, daß sie hingen.
> [...] Überhaupt hatten die Gestalten etwas Schwammiges, sozusagen Amorphes bekommen, die Proportionen waren irgendwie verändert, und es sah aus, als habe man die Kleider bloß nachlässig mit Stroh vollgestopft, wie bei Vogelscheuchen. (BB 23f.)

Daß diese Szene aber real war, daran ist nicht zu zweifeln. So lesen wir bei Joseph Roth in *Radetzkymarsch*: „Der Krieg der österreichischen Armee begann mit Militärgerichten. Tagelang hingen die echten und die vermeintlichen Verräter an den Bäumen auf den Kirchplätzen, zur Abschreckung der Lebendigen."[26]

Ein solches Bild des Grauens hat den Zusammenbruch des Medikamentenakzessisten Georg Trakl im galizischen Grodek mitbewirkt: „Da standen nämlich auf dem Platz, der wirr belebt und wieder wie ausgekehrt schien, Bäume, an deren jedem ein Gehenkter baumelte. Ruthenen, justifizierte Ortsansässige."[27] Das grausige Erlebnis verarbeitet Bagge in der darauffolgenden Nacht in einem perversen erotischen Traum. Durch diesen Kunstgriff wird dem Leser suggeriert, daß die erste Wirklichkeit trotz aller Traumhaftigkeit und trotz der Zweifel, die Bagge an ihrer Echtheit hegt, doch eine reale ist. Die impressionistische Darstellungsweise verwischt aber bewußt die Grenze zwischen dem Gesehenen, dem Empfundenen und nur Gedachten: „Die Vorpatrouille war alsbald kaum zu sehen. Sie glitt wie ein Trupp berittener Geister, schattenhaft vor und über den Schnee." (BB 22) Diese Darstellungsweise wird im visionären Teil fortgesetzt, sodaß der Übergang nahtlos geschieht. Bagges Zweifel daran, ob seine Erlebnisse und Empfindungen real sind, werden nach wie vor zum Ausdruck gebracht. Auf der anderen Seite besitzt die Erzählung einen festen Boden. Wie geheimnisvoll und dämonisch der schauerhafte Ritt ins Ungewisse sein mag und obwohl Semmler die einzige Landkarte besitzt, entspricht die Topographie der Gegend fast bis zum Schluß der Realität: Ohne weiteres läßt sich die Route verfolgen (von Nyregyhaza bis Solinka am San), und am Anfang stimmt sogar die Geologie – in der Gegend von Tokaj gibt es tatsächlich erloschene Vulkane[28] –, die erwähnten Flüsse, Bahnlinien, Dörfer und Städte existieren, der Verlauf des Aufklärungsvorstoßes ist im Hinblick auf die damalige militärische Situation sogar folgerichtig und überzeugend. Dabei soll nicht vergessen werden, daß sich unter den Lesern der Erstausgabe viele befanden, denen die Gegend und das Kriegsgeschehen durchaus bekannt waren.[29] Anders als in einem Traum wird die Kausalität der Handlung nie unterbrochen. Außer der unerwarteten Begrüßung durch die schöne Unbekannte gibt es fast bis zum Schluß keine unglaubwürdige Begebenheit. Das unverständliche Drängen Semmlers nach Norden kann als eine Kriegspsychose gedeutet werden, ebenso wie geheimnisvolle Bemerkungen der anderen Offiziere eine plausible, d. h. nichtphantastische Erklärung haben können. Die bedrohlich zweideutigen Indizien[30] erweisen sich als solche erst im nachhinein. Somit werden die irreale und die reale Sphäre nicht nur im Geschehen, sondern auch auf der Ausdrucksebene untrennbar verflochten. Der Schluß ist nicht eindeutig: die Desillusionierung erfolgt zwar, gleichzeitig enthält jedoch die Vision Bagges einige Antizipationen – die wirkliche Gegend und die Traumgegend besitzen eine gewisse Ähnlichkeit (BB 123), darüber hinaus werden wörtliche Übereinstimmungen mit den germanischen Mythen (u.a. goldene Brücke) zum Ausdruck gebracht.[31] Ähnlich wie die Rahmenperspektive am Anfang, die übrigens nicht konsequent abgeschlossen wird,[32] kann dieser Schluß als eine Art Tribut an die Konvention der Gattung angesehen werden.

Die täuschende Verwechslung von Traum und Wirklichkeit wäre in einer anderen als in der dargestellten Welt vielleicht nicht so „verführerisch" wie in *Der Baron Bagge*. Aber gerade damals, in den ersten Jahren des Ersten Weltkrieges, wurden zwei Welten, zwei Epochen miteinander aufs tragischste konfrontiert – die feudale Welt der Donaumonarchie und der moderne Krieg des zwanzigsten Jahrhunderts. In der traumhaften Atmosphäre des Städtchens Nagy-Mihaly versammeln sich Figuren einer Vergangenheit, die auch zur Zeit ihres Bestehens bereits wie ein Maskenball der Geschichte aussah: „und so seltsam und geisterhaft war der Anblick, daß man in der Tat schwer zu glauben vermochte, in diesen Kostümen atmeten lebende Menschen." (BB 105) Somit offenbart die Novelle auch eine andere Deutungsmöglichkeit: eine Hommage auf den Untergang Österreich-Ungarns.

Alexander Lernet-Holenia ist ein Meister der überlieferten Konvention, ein Meister, aber kein Epigone. Der Autor selbst und seine Figuren nehmen diese Konvention nicht wörtlich. Aus Anspielungen, Zitaten und tradierten Elementen entsteht ein Spiel, erfüllt von humorvollen Brechungen und bedeutungsschweren Mehrdeutigkeiten, das Augenzwinkern eines späteren Bewußtseins. Und eben in dieser Ambiguität, in neuen Arrangements des Bekannten, in der bewußten Konstruktion durch souveränes Demolieren liegt Lernet-Holenias überraschende Modernität.

Anmerkungen

[1] György Sebestyèn: „Vermutungen über Lernet-Holenia". In: *Alexander Lernet-Holenia. Festschrift zum 70. Geburtstag des Dichters*. Wien, Hamburg: Paul Zsolnay, 1967, S. 23 – 26, hier: S. 24.

[2] Ebd., S. 23.

[3] Zit. nach: Franziska Müller-Widmer: *Alexander Lernet-Holenia. Grundzüge seines Prosa-Werkes dargestellt am Roman „Mars im Widder". Ein Beitrag zur neueren österreichischen Literaturgeschichte*. Bonn: Bouvier, 1980, S. 11.

[4] Carl Zuckmayer: „Die Siegel des Dichters". In: *Alexander Lernet-Holenia, Festschrift*, S. 7 – 13, hier: S. 7.

[5] Friedrich Torberg: „Ein schwieriger Herr". In: *Alexander Lernet-Holenia, Festschrift*, S. 15 – 18, hier: S. 15.

⁶ Rainer Gruenter: „Ein Ritter des Absurden". In: Marcel Reich-Ranicki (Hrsg.): *Romane von gestern – heute gelesen*. 3 Bde. Frankfurt a. M.: S. Fischer, 1990, Bd. 3 (1933 – 1945), S. 45 – 54.

⁷ „Die Identität eines Menschen erweist sich [...] als eine ziemlich unsichere Angelegenheit" (Alexander Lernet-Holenia: *Beide Sizilien*. Berlin: Suhrkamp, 1942, S. 341).

⁸ Alexander Lernet-Holenia: *Die Abenteuer eines jungen Herrn in Polen*. Hamburg: Rowohlt, 1953 (nachgewiesen im Text unter der Sigle JH mit anschließender Seitenangabe).

⁹ Alexander Lernet-Holenia: *Der Baron Bagge*. Stuttgart: Reclam, 1942 (nachgewiesen im Text unter der Sigle BB mit anschließender Seitenangabe).

¹⁰ Dagmar von Beulwitz: „Die Abenteuer eines jungen Herrn in Polen". In: *Kindlers Neues Literaturlexikon*. Hrsg. v. Walter Jens, Bd. 10, München: Kindler, 1990; S. 255.

¹¹ Zuckmayer, „Die Siegel des Dichters", a.a.O., S. 8.

¹² Volker Klotz: „Abenteuer-Romane". In: Zdenko Skreb, Uwe Baur (Hrsg.): *Erzählgattungen der Trivialliteratur*. Innsbruck, 1984 (Innsbrucker Beiträge zur Germanistik; Nr. 18), S. 113 – 124, hier: S. 113ff.

¹³ Stefan Zweig: *Sternstunden der Menschheit*. Frankfurt a. M.: S. Fischer, 1959, S. 133f.

¹⁴ Günther Fetzer: *Wertungsprobleme in der Trivialliteraturforschung*. München: Fink, 1980, S. 52ff.

¹⁵ Reinhard Lüth: *Drommetenrot und Azurblau: Studien zur Affinität von Erzähltechnik und Phantastik in Romanen von Leo Perutz und Alexander Lernet-Holenia*. Meitingen: Corian, 1988, S. 67.

¹⁶ Zuckmayer, „Die Siegel des Dichters", a.a.O., S. 10.

¹⁷ Lüth, *Drommetenrot und Azurblau*, a.a.O., S. 395; vgl. a. Siegfried Schödel: „Über Gustav Meyrink und die phantastische Literatur". In: Heinz Otto Burger (Hrsg.): *Studien zur Trivialliteratur*. Frankfurt a. M.: Vittorio Klostermann, 1968, S. 209 – 224, hier: S. 211.

¹⁸ Lüth, *Drommetenrot und Azurblau*, a.a.O., S. 150 u. 395.

¹⁹ Ebd., S. 106.

²⁰ Ebd., S. 308.

²¹ Ebd., S. 107.

²² Zuckmayer, „Die Siegel des Dichters", a.a.O., S. 10.

²³ Lüth, *Drommetenrot und Azurblau*, a.a.O., S. 166.

²⁴ Ebd., S. 399.

²⁵ Zit. nach: Konstantin Bendix: *Rauschformen und Formenrausch. Untersuchungen über den Einfluß von Drogen auf das Werk Gottfried Benns*. Frankfurt a. M., Bern, New York, Paris: Lang, 1988, S. 79.

²⁶ Joseph Roth: *Werke 5. Romane und Erzählungen. 1930 – 1936*. Köln: Kiepenheuer & Witsch, 1990, S. 441.

[27] Ignaz Zangerle (Hrsg.): *Erinnerung an Georg Trakl.* Salzburg: Otto Müller, 1959, S. 186f.
[28] Unter anderem Ergußsteine: Andesit, Basalt.
[29] Sebestyèn, „Vermutungen über Lernet-Holenia", a.a.O., S. 26.
[30] Lüth, *Drommetenrot und Azurblau,* a.a.O., S. 166 u. 284.
[31] Ebd., S. 382; BB 126.
[32] Müller-Widmer, *Alexander Lernet-Holenia,* a.a.O., S. 120.

# Östliche Steppe, nördlicher Wald, mittelmeerisches Licht: Himmelsrichtungen der erzählerischen Welt Alexander Lernet-Holenias

Hélène Barrière (Aix-en-Provence)

Ein großer Wiener und Österreicher: Dieser doppelte Ehrentitel ist Alexander Lernet-Holenia einstimmig verliehen worden. Die Formel, die in den ihm gewidmeten Essays, Rezensionen oder Zeitungsartikeln am häufigsten vorkommt, ist die eines „Grandseigneurs der österreichischen Literatur". Sie wird mit je spezifischer Akzentsetzung verwendet. Treffend charakterisiert diesen Grandseigneur mit „satanischem Humor"[1] etwa – um nur ein Beispiel anzuführen – Janko Musulin: „Zu den [Wiener] Institutionen [...] zählen nicht nur [...] der Heurige und die Reichsbrücke, es zählen auch Menschen dazu, die zu Institutionen geworden sind. Und unter diesen Menschen würde ich niemanden so ungern vermissen wie den Dichter Alexander Lernet-Holenia; er gehört zu Wien, gehört zu Österreich."[2]

Wie stand Lernet-Holenia selbst zu diesem seinem ‚österreichischen' Wesen? Mit der Vorliebe für paradoxe oder provokative Äußerungen, die ihm ebenfalls unumstritten eigen war, schrieb er am 24. Juni 1948 an Hans Reimann: „ich [bin] [...] ein echter Österreicher. Denn jeder echte Österreicher stammt von woanders her."[3] Doch war bei Lernet-Holenia das Wortspiel nicht leeres Spiel, sondern oft der kürzeste Weg zum eigentlichen Kern eines schwierigen Sachverhalts. In einem Brief an Gottfried Benn, in dem er Demeter vor Pallas und femininen vor männlichen Zügen den Vorzug gab, äußerte er sich folgendermaßen zur Aphoristik: „Auf eine bestimmte Art feminin ist [...] das Prägen von Maximen, – vor allem die Erkenntnis, daß ein Thema nicht wirklich zu durchdenken, sondern daß darüber nur auf mehr oder weniger gute Art etwas zu sagen ist. Ein Aperçu kann ganze Systeme erledigen."[4]

Das aphoristische Umspielen des Unaussprechlichen ist übrigens, wie Friedrich Torberg in dem Essay „Gibt es eine österreichische Literatur?" betonte,[5] ein eminent österreichischer Wesenszug.

Was verbirgt sich also hinter Lernet-Holenias herausfordernder Definition des Österreichers? Nicht nur die Anspielung auf die eigene Familiengeschichte, waren doch, wie allgemein bekannt ist, um die Zeit des Dreißigjährigen Krieges seine Ahnen mütterlicherseits aus Spanien und seine Vorfahren väterlicherseits aus der Gegend von Namur nach Österreich gezogen. Also nicht nur eine Erkenntnis, zu der er gleichsam prädestiniert war, sondern eine aktiv vertretene Auffassung, die in Leben und Werk ihren Niederschlag findet.

Die Wahl des Reichskanzleitraktes der Hofburg als Wohnsitz sowie die in seinen Romanen auf wenige charakteristische Plätze und Straßen der Stadt beschränkten Wiener Szenerien stellen die Umsetzung dieser Überzeugung in Leben und Literatur dar. Nicht von ungefähr beginnt *Ich war Jack Mortimer* auf dem Hohen Markt am Vermählungsbrunnen und liegt die Wohnung der schönen Marisabelle von Raschitz in der Prinz-Eugen-Straße. Und auch nicht zufällig wohnt Cuba in *Mars im Widder* in der Salesianergasse, die zum Unteren Belvedere und zum Salesianerkloster führt. Was den unheimlichen Alexejew anbelangt, der im Zentrum der Handlung von *Beide Sizilien* steht, so lebt dieser zurückgezogen in der Jordangasse, gleichsam im Schatten der Böhmischen Hofkanzlei.

Diese wenigen Beispiele sollten zeigen, daß das Wien Lernet-Holenias das Wien eines Lukas von Hildebrandt ist, eines Fischer von Erlach, eines Prinzen Eugen. Mit dem Lebensweg Eugens von Savoyen sei, wie es in der Einleitung zu *Prinz Eugen* heißt, die Geschichte der Herkunft Lernet-Holenias eng verwoben. Die Darstellung von Eugens Geschicken habe sich nämlich aus Nachforschungen über einen Hauptmann Loernée vom Regiment Alt-Starhemberg ergeben. Dieser Vorfahre des Dichters sei 1683 bei der Verteidigung der Wiener Burgbastei gegen die Türken gefallen. In der dem Roman *Die Hexen* nachgestellten „Autobiographischen Notiz" werden weitere Lornee, Lernee oder Lierneux aufgezählt, die von 1683 bis 1695 im Türkenkrieg den Tod fanden. Mit Prinz Eugen sind also Lernet-Holenias väterliche Ahnen durch die Tatsache verbunden, daß auch sie aus dem Westen kamen, um Kaiser und Reich zu dienen. Hugo von Hofmannsthal, dessen Lobpreisung von Prinz Eugens Taten durchaus in Lernet-Holenias Weltbild paßte, schreibt:

> Auf den Einwand, daß die Wiege dieses größten Österreichers in fremdem Land gestanden, gibt die Geschichte, deren Verwirklichungen großartig und nicht simpel sind, die Antwort: Napoleon [...] war

ein Italiener, der größte englische König, Wilhelm III., ein Holländer, und der zweitgrößte Beherrscher, den das russische Reich jemals hatte, eine deutsche Frau.[6]

So hat die geringe räumliche Ausdehnung des Lernetschen Wien starken Symbolcharakter: Sie veranschaulicht paradoxerweise, wie sehr die europäische Dimension der österreichischen Identität, die in den Augen Lernet-Holenias von Prinz Eugen verkörpert wurde, dem Dichter am Herzen lag. So sehr Lernet-Holenia auch Wiener gewesen sein mag, sein Erzählhorizont umfaßt andere Territorien. Hier soll uns beschäftigen, wie die Erzählwelt des Dichters nach allen Himmelsrichtungen hin offen ist. Dabei handelt es sich nicht nur um den vom mittelalterlichen Reichsgedanken herrührenden und ins europäische Ideal hinübergeretteten Universalismus, wie ihn Hugo von Hofmannsthal in seiner Essayistik[7] vertrat. Zwar hing auch Lernet-Holenia mit ganzem Herzen an der multikulturellen Tradition des Heiligen Römischen Reiches. Wir möchten aber versuchen zu zeigen, wie der Dichter seinem Bekenntnis zur kulturellen Vielfalt ein unverwechselbares Gepräge verliehen hat.

Wenden wir uns zuerst dem Osten als Land der Herkunft zu: „Im Osten gebiert sich alles, im Westen erfüllt es sich"[8], so sagt der geheimnisvolle Clarville im Roman *Der Mann im Hut*. Der Osten begegnete Lernet-Holenia 1918 als einundzwanzigjährigem Dragonerleutnant in Gestalt der ukrainischen Steppe, und dieses Erlebnis hat tiefe Spuren in seinem Erzählwerk hinterlassen. Die östliche Steppe offenbarte ihm nämlich die Existenz der Kurgane, deren Geheimnis ihn dann nicht mehr losließ. Der Ich-Erzähler der kurzen Darstellung, die eben den Titel „Die Kurgane" trägt und 1935 veröffentlicht wurde, beschreibt die sonderbare Anziehungskraft, die diese Grabmäler der Vorzeit auf den Betrachter ausüben. Angesichts derer falle

> einem bei, daß, wenn Völker hier gegangen wären, auch das eigene dabei gewesen sein müsse oder eines der vielen Völker, aus denen man her war [...], aus dem Osten nach dem Westen ziehend [...]. Die waren hier gezogen. Auf wen zu? Auf einen selbst. Hier, in dieser Fremde, fand man auf einmal wieder die eigene Spur. [...] Zu denken: hier waren sie zu Pferd begraben, die aus dem Völkerzug, hier, angesichts ihres Weltweges, schwand die Zeit zu nichts, noch immer war alle Wanderung im Gange wie seit je, und als man wieder aufsaß um weiterzureiten, trug einen das lebendige Pferd noch immer so,

und mit allen Waffen, wie, innen im Hügel, den gewaffneten Toten das tote.⁹

Lernet bringt die von den Kurganen ausgehende Faszination auf den Punkt. In ihrer Nähe wird der Mensch mit seinem Doppelgänger konfrontiert, eine Erfahrung, die ihn nach alter, von der phantastischen Literatur oft aufgegriffener Volksweisheit, dem Tode weiht. Die Kurgane versinnbildlichen die Verschmelzung von Anfang und Ende. Der Osten ist also der Ort, wo sich der Kreis der Zeit schließt, denn, wie es im Roman *Beide Sizilien* heißt: „[...] die Zeit ist rund wie der Erdball [...]. [Sie] ist die Dauer aller Dinge, die [...] in sich selbst zurückmünden – denn alles kehrt zu sich selbst zurück [...]"¹⁰. Die Steppe, wo die Mäler der Vergangenheit als „Wegweiser des Zukünftigen"¹¹ ragen, steht also für das nahtlose Aufeinanderfolgen von Untergang und Neuanfang. Mit Recht sieht Stephan Berg in diesem „Ort, an dem alle Zeit-[...]-Differenzen ineinanderfallen", den mythischen Bezugspunkt des ganzen Romans *Der Mann im Hut*.¹² Entgegen seinen weiteren Ausführungen scheint uns jedoch diese Steppe keineswegs „ein Nicht-Ort" zu sein, der alle Raumunterschiede aufhebt. Sie ist eben die Welt der Kurgane, keine beliebige, sondern die östliche Steppe.

Die Kurgane tauchen in gewandelter Form in vielen anderen Romanen und Erzählungen auf – etwa als Baron Bagge lange nach dem Krieg den damals geträumten Weg entlangfährt, findet er jenseits der Brücke von Hor einen großen „Erdhügel aufgeschüttet wie ein Grabmal von Helden der Vorzeit. Darunter lag die Schwadron, die hingeopferte Hekatombe, die tote Hundertschaft [...]"¹³. Mit dieser Erhebung verwandt sind der blutgetränkte Hügel von Uschilug im Roman *Mars im Widder*¹⁴ oder der herbstliche Hügel, der in *Beide Sizilien* vor Marschall von Seras innerem Auge erscheint. Alle übrigen Offiziere des Regiments sind tot, und beim Anblick des Wiener Universitätsplatzes, auf den die Fenster der nun leeren Wohnung des Obersten Rochonville gehen, empfindet der junge Mann ein starkes Zugehörigkeitsgefühl zu seinen verstorbenen Waffengefährten. Er spürt, daß das Regiment eine unzertrennliche Schicksalsgemeinschaft bildet, und sein Traum weist darauf hin, daß er selbst das für Lernet-Holenia so typische „Zwischenreich" schon betreten hat:

> Die halbe Welt war mit den Gefallenen des Regiments bestreut, mit Begrabenen unter Rossen in Rüstung, mit Gestürzten unter der Last

Östliche Steppe, nördlicher Wald, mittelmeerisches Licht 111

der Panzer [...]. Er erblickte die moosigen Hügel, unter denen sie, zahllos, moderten, ihm selbst war, er liege in einem der Hügel, durch das Laub der Eichen, die aus seinem Herzen wuchsen, weine der Regen, und niemand als der Regen weine auf seinem Grabe.[15]

Alle diese Beispiele beziehen sich auf das Moment des Untergangs. Zwar symbolisieren die östliche Steppe und ihre Kurgane die enge Verknüpfung von Anfang und Ende, aber, wie Roman Roček bemerkt, es sind „eher die Spuren des Niedergangs, des Verfalls, die [Lernet-Holenia] interessieren".[16] Viele Gestalten Lernetscher Erzählungen und Romane haben unstillbare Sehnsucht nach der östlichen Steppe, aber der Weg nach Osten ist mit Lebensgefahr verbunden. Für die Selbsterkenntnis, welche die Begegnung mit der eigenen Herkunft gewährt, zahlt der Mensch mit dem Leben. Dies könnte der Sinn von Clarvilles Tod am Fuß des Nibelungengrabhügels sein. Zwar findet er dort, wie Reinhard Lüth erörtert, als „Reinkarnation Hagens nun endlich ‚sein' Grab",[17] aber nicht minder relevant scheint uns die Tatsache, daß er sich, gleich den ursprünglich aus dem Osten gekommenen Burgundern, zu weit nach Osten vorgewagt hat. In *Mars im Widder* macht Wallmoden den Leutnant Rex darauf aufmerksam, daß das Dorf Uschilug „der östlichste Punkt überhaupt [ist], den irgendwer von uns allen bisher erreicht hat."[18] In Uschilug teilt aber Rex Wallmoden den Tod Cubas mit, und eine polnische Bombe schlägt neben dem Protagonisten ein, wobei er das Bewußtsein verliert. Der darauffolgende Traum, in welchem er den Eindruck hat, in der warmen und feuchten Erde des trichterförmigen Einschlags zu verweilen, ist wie im Fall des Marschalls von Sera als Todeserfahrung zu deuten. Diese verbindet Wallmoden mit den anderen Toten, welche die Erde des Hügels bei Uschilug empfangen hat, mit denen sie sozusagen schwanger ist, denn „wo sie nicht getränkt wird mit Blut, will sie auch nicht mehr tragen."[19] Das Zustandekommen des Rendezvous mit Cuba wird erst durch dieses Erlebnis ermöglicht. Wie seine seltsamen „Zustände" zeigen, befindet sich der Held schon am Anfang des Romans im Zwischenreich. Der Traum in Uschilug vertieft aber Wallmodens Erforschung dieses Zwischenreiches bis hin zur zerfließenden Grenze zwischen Leben und Tod. Auch vom Schicksal Wallmodens wird also der oben erschlossene Symbolgehalt des Ostens bestätigt.

Aber der Osten deutet nicht nur auf die tödliche Anziehungskraft der Herkunft hin. Obwohl das Erzählwerk immer wieder das Moment des Endes beschwört, schimmert das Neue durch, allerdings immer schwächer im Laufe der Jahre. Über die Steppe spendet Asien der Welt nimmer versiegenden Reichtum. In *Der Mann im Hut* sagt Clarville:

„Sie beginnt am Dnjepr und dehnt sich über die ganze Breite Asiens aus [...] und alles, was auf der Welt ist, sei, so sagt man, hervorgegangen aus dieser Steppe. [...] Immer noch zieht über diese Steppe Asien nach Europa herein, immer noch ist ein Rieseln und Strömen in der Luft [...], ein Wehen der Wanderung von Göttern und Menschen."[20]

In der östlichen Steppe verschmelzen Asien und Europa auf der Straße der Weltwanderung, deren Meilensteine die Kurgane sind. Dieses Einssein beider Kontinente wird in „Die Kurgane" so formuliert: „Hier waren sie vorüber: Männer, Frauen, Kinder, nicht erst seit zwischen Mongolen und dem Wei-Volk jene Schlacht geschlagen worden war, mit der die Völkerwanderung begonnen, sondern schon seit früher, seit jeher: Kymmerier, Sigamber, Mongolen, *Verwandtschaft von einst*."[21]

Die Grabform der Kurgane ist in der Tat vielen altindogermanischen Stämmen wie Mykenern, Thrakern, Venetern oder Germanen und Kulturen mongolischer Herkunft gemein. Dies erst ermöglicht die epische Spannung, die sich im Roman *Der Mann im Hut* aus Clarvilles irrtümlicher Annahme ergibt: Der Hügel von Hajdú-Böszörmény, den er anfänglich für Attilas Begräbnisstätte hält, entpuppt sich als Grab der Nibelungen. Die kunstreiche Konstruktion des Romans stützt sich auf gründliche historische Kenntnisse, was die scheinbar spielerische Art des Dichters, welche die Kritik oft irreführte, nicht ohne weiteres vermuten läßt.

So wird in Lernet-Holenias Erzählwerk das Fremde und Bedrohende an Asien stark relativiert. Dies rückt den Dichter in die Nähe Hofmannsthals, dem er sich nach eigener Aussage wesensverwandt fühlte.[22] So bemerkt Hofmannsthal, sich auf Lafcadio Hearn berufend, in den Notizen zu seiner Rede „Die Idee Europa": „Blick auf Asien: Paradies – das noch vorhandene, beginnliche, unzeitliche, ‚zeitlose'".[23] Auch Hofmannsthals Definition von Österreich als unentbehrlichem Bindeglied und Vermittler zwischen Osten und Westen, denen es zu einer Synthese verhilft, harmoniert mit Lernet-Holenias Wertsystem und Gedankenwelt.[24] Das Interesse am Osten hat aber bei ihm die charakteristische Gestalt der ukrainischen Kurgane angenommen, das heißt die Form der faszinierenden, zugleich tödlichen und verheißungsvollen Begegnung mit sich selbst.

Folgen wir nun sozusagen dem Weg der sich westwärts bewegenden Züge, die ihre Schritte dann entweder nach Norden oder nach Süden lenkten. Denn Lernet-Holenias Erzählwerk deutet auch in diese beiden Richtungen. Die nordische Kulturwelt bildet die allgegenwärtige Folie der Romane und Erzählungen. Als versteckte Zitate oder mythologische Chiffren sind die Eddalieder grundsätzlicher Bestandteil der meisten Texte. Wir wollen hier jedoch nicht bei der von Lambert Binder und Armin Ayren[25] analysierten Thematik des Helwegs verweilen, sondern statt dessen in noch wenig erforschte Gebiete vordringen. Vom Gewitter bis zum ominösen nächtlichen Regenbogen über verschiedene Tierarten wie Spinne, Krähe, Hund oder Pferd sind die Motive, denen nordische Mythologeme zugrunde liegen, in großer Vielfalt vorhanden. Aus dieser Vielzahl der Motive möchten wir nur eines auswählen, nämlich das des Baums.

In den meisten von Lernet-Holenia gezeichneten Landschaften ragen hohe Bäume empor, die sehr genau beschrieben werden. Eigentümliche Bäume beschatten zum Beispiel den Pfad, auf den der von einer geheimnisvollen Krankheit heimgesuchte Silverstolpe in *Beide Sizilien* gerät: „Auf der anderen Seite des Weges sah ich einen zugleich geduckten und eigentümlich in die Luft aufgelösten Baum von einer mir unbekannten Art und die Stümpfe einiger geschlagener Eschen, wie deren, weiter hinweg, noch mehrere mit sonderbar bemoosten Stämmen standen."[26] Dieser Weg weist die für den einigermaßen eingeweihten Leser unverkennbaren Merkmale des Helwegs auf, nämlich die Radspuren sowie die nördliche und wirklich oder vermeintlich absteigende Richtung. Im Roman *Der Mann im Hut* steht der Hügel von Hajdú-Böszörmény inmitten eines großen Waldes, von dem Clarville vermutet, daß er früher eine heilige Stätte gewesen sei:[27]

> Der Wald neigte sich rundum über die Lichtung herein wie, mit grünem, lautlosem Donner, ein überhängendes Gewitter. Von den Buchen und den Eichen, aus denen er hier ausschließlich bestand, waren die meisten riesengroß und uralt, manche vor Alter ganz verfallen. Die eine oder die andere, vom Blitz getroffen, streckte schwarzes, zersplittertes Astgewirr zum Himmel empor [...][28]

Die erstmalige Besteigung des Grabhügels gestaltet sich für Nikolaus Toth ebenfalls als Helweg-Erlebnis. Unter zahlreichen weiteren Beispielen ist schließlich der Roman *Der Graf Luna* zu erwähnen. Auf der Zinkenecker Alm richtet Jessiersky sein Feldglas auf „unerinnerlich alte"[29] Fichten:

> Wie alt sie wirklich waren, ließ sich nicht sagen, doch mochten sie Jahrhunderte alt sein. Ihre Wurzeln wälzten sich teils über, teils unter dem Boden wie Bündel riesiger Schlangen um sie her, ihre Kronen waren von Moos und Flechten ganz durchsponnen, und ihre Wipfel griffen mit einem Kranze von Zacken nach dem Himmel wie die Spitzen von Turnierlanzen. Von ihrer einigen, die abgestorben starrten, standen noch die Skelette wie riesige Quirle [...].[30]

Bei allen diesen Beschreibungen fällt das Nebeneinander majestätischen, wie zum letzten Kampf gerüsteten Alters und schon lebloser Starre auf. Die Verschlüsselung, die der Leser nur kombinierend enträtseln kann, gehört zum Wesen der Lernetschen Erzählkunst. Äußerst selten wird eine Quelle angegeben. Wenn dies jedoch geschieht, dann ist Vorsicht geboten: Manchmal handelt es sich um eine der beliebten Mystifikationen des Dichters, wie zum Beispiel im Roman *Der Graf von Saint-Germain,* wo Lernet-Holenia eines seiner eigenen Gedichte mit dem Titel „Amphion" Théophile Gautier zuschreibt.[31]

Im Falle des Baummotivs liefert die Erzählung „Die Schlacht am Don" das Interpretationsmuster. Der Titel bezieht sich auf die Entscheidungsschlacht, in der 375 die unaufhaltsam nach Westen vordringenden Hunnen das südrussische Reich der Ostgoten zerstörten, deren Flucht vor dem asiatischen Feind die Germanen des Donaugebietes in Bewegung setzte und so die Völkerwanderung einleitete. Die Erzählung befaßt sich mit den Schicksalen des Goten Odhin, der sich für den Enkel „einer damals [...] schon halb vergessenen [...] Wind- oder Regengottheit gleichen Namens"[32] ausgibt und nach dem verhängnisvollen Kampf am Don zu den Franken, Sachsen und Westfalen kommt, um später nach Norden weiterzuziehen. Lernet-Holenias Schilderung lehnt sich an die euhemeristische Erklärung vom Ursprung des nordischen Asenglaubens an, wie sie bei skandinavischen Autoren des 12. und 13. Jahrhunderts auftritt. Gleich am Anfang des Textes werden – ausnahmsweise und ohne weitere Details – der Isländer Snorri Sturluson und der Däne Saxo Grammaticus erwähnt. Snorri schildert in der Tat im Prolog der *Snorra-Edda* und in den ersten fünf Kapiteln der *Ynglinga saga* und Saxo in 7. Kapitel des 1. Buches seiner *Gesta Danorum*[33] die Einwanderung Odins und der Asen nach Skandinavien über Sachsen, wobei allerdings nur die *Ynglinga saga* die Gegend östlich des Don als Herkunftsland der Götterfamilie nennt. Wie Georges Dumézil in *Les dieux des Germains* erörtert, haben sich in den ersten Jahrzehnten unseres Jahrhunderts viele Religionswissenschaftler der These angeschlossen, die 1903 von Bernhard Salin aufgestellt wurde und direkt an Snorris euhemeristische Darstellung anknüpft: Die Einwanderung der Asen nach Skandinavien, die in der *Ynglinga saga* auf die Darstellung des Wanenkriegs folgt, sei die mythische Umformung geschichtlicher Vorgänge, wobei einige Forscher diese tatsächlich mit dem Beginn der Völkerwanderung im 4. Jahrhundert n. Chr. identifizieren.[34] Lernet-Holenia, dessen Belesenheit auf diesem Gebiet sehr groß war, mag wohl die damals gängige Auffassung aufgegriffen haben. Die Fabel der Erzählung ist also wahrscheinlich eine vorgefundene. Die geschichtliche Interpretation des Mythos erfährt aber eine dichterische Umgestaltung, die von großem Interesse ist.

Unmittelbar vor dem Angriff der Hunnen hat nämlich der Gote Odhin, der die Vorhut des gotischen Heeres führt, eine Vision. Vor ihm taucht am Hange eines Hügels ein Hof auf, auf dem er glaubt, erwartet zu werden. Die beiden Linden, die daneben stehen, sehen den oben erwähnten Bäumen zum Verwechseln ähnlich. Diesmal aber erlauben der Kontext und eine noch größere Genauigkeit der Beschreibung, die Linden beim Namen zu nennen: Wir haben es mit Darstellungen des Weltenbaumes Yggdrasill aus der eddischen Mythologie zu tun. Dafür sprechen die riesigen Ausmaße von Laub, Geäst und Wurzelwerk der ersten, größeren Linde, die Tatsache, daß „das Auge [des Betrachters] wie auf Flügeln zu schweben [meinte], wie denn überhaupt die Einbildung alles, was sich ihr darstellte, gleichsam mit dem Auge eines fliegenden Vogels ableuchtete",[35] und schließlich der Brunnen am Fuß der zweiten, abgestorbenen Linde. Laut der *Völuspa* und der *Grímnismál* erstrecken sich nämlich die Wurzeln von Yggdrasill nach drei Seiten über die ganze Welt: Unter einer wohnen die Menschen, unter der anderen die Riesen, unter der dritten liegt Hel. Ein Adler sitzt in den Ästen. Darunter wälzen sich unzählige Schlangen, die am Baum nagen.[36] Unter dem Weltenbaum befindet sich der Urdsbrunnen, der „Brunnen der Urd",[37] einer der drei schicksalsbestimmenden Nornen, was Yggdrasill zum Schicksalsbaum macht. Aber noch deutlicher als solche Entsprechungen deutet am Ende der Beschreibung der größeren Linde folgender Vergleich auf die symbolische Bedeutung des Baumes hin: „Indem man [unter dem Laubgewölk] stand, meinte man, es reiche bis zum Himmel wie bei einem Weltenbaume [...]"³⁸.

In der nordischen Kosmologie ist Yggdrasill naturgemäß in den Zerstörungsprozeß miteinbezogen, der bei den Ragnarök mit der brutalen Vernichtung der Welt, der Menschen und der Götter endet. Dieser Untergang ist aber kein endgültiger, denn die nordische Weltvorstellung ist eine zyklische: Eine neue Welt steigt aus dem Meer. Unschwer ist nun zu erraten, daß in der Vision des Goten Odhin die „zerschmetterte, bis in den Boden gespaltene [...], vom Feuer des Blitzes berührt[e]"³⁹ Linde eine vergangene, schon lange ausgelöschte Welt versinnbildlicht. Die zweite, mächtige Linde, deren „Wipfel der Blitz getroffen hatte",⁴⁰ symbolisiert dagegen eine Welt, deren Zusammensturz bevorsteht. Als Odhins Vision sich beim feindlichen Überfall verflüchtigt, heißt es unmißverständlich: „[...] der seltsame Hof, [...] und die beiden Generationen von Bäumen, daran vielleicht zwei Generationen blitzeschleudernder Himmlischer sich geübt, verflogen vor Odhins Blick."⁴¹

Welches sind nun die Welten, die hier aufeinanderfolgen? Was geht zugrunde? Was entsteht? Die Antwort ergibt sich natürlich aus der geschichtlichen Situation selbst, die in dieser Erzählung angesprochen wird. Sie steht aber auch schwarz auf weiß am Ende des Textes:

Die Hunnen fuhren [...] fort, Kriege zu gewinnen, sie setzten alle Völker Europas in ungeheure Bewegung, und die Vernichtung Roms und die Geburt des Abendlandes gehen in Wahrheit auf sie zurück. Nachdem sie aber vollbracht hatten, was ihnen vom Schicksal vorgeschrieben gewesen war, verschwanden sie so plötzlich, wie sie gekommen.⁴²

Das Schicksal, das die Ablösung des römischen Imperiums durch das mittelalterliche Reich und somit zugleich Wandlung und Fortsetzung derselben Struktur bewirkte, bestimmte die Hunnen zum Werkzeug seiner Pläne. Welchen Symbolwert haben aber die Bäume, die, in anderen Gegenden der Lernetschen Erzählwelt, in andere geschichtliche Himmel ragen? In den Romanen *Der Mann im Hut*, *Beide Sizilien* oder *Der Graf Luna* bildet der in unbestimmte Zukunft weisende Un-

Östliche Steppe, nördlicher Wald, mittelmeerisches Licht 117

tergang des Mittelalters den mythisch chiffrierten roten Faden. In einem Brief an Viktor Matejka aus dem Jahr 1947 gibt nämlich Lernet-Holenia folgender Überzeugung Ausdruck: „Wir leben in einem Zwischenreich – das Mittelalter ist nicht schon längst, es ist erst vor zwei Jahren zu Ende gegangen, und die Neuzeit wird vielleicht erst in zehn oder zwanzig Jahren beginnen."[43] Hiermit erscheint das Helweg-Erlebnis vieler Romangestalten, das in eine nördliche Waldlandschaft eingebettet ist, deutlich auch als Zwischenwelt-Erlebnis. Die zusammenstürzende Welt, die den Angelpunkt des Lernetschen Erzählwerks darstellt, ist oft der Doppelmonarchie oder dem Habsburgerreich gleichgesetzt worden. Der am Beispiel des Baummotivs exemplifizierte Bezugsrahmen der nordischen Mythologie scheint aber die Vermutung nahezulegen, daß das historische Gebilde, dessen Vergehen Romane und Erzählungen so entscheidend prägt, weiter in die Vergangenheit zurückreicht.

So deutet der Wald in Lernet-Holenias Erzählwelt nur auf einer ersten Enträtselungsstufe gen Norden. Versucht man, hinter den Symbolgehalt dieses nordischen Mythologems zu kommen, so entpuppt es sich als Hinweis auf ein Geschichtliches, das mit allen vier Himmelsrichtungen zu tun hat.

Nicht anders verhält es sich mit dem Süden, der dritten und letzten Himmelsrichtung der Lernetschen Erzählwelt, mit der wir uns hier befassen möchten. Wie sehr der Dichter der griechischen Antike verpflichtet war, wird bereits bei einem nur flüchtigen Blick auf die Titel seiner Gedichte deutlich. Aber auch in den Romanen und Erzählungen sind die südlichen Meeres- und Sonnenlandschaften – diesmal freilich weniger konkret ausgearbeitet – zu erkennen. Wir möchten dies wiederum nur an einem Beispiel veranschaulichen. Wir wollen versuchen zu erörtern, wie Lernet-Holenia im Roman *Mars im Widder* zu griechischen Mythologemen greift, um Wallmodens geheimnisvollen Weg von der dunkelhaarigen zur blonden Cuba darzustellen und eine verschlüsselte Deutung seines Abenteuers anzubieten.

Die erste Cuba wird nämlich stufenweise mit der Göttin Aphrodite identifiziert. Der Unbekannte, dem Wallmoden am Anfang des Romans einen ihm von Cuba anvertrauten Brief übergibt, erwähnt zum Erstaunen des Helden etwas unvermittelt die besonders guten Beine der Baronin Pistolhkors und die vergleichsweise äußerst mittelmäßigen der seiner Ansicht nach schönsten Statue der griechischen Antike. Dieses Kunstwerk sei im Thermenmuseum in Rom zu sehen. Es sei jenes die Figur eines

an einen Delphin gelehnten Mädchens oder einer jungen Frau, einer Aphrodite aus parischem Marmor [...]. Das Haupt und die Arme fehlen ihr, doch schließt man aus der Haltung des übrigen Körpers, daß es eine Meerentstiegene ist, die sich das Wasser aus den Haaren windet. Und man hat Gründe anzunehmen, dies könne keine andre als die berühmte Anadyomene sein, die Apelles nach einer Freundin Alexanders des Großen geschaffen hat [...].[44]

Hier wird Cuba zum ersten Mal – vorerst noch indirekt – zu der griechischen Liebesgöttin in Beziehung gesetzt. Wie der aufmerksame Leser feststellen kann, weicht dieser mittelbare Bezug schon bei der zweiten Begegnung des Helden mit der jungen Frau einer völligen Verschmelzung. Als Cuba im grüngoldenen und spielenden Schein der Abendsonne, der durch die Bäume ins Zimmer fällt, beim Eintritt Wallmodens von einem Diwan aufsteht, kommt es ihm vor, als „trete sie aus dem Wasser, dessen Wellen noch über sie hinspielten, und auch die Kleider, die sie trug: atlassene Hosen und ein Schlafrock aus Seide, glänzten, als sei sie aus der Flut gestiegen."[45] Das nächste Glied in der Kette von mythischen Bezügen, welche die erste Cuba mit der zweiten verbinden, ist der Delphin, der die Klinke an der Wohnungstür des Barons Drska schmückt. Im Laufe des Abends, zu dem Cuba den widerstrebenden Wallmoden mitgenommen hat, verläßt sie die Gesellschaft, ohne sich von ihrem Begleiter zu verabschieden. Dies kann als verschlüsselte Vorausdeutung des jähen Todes interpretiert werden, der Cuba dem Helden entreißt. Auch Wallmodens Traumerlebnis in Jedenspeigen gehört zum Identifizierungsprozeß Cubas mit Aphrodite. Im Traum sieht Wallmoden, wie zwei Mädchen in seinem eigenen Zimmer ein Bad nehmen. Als sie sich, vom plötzlichen Erscheinen des Schwadronschefs gestört, unbemerkt entfernen, entdeckt der Held, daß nur „die nasse Spur eines Paares nackter Füße"[46] zurückgeblieben ist. Wir haben es also wiederum mit einer dem Bade Entsteigenden zu tun, obwohl jene in diesem Falle nur in einem bescheidenen Holzbottich gebadet hat. Ohne diese Episode in den hier dargelegten mythischen Zusammenhang einzuordnen, haben Franziska Müller-Widmer und Reinhard Lüth[47] erörtert, daß sie einen chiffrierten Hinweis auf die Austauschbarkeit von Cubas Identität darstellt: „Die beiden Frauen aus dem Waschzuber hinterlassen [...] nur eine einzige Spur, so wie die richtige und die falsche Cuba auch nur einen gemeinsamen Namen haben", schreibt Müller-Widmer. Ferner betont sie, daß Lernet-Holenia dem Leser mit aller Deutlichkeit diese Auslegung nahelegt, indem er Wallmoden am Ende des Romans unmittelbar vor seiner Begegnung mit der echten Cuba „die nassen Spuren zweier nackter Füße"[48] auf dem Boden des leeren Hauses, in dem sie Zuflucht gefunden hat, erblicken lasse. So treffend sie auch sein mögen, die Analysen Müller-Widmers und Lüths lassen Elemente außer acht, die unseres Erachtens den Sinn des Romans als Ganzes erhellen würden. Dazu gehören die Bewegung, mit der die echte Cuba sich vor dem Spiegel das Wasser aus dem Haar windet, sowie die Assoziationen, die der Anblick der jungen Frau in Wallmoden hervorruft:

> Es schien ihm, er sehe, statt ihrer, etwas ganz anderes. [...] Es schien, als woge ein Meer um Inseln, die zwischen der Bläue des Himmels und des Meeres schwammen und auf denen es alle Dinge gab, welche die Seele je berauscht: Düfte und kostbares Gerät, Wasserstürze, die in verzauberte Schluchten fielen, die Pracht herrlicher Glieder, Geist, der wie Klingen gleißte, Götter, Regenbogen und Throne aus Gold und Elfenbein. [...] Allein es war wohl keine Gegenwart, die er sah, es war, in irgend einem Sinne, ein Gesicht des Künftigen, offenbar.[49]

Diese südliche Landschaft darf man wohl als eine griechische bezeichnen, erinnern doch die Throne aus Gold und Elfenbein an die Zeusstatue von Phidias in Olympia, eines der Sieben Weltwunder. Beim Abmarsch seines Regiments ahnte Wallmoden, daß sein Weg ins Ungewisse, der ihn von Cuba entfernte, dennoch nur *zu* Cuba führen konnte. In diesem verlassenen Haus, irgendwo in Polen, ist er nun am Ziel. Hier werden die falsche und die echte Cuba in der mythischen Gestalt der Aphrodite eins.

Was hat nun der Übergang von der falschen Cuba zur echten, von der toten zur lebenden zu bedeuten? Auch hier ist der Wechsel zugleich Wandel und Fortbestand. Beide Frauen haben unterschiedliche Augen- und Haarfarbe, was aus ihnen unmißverständlich zwei verschiedene Menschen macht. Der gleichbleibende Name bürgt aber für die Kontinuität, die dem Tausch innewohnt. Dieser Name gehört übrigens zur mythischen Folie des Romans: „Gerufen werde ich Cuba, wie die Insel",[50] sagt die dunkelhaarige Cuba zu Wallmoden. Wie immer bei Lernet-Holenia sind die Indizien zur weiteren Interpretation gleich mehreren Texten zu entnehmen und zusammenzutragen. In seinen „Notizen aus Griechenland", die 1954 in der *Neuen Schwei-*

zer Rundschau veröffentlicht wurden,[51] erzählt uns der Dichter ausführlicher von der „Insel der Aphrodite". Seine Ausführungen über die bewegte Geschichte Zyperns, das im Laufe der Jahrhunderte von Hand zu Hand ging und dessen Herrschaft mehr als ein Dutzend Mal wechselte, werden von Betrachtungen über die Geburt der Aphrodite umrahmt. Einleitend wird daran erinnert, wie bei Paphos das Meer „aus seinem Schaume die Göttin der Liebe geboren" habe: „[...] eine Zeit noch sei der ambrosische Leib, wie ein gestrandeter Delphin, hin und her gewälzt worden, bis die schaumgeborene Aphrodite zu sich gekommen und aus den Wogen aufgestanden sei. Danach habe sie sich das Wasser aus den Haaren gewunden und sei landeinwärts geschritten."[52]

Nicht viel anders wird in *Mars im Widder* das von dem Unbekannten gepriesene Kunstwerk aus dem Thermenmuseum in Rom beschrieben. So ist die Bemerkung, mit der Lernet seine Gedanken über Zypern abschließt, für den Roman von Bedeutung: „Wohin sind nun Assyrer und Perser, Apostel und Kreuzfahrer, die Lusignans und die Dogen! [...] Nur die Insel und das Meer sind geblieben, nur der Schaum des Meers ist noch immer der gleiche, der die Göttin geboren hat und immer noch gebiert, am Vorgebirge von Paphos und in den Herzen der Menschen."[53]

Als Tochter des Uranos und der Fluten ist die Meerentstiegene den Titanen verwandt. Wie diese ist Aphrodite die Natur selbst, das Ursprüngliche schlechthin, zu dem alles zyklisch zurückkehrt. Die Welten vergehen, und so ergeht es ihren Göttern, die auch dem Schicksal unterworfen sind. Die Natur dagegen ist das Immerwährende. In dem 1946 veröffentlichten „Pembroke-Brief", dem fingierten Brief eines ungenannten italienischen Geistlichen an den spanischen Autor Luis Vivez, heißt es:

> Die ersten der Unsterblichen waren die Titanen, und von ihnen erst sind die Götter gekommen. Die Titanen jedoch sind die ursprünglichen Kräfte geblieben, sie sind die Natur selbst, und aus sich selber sind sie entstanden. [...] Was geschaffen ist, muß wieder vergehen; was aber ist, ohne geschaffen worden zu sein, war immer, ist immer und wird auch immer sein. [...] Willst Du Dich [...] an Unvergängliches halten, so mußt Du Deine Zuflucht zu demjenigen nehmen, von welchem auch die Götter ihren Ursprung haben. Immer noch, meine ich, wandelt ja dieses Unvergängliche unter uns [...].[54]

Wenn sich der Kreis der Zeit schließt und alles zu diesem „Unvergänglichen" zurückkehrt, werden das Ende einer geschichtlichen Entität und der Anfang der folgenden eins. So verschwimmen in *Mars im Widder* die Umrisse beider Frauengestalten ineinander und verschmelzen zur Figur der Göttin Aphrodite. Zwischen griechischen und nordischen Mythen besteht im Werk Lernet-Holenias nahe Verwandtschaft, stehen sie doch im Dienst derselben symbolischen Bedeutung.

Lassen wir, am Ende unserer Wanderung durch dieses Werk, am besten den Dichter selbst ausdrücken, wie sich die Himmelsrichtungen seiner erzählerischen Welt zu einer Einheit verbinden. Als er Präsident des österreichischen PEN-Clubs wurde, gedachte Alexander Lernet-Holenia seines Vorgängers Franz Theodor Csokor, indem er in den Blättern des PEN einen Essay mit dem Titel „Idee Europa" veröffentlichte. Dort heißt es:

> [Europa] kreiste [...] einst um das Mittelmeer, im Sog der ägyptischen und mesopotamischen Kulturzentren über Kreta nach Hellas, dann von Hellas nach Rom und von Rom teils nach dem byzantinischen Osten bis zum Sieg des Islam über ihn, teils in das Reich von Aachen, das der Verduner Vertrag zerschlug. Im Mittelalter trug es das lateinisch-germanische Amalgam des Römischen Reiches Deutscher Nation, wie es bei seinem Ende 1806 hieß [...]. Und nicht durch die Schlachtfelder seiner oft höchst anfechtbaren Kriege zeichnete sich dieser kleine Annex der eurasischen Landmasse als eigener Erdteil ab, sondern durch die Schlachtfelder seines Geistes [...]. Einmal, in ihrer besten Zeit, die politisch ihre geschwächteste war, [...] sahen [die Deutschen] als erste, daß Europas dringlichste Aufgabe nicht in einer Weltherrschaft gipfle, sondern in einer Weltanschauung [...]. Am klarsten findet man das bei Herder in den folgenden Sätzen: „Die Humanität ist der Charakter unseres Geschlechtes; aber er ist uns nur in Anlagen angeboren und muß uns eigentlich angebildet werden. Wir bringen ihn nicht fertig auf die Welt mit; auf dieser Welt aber soll er das Ziel unseres Strebens sein." Und einem so gearteten Ziel, das unser Kontinent sich in seinen erlauchtesten Erscheinungen immer wieder gesetzt hat, möge das künftige Europa, das jetzt zu einer auf der Freiheit und Würde des Menschen fußenden Idee formuliert werden soll, vor allem dienen. Es ist das ein Ziel, um das es auch zu kämpfen lohnt.[55]

Es ist, als führe Lernet-Holenia durch diesen Essay ein Gespräch mit Hugo von Hofmannsthal. Wenn aber für diesen Europa „die Grundfarbe des Planeten"[56] ist, so schillert es bei Lernet-Holenia in allen

Farben, vom weißen Flimmern der Luft über der östlichen Steppe zur wolkenlosen Bläue des mittelmeerischen Himmels bis hin zum Dunkelgrün des nördlichen Waldes. Dies eben verleiht seinem Werk das Gepräge und macht es zum Bestandteil des dichterischen Gemeinguts Europas.

Anmerkungen

[1] Friedrich Torberg: „Ein schwieriger Herr". In: *Alexander Lernet-Holenia. Festschrift zum 70. Geburtstag des Dichters.* Wien, Hamburg: Zsolnay, 1967, S. 15 – 18, hier: S. 16.

[2] Janko Musulin: [o.T.]. In: *Welt des Buches.* ORF-Sendung vom 21. Januar 1976 (Presse-Archiv des Zsolnay Verlags).

[3] Handschriftensammlung des Deutschen Literaturarchivs in Marbach am Neckar (DLA): Reimann-Nachlaß.

[4] Brief an Gottfried Benn vom 7. Juli 1949, DLA Zug.-Nr. 86.9468/2 – 5.

[5] Hier „entdeckt sich ein weiterer Wesenszug der österreichischen Literatur: ihre geschärften Sinne für die Ambivalenz des Worts und ihr Hang, sich aus jener lust- und schmerzvollen Ahnung ins Wort-Spiel zu erlösen – dem ja hierzulande immer ein glückliches Gedeihen beschieden war, von Abraham a Sancta Clara über Nestroy bis zu Karl Kraus und Alfred Polgar [...]". Friedrich Torberg: „Gibt es eine österreichische Literatur?" In: ders.: *Gesammelte Werke in Einzelausgaben, Band XI: Apropos.* München: Langen Müller, 1981, S. 71 – 90, hier: S. 80.

[6] Hugo von Hofmannsthal: „Prinz Eugen der edle Ritter". In: ders.: *Gesammelte Werke, Band VII: Erzählungen, Erfundene Gespräche und Briefe.* Frankfurt a. M.: Fischer Taschenbuch Verlag, 1979, S. 320 – 341, hier: S. 320.

[7] Vgl. z.B. Hugo von Hofmannsthal: „Die österreichische Idee", „Die Idee Europa" oder „Wir Österreicher und Deutschland". In: ders.: *Gesammelte Werke, Band IX: Reden und Aufsätze II 1914 – 1924.* Frankfurt a. M.: Fischer Taschenbuch Verlag, 1979, S. 454 – 458, S. 43 – 54 u. S. 390 – 396.

[8] Alexander Lernet-Holenia: *Der Mann im Hut.* Wien, Hamburg: Zsolnay, 1975, S. 60.

[9] Alexander Lernet-Holenia: „Die Kurgane". In: ders.: *Götter und Menschen.* Wien, Hamburg: Zsolnay, 1964, S. 126 – 128, hier S. 126 – 127.

[10] Alexander Lernet-Holenia: *Beide Sizilien.* Wien, Hamburg: Zsolnay, 1973, S. 177f.

[11] Alexander Lernet-Holenia, „Die Kurgane", a.a.O., S. 128.

[12] Stephan Berg: *Schlimme Zeiten, böse Räume. Zeit- und Raumstrukturen in der phantastischen Literatur des 20. Jahrhunderts.* Stuttgart: J.B. Metzler, 1991, S. 194f.

[13] Alexander Lernet-Holenia: *Der Baron Bagge.* Frankfurt a. M.: S. Fischer, 1978, S. 99.

[14] Alexander Lernet-Holenia: *Mars im Widder.* Wien, Hamburg: Zsolnay, 1976, S. 218f.

15 Lernet-Holenia, *Beide Sizilien*, a.a.O., S. 207.
16 Roman Roček: „Die Gesichter und Gesichte des Alexander Lernet-Holenia". In: *Die Presse*, 16./17.12.1978, S. 17.
17 Reinhard Lüth: *Drommetenrot und Azurblau. Studien zur Affinität von Erzähltechnik und Phantastik in Romanen von Leo Perutz und Alexander Lernet-Holenia*. Meitingen: Corian, 1988, S. 249.
18 Lernet-Holenia, *Mars im Widder*, a.a.O., S. 209.
19 Ebd., S. 218f.
20 Lernet-Holenia, *Der Mann im Hut*, a.a.O., S. 59f.
21 Lernet-Holenia, „Die Kurgane", a.a.O., S. 126 [Hervorhebung H.B.].
22 Vgl. Alexander Lernet-Holenia: „Ein Brief an den Herausgeber". In: Helmut A. Fiechtner (Hrsg.): *Hugo von Hofmannsthal. Die Gestalt des Dichters im Spiegel der Freunde*. Wien: Humboldt, 1949, S. 356f., u. Ingeborg Brunkhorst: *Studien zu Alexander Lernet-Holenias Roman Die Standarte*. Diss. Stockholm, 1963, S. 32.
23 Hofmannsthal, „Die Idee Europa", a.a.O., S. 51.
24 Vgl. Hofmannsthal, „Die österreichische Idee", a.a.O.
25 Vgl. Lambert Binder: „Der Hohlweg gegen Mitternacht. Beiträge zur Geographie des Totenreichs in den Werken des Dichters Alexander Lernet-Holenia". In: *Mensch und Schicksal* 9 (16), Nov. 1955, S. 3 – 7; vgl. a. Armin Ayren: „Der Helweg. Zu einem zentralen Motiv im erzählerischen Werk Alexander Lernet-Holenias". In: Lernet-Holenia, *Der Mann im Hut*, a.a.O., S. 170 – 177.
26 Lernet-Holenia, *Beide Sizilien*, a.a.O., S. 125.
27 Lernet-Holenia, *Der Mann im Hut*, a.a.O., S. 152.
28 Ebd., S. 154.
29 Alexander Lernet-Holenia: *Der Graf Luna*. Wien, Hamburg: Zsolnay, 1981, S. 157.
30 Ebd., S. 156.
31 Vgl. Roman Roček (Hrsg.): *Alexander Lernet-Holenia: Das lyrische Gesamtwerk*. Wien, Darmstadt: Zsolnay, S. 671f.
32 Alexander Lernet-Holenia: „Die Schlacht am Don". In: ders.: *Der siebenundzwanzigste November*. Wien: Amandus-Edition, 1946, S. 5 – 20, hier: S. 5.
33 Vgl. Georges Dumézil: *Les dieux des Germains. Essai sur la formation de la religion scandinave*. Paris: PUF, 1959, S. 9; vgl. a. Rudolf Simek: *Lexikon der germanischen Mythologie*. Stuttgart: Kröner, 1984, S. 302f.
34 Vgl. Dumézil, *Les dieux des Germains*, a.a.O., S. 15f.
35 Lernet-Holenia, „Die Schlacht am Don", a.a.O., S. 13.
36 *Grímnismál*, Strophen 31 bis 34.
37 *Völuspa*, Strophe 19.
38 Lernet-Holenia, „Die Schlacht am Don", a.a.O., S. 14.
39 Ebd.
40 Ebd., S. 13.
41 Ebd., S. 14f.
42 Ebd., S. 20.

⁴³ Alexander Lernet-Holenia: „Brief an Viktor Matejka". In: *Österreichisches Tagebuch* 2 (28), 26. Juli 1947, S. 7.
⁴⁴ Lernet-Holenia, *Mars im Widder*. a.a.O., S. 26.
⁴⁵ Ebd., S. 65.
⁴⁶ Ebd., S. 126.
⁴⁷ Vgl. Franziska Müller-Widmer: *Alexander Lernet-Holenia. Grundzüge seines Prosawerks, dargestellt am Roman* Mars im Widder. Bonn: Bouvier, 1980, S. 83; vgl. a. Lüth, *Drommetenrot*, a.a.O., S. 250.
⁴⁸ Lernet-Holenia, *Mars im Widder*. a.a.O., S. 239.
⁴⁹ Ebd., S. 243f.
⁵⁰ Ebd., S. 32.
⁵¹ Alexander Lernet-Holenia: „Notizen aus Griechenland". In: *Neue Schweizer Rundschau (Zürich)* N.F. 22 (3), Juli 1954, S. 155 – 163.
⁵² Zitiert nach: Alexander Lernet-Holenia: „Notizen aus Griechenland". In: *Das Bad an der belgischen Küste.* Wien, Hamburg: Zsolnay, 1963, S. 287 – 298, hier: S. 291.
⁵³ Ebd., S. 293f.
⁵⁴ Alexander Lernet-Holenia: „Der Pembroke-Brief". In: ders.: *Der siebenundzwanzigste November.* Wien: Amandus-Edition, 1946, S. S. 21 – 32, hier: S. 24f.
⁵⁵ Alexander Lernet-Holenia: „Idee Europa" [geschrieben 1956]. In: *Pen* 1969 (1), S. 3 – 6, hier: S. 3 – 6.
⁵⁶ Hofmannsthal, „Die Idee Europa", a.a.O., S. 54.

In Kronos' austriakischem Gehöft.
Etüde über Alexander Lernet-Holenias lyrisches Schaffen

Rüdiger Görner (Birmingham/London)

I

Unter Künstlern, Dichtern vor allem, galt einst die aufmunternd gemeinte Frage, die Horaz in einer seiner *Epistulae* gestellt hatte, als beliebte Grußformel: „Ipse quid audes?" – welches Wagnis unternimmst du gegenwärtig?[1]

Vielleicht jenes, ein Gedicht zu verfassen. Noch Oskar Loerke sprach Ende der zwanziger Jahre vom „Wagnis des Gedichts" in poesieferner Zeit.[2] Und Wagnis ist es geblieben, das lyrische Sprechen, zumal nach Auschwitz, von den einen als unmöglich bis unverfroren verworfen, von anderen als dringlicher notwendig denn je entschuldigt, sofern man unter ‚notwendig' die Sensibilisierung des Sprachbewußtseins versteht.

Im Gedicht gibt es für das Wort kein Entrinnen; unerbittlich ist ihm sein Platz im Vers zugewiesen. Hier steht es, an einer Versklippe, allenfalls noch zum Enjambement fähig, aber entblößt, exponiert am Rande der Einsamkeit. Der Rhythmus, ein dann und wann noch verschämt versuchter Reim können diese Einsamkeit des Wortes mildern, aber nicht aufheben. Seit Celan sprechen wir daher besser vom Wagnis des lyrischen Wortes, das sich im Gedicht, vielfach verwundet, aufs Spiel setzt und in die Waagschale wirft, ohne daß immer genau deutlich wäre, was eigentlich gewogen werden solle: der Sinn, die Form, der Einfall oder ihr poetisches Mischungsverhältnis.

Was nun hat er, Alexander Lernet-Holenia, der Don Quichote unter den Prosaschriftstellern und verspätete Troubadour unter den deutschsprachigen Lyrikern dieses Jahrhunderts, was hat er gewagt in der Poesie? Beträchtliches, weil ganz und gar Unzeitgemäßes. Lust- und leidvoll antikisierte, archaisierte er im Gedicht und war entsprechend in Versmaßen zu Hause, die andere nur noch für Lehrbuchgut hielten. Wer die Lyrik Lernet-Holenias auch nur ansatzweise beurteilen will, darf der Frage nicht ausweichen, wie das Epigonale in ihr zu bewerten sei. Denn epigonal ist sie auf eine geradezu emphatisch-programmatische Weise gewesen. Die hier zu verfolgende These lautet daher: Lernet-Holenias Lyrik überrascht durch ihren Mut zum Epigonalen, ja, dieses Epigonale war geradezu originell, gerade weil es sich so unverblümt, kompromißlos, nachgerade radikal gab.

Epigonal sein – heißt hier: ausdrücklich dichten wollen wie – Horaz, Pindar, Hölderlin und Rilke, meint, ihren Schatten zu bejahen, zwischen Imitation und Anverwandlung zu lavieren, mit Hofmannsthals Worten aus dem Gedicht „Epigonen" gesagt: „[...] kläglich zwischen den Verfechtern / Von neuen Farben, neuen eignen Tönen, / Von neuem Zweifeln, Suchen, Lachen, Stöhnen, / Und zwischen des Ererbten starren Wächtern" schwanken.[3] Nur hätte Lernet-Holenia wohl dem Wort ‚kläglich' widersprochen und es durch ‚unerschrocken' ersetzt.

Im Genie-Kult des späten 18. Jahrhunderts wollte der stürmende und drängende Künstler noch mit den großen Vorbildern wetteifern in der Hoffnung, sie eines Tages zu überflügeln. Anders der melancholische Künstler des 19. Jahrhunderts. Er fragte sich, wie es überhaupt noch möglich sei, im Schatten der Klassiker Kunst zu schaffen. Die Moderne dieses Jahrhunderts behalf sich dann dadurch, daß sie Traditionen aufbrach, um mit ihren Bestandteilen, ironisch gebrochen, im Sinne der Verfremdung zu arbeiten. Wer dieses Verfahren ablehnte, bekannte sich implizite zum Epigonalen und ließ sich getrost als kulturkonservativ etikettieren. Der Lyriker Lernet-Holenia beließ es jedoch nicht bei einem Dichten im Schatten Rilkes und Hölderlins. Dreh- und Angelpunkt seines Dichtens und dessen poetologischer Grundierung ist Horaz gewesen.

Und was er bei Horaz entdeckte, war eine verblüffende Modernität. Man vergewissere sich zunächst einiger Prinzipien der Horazischen *Ars Poetica.* Sie geht aus von einem Befund, der sich über die Kunst einer jeden Spätzeit machen läßt:

> Wollte zum Kopf eines Menschen ein Maler den Hals eines Pferdes fügen und Gliedmaßen, von überallher zusammengelesen, mit buntem Gefieder bekleiden, so daß als Fisch von häßlicher Schwärze endet das oben so reizende Weib, könntet ihr da wohl, sobald man euch zur Besichtigung zuließ, euch das Lachen verbeißen, Freunde?[4]

Postmoderne Kunstfreuden nach römischer Art. Die simple Erklärung für diese regelwidrige Geschmacksverirrung: „Pictoribus atque poetis / quidlibet audendi semper fuit aequa potestas", „Maler und Dichter haben seit je die gleiche Freiheit zu wagen, was sie nur wollen."[5] Angesichts solcher Verwirrung wartet Horaz nicht mit einem komplexen Regelwerk auf, um richtiges Dichten zu begründen, vielmehr vergleicht er die Wörter mit Blättern, die sprießen und welken, rascheln und abfallen. Was folgt, ist fürwahr eine weitsichtige Erkenntnis in das Wesen des Sprachlichen: „So werden viele längst schon untergegangene Wörter von neuem geboren, es werden vergehn, die heute geschätzt sind, falls es der Sprachgebrauch will."[6] Nach Horaz ist dieser Sprachgebrauch, „ius et norma loquendi", Richtschnur des Sprechens, aber nicht unbedingt des Dichtens.[7] Das Dichten kann dem alltäglichen Sprachgebrauch zuwiderlaufen, sofern es dem „prodesse" und „delectare", dem Nützen und Erfreuen, genügt. Horaz betont daneben jedoch noch eine andere Quelle des Dichtens, die man meist übersieht, wenn von seiner *Ars Poetica* die Rede ist: das ‚sapere recte', die richtige Einsicht.

Welche Bewandtnis hat es mit dieser ‚richtigen Einsicht'? Horaz meint damit das, was wir für ‚vorbildlich' halten. Dem Vorbildlichen gelte es, wieder und wieder „vivas voces" abzugewinnen, lebendige Stimmen, sprechende Worte. Auf diese Kunst verstehe sich, so Horaz, der Dichter als „imitator doctus", als gelehrter Nachahmer.[8]

Neben dem Wagnis steht demnach die genaue Wortarbeit, das konzentrierte Sicheinlassen auf das, was uns vorausgegangen ist. Dieser von Horaz erstmals erörterten Problematik hat Lernet-Holenia sogar eine Künstlernovelle gewidmet, die Horaz in einer Schaffenskrise gegen Ende seines Lebens zeigt. Lernet-Holenia hat seine Horaz-Novelle, die zugleich seine wichtigsten dichtungsästhetischen Äußerungen enthält, in seiner Prosasammlung *Die Wege der Welt* im Jahre 1952 veröffentlicht, in das übrigens auch sein Briefwechsel mit Gottfried Benn über *Monologische Kunst* fiel.[9] So wichtig war ihm diese Novelle, daß er sie an den Anfang seiner Prosasammlung stellte. Der Titel seiner Erzählung, „Die vierte Ekloge", bezieht sich auf ein Lied Vergils, dessen Schlüsselstelle, die poetische Weissagung der Gottesgeburt im Goldenen Zeitalter, aber damit auch des Endes der „Zeit der Cumäischen Gesänge" der Sibylle, Mittelpunkt dieser Horaz-Geschichte ist. Ausgangspunkt der essayistischen Erzählung ist die Feststellung, daß das Vierte Buch der *Oden* des Horaz in seiner „Verschiedenartigstes" berücksichtigenden Zusammenstellung ein Zeugnis künstlerischer Krise gewesen sei. Auf den eigentlichen Handlungsverlauf dieser Prosa kommt es weniger an; er ist rasch nacherzählt: Horaz fühlt sich vereinsamt, ja, von seinen Mitmenschen verachtet nach dem Tod seines Freundes und Gönners, Gaius Cilnius Maecenas. Dessen Erben verstoßen ihn; Horaz nimmt daraufhin Quartier „bei einem ganz fremden Menschen, nämlich einem Griechen von ziemlichem Vermögen".[10] Dort unterhält man sich über Vergils „Vierte Ekloge", ‚man' – der Grieche, sein Vater und Horaz selbst, übrigens in Gegenwart einer verboten schönen Skythin, deren geistige Abwesenheit, aber sehr gegenwärtige betörende Reize den Dichter irritieren. Aus dem Gespräch der drei entwickelt sich ein Selbstgespräch des Horaz, ein innerer Monolog, genau das also, was Lernet-Holenia in seinem Brief an Gottfried Benn als Grundübel der Moderne kritisierte.

Bemerkenswerter sind jedoch die Thesen, die der Erzähler der Novelle vertritt, beziehungsweise Horaz in den Mund legt. Die erste: Dichtung sei eine Folge der Berührung mit Transzendentem, Lernet-Holenia nennt es „die Himmlischen". Dieser Aspekt braucht nicht näher ausgeführt zu werden; er entspricht im wesentlichen dem, was seit der Diskussion über George Steiners Behauptung der „realen Gegenwärtigkeit" des Göttlichen im Kunstwerk beinahe wieder in aller Munde ist.[11]

Die zweite Hauptthese lautet: In einer Spätzeit lasse sich nicht mehr zwischen Erinnerung und Ahnung unterscheiden: „[...] man wußte nicht, ob man das Erinnerte ahne oder das Geahnte erinnere [...]. Das Vergangene und das Zukünftige trieben, unsichtbaren Spinnweben gleich, nebeneinander her."[12]

Die dritte und letzte These: Dichter wissen über den Sinn ihrer Worte wenig bis nichts auszusagen: „Immer war's, als ob sie nur die Worte eines anderen nachgesagt hätten."[13]

Mithin wäre Poesie nichts anderes als Sprachzauber. Nietzsche nannte die Oden des Horaz Quellen „artistischen Vergnügens, [...] ein Mosaik von Worten, wo jedes Wort als Klang, als Ort, als Begriff, nach rechts und links und über das Ganze hinaus seine Kraft ausströmt".[14]

Wo blieben dabei ‚sapere recte' und das „prodesse"? War somit das letzte Wort doch Horazens Diktum „ut pictura poesis" und demnach das Dichten nichts anderes als ein Malen mit Worten?[15] Zunächst scheint das Dichten eine Möglichkeit zu sein, mit der Zeit in ein bestimmtes, sich jedoch beständig wandelndes Verhältnis zu treten. In einem frühen Gedicht des rilkesierenden Alexander Maria Lernet, wie er sich damals, um 1921, dem Erscheinungsjahr der lyrischen Sammlung *Pastorale,* nannte, stehen folgende Verse über den „Schreibenden", so der Titel des Sonetts: „Denn zwischen seinen Kerzen, die noch brannten / seit einer abgestandnen Zeit, / die nicht mehr gilt / [...] schrieb er sich selbst."[16] Ein weiteres Gedicht dieses Bandes spricht von einer zerbrechenden Zeit, die aus sich herausfalle, von einer „quälenden Uhr", die noch immer widerspreche, und zwar der inneren Zeit, dem Empfinden, den Träumen.[17]

Dreißig Jahre nach diesen Versen, im Brief an Gottfried Benn, spielt dieser Gedanke für Lernet-Holenia noch immer eine zentrale Rolle. Benn spricht er als einen Dichter an, der seiner Zeit voraus sei, während er selber weiterhin hinter ihr herhinke.

Lernet-Holenia war Anachronist aus Überzeugung; dem Zeitgeist wollte er Paroli bieten und beschwor doch gleichzeitig, am betontesten im besagten Brief an Benn, das uns allen ‚Gemeinsame'.[18] Im Gedicht suchte er das Gehöft des Gottes der Zeit, Kronos, auf und fand es leer: „[...] der Atem des Hofs, der nicht mehr ist, [wird] wie ein Rauchduft / schweben bleiben und der Milchgeruch schwimmen im Wind...". (DlG 432) Was in dieser Leere entsteht, kann wenig mehr als ein Phantom sein. Was aber dieses Gehöft sei, unterliegt keinem Zweifel: Das ausgebrannte Haus Österreich, das Erbe als Ruine. Das Gedicht findet sich in Lernet-Holenias 1946 erschienenem Gedichtband *Die Trophae,* die noch eine zweite Anrufung des Kronos enthält, ein Gedicht voller Fragen: „War denn nicht immer / wieder zu Ende, was kaum erst begann?" (DlG 442)

Fassungslose Fragen angesichts der Verwüstung ringsum. Der Gott der Zeit sinkt wie die „Fahnen von einst und jetzt" (DlG 442) in die Asche des Gestern und des Heute. Seltsam genug: Lernet-Holenias Trümmerlyrik förderte Sprachbilder von eindringlicher Tiefenschärfe zutage, vorgetragen jedoch im hymnischen Ton Pindars und Hölderlins. Hochgestimmter Nihilismus spricht aus diesen Gedichten, wohlklingende Verzweiflung und Getragenheit, wenn von Abgründen die Rede ist – es hat den Anschein, als wollte sich das Melos dieser Poesie gegen die schreckliche Wahrheit aufbäumen. Im Klang, durch rhythmische Fügungen und syntaktisch bewirkte Emphasen, so scheint es, durch Kontrastierung mit der Erinnerung an das Erbe klassischer Schönheit, sollte das Erschauern vor der deutsch-österreichischen Katastrophe noch verstärkt werden. Die großen poetischen Zyklen *Germanien*, „*Die Trophae*" und die vorsokratisch-elementar anmutende Sammlung *Das Feuer* lösten wagemutig epigonisch Rilkes Diktum vom Schönen als des Schrecklichen Anfang ein.

Bei aller Liebe zum Melos, Lernet-Holenia wußte, wie es in seinem „Linos"-Gedicht heißt, daß im Grunde „nichts getan" sei. Nichts außer Leiden: „Unermeßliches Leid / tragen die Dichter. Denn / gewaltiger fühlen sie / als sonst die Menschen, / wenngleich das gleiche."[19] Das Auserkorensein zum Leiden in Vers und Metapher, des Dichters Los, Domäne und peinigende Lust, wirkt bei Lernet-Holenia noch gesteigert durch seine bewußt epigonale Disposition. Seine lyrischen Themen sind die Horazens, Pindars, Hölderlins und Rilkes – bis hin zu den Überschriften: „Olympische Hymne", „Der Kirchhof", „Germanien".

In seiner als Einleitung zu einer Totenfeier für Rilke konzipierten „Szene" von 1927 kam ein Grundgedanke Lernet-Holenias zur Sprache, der für sein weiteres lyrisches Werk bestimmend blieb. Einen Herold läßt er sagen: „Der Tod hatte bei meinem Herrn das Übergewicht über das Leben [...]. Alles war längst schon durch den Tod gegangen, auf was er sich berief." (DlG 355) Er, das war Rilke, das Durch-den-Tod-Gehen existentieller Sinn eines Dichtens nach ihm. Als Lernet-Holenia in seiner letzten Gedichtsammlung, *Das Feuer* von 1949, noch einmal zu einer lyrischen Würdigung Rilkes ansetzt, steht ihm für diesen Gedanken eine weltliterarische Beglaubigung zur Verfügung. Als Motto seines „Kirchhof"-Gedichts zitiert er eine Stelle aus d'Annunzios „Martyre de Saint-Sebastien": „[...] et toute la vie était comme toute la mort". (DlG 500)

II

Woher nahm er ihn noch, den hohen Ton der Hymne? Warum suchte er die Sprache der hohen Minne? Was wollte er mit ihr, der Empfindungswelt des *Kanzonnairs*? „Abends aber sah er oft im schönen / Tau silberner Wiesen die Verwesten".[20] – „Ihm schien, er hätte zu viel Wind im Haar".[21] Verse wie diese beeindruckten Rilke, der den Formsinn dieses jungen Dichters pries.[22] Dichtet so ein Eskapist, ein den Anspruch der Zeit Fliehender, einer, der die Heiligen und mythischen Figuren zu Zeitgenossen machen will? Man könnte es glauben, gäbe es nicht dieses eine große Gedicht, Lernet-Holenias Elegie „Germanien" aus dem Jahre 1946. Da endlich kommt es zur vollen Entfaltung, das horazische ‚sapere recte', die richtungweisende Einsicht; da gelingt, was Horaz forderte, nämlich eine Verssprache aus „Altbekanntem" neu zu schaffen.[23]

Was aber ist dieses „ex noto", das ‚Altbekannte'? Im Falle „Germanien" war es die Hymne Hölderlins und ihre Feststellung: „Nichts leugnen will ich hier und nichts erbitten",[24] ein Vers, den Lernet-Holenia als Motto über seine Elegie hätte setzen können, aber auch Horazens grause Ahnung, ausgesprochen in just jenem vierten Buch der Oden, mit dem Lernet-Holenia so innig vertraut gewesen war, das davon weiß, daß dieses Germanien Schreckliches hervorbringen könne („Germania quos horrida parturit"[25]).

Nein, in Lernet-Holenias „Germanien"-Elegie des Jahres 1946 gibt es sie nicht, diese austriakisch dahinwalzernde Scheinseligkeit, die sich aus der schuldhaften Verhängnisgemeinschaft mit dem Deutschen herausreden wollte: „Schiebt nicht die Schuld auf andre", fordert Lernet-Holenia statt dessen, diese „Schuld / und alles andre Schuldsein [...] Wenn man die Schuld euch allen auflädt, tragt / sie denn auch allesamt." (DlG 373, V. 141p.)

Diese Verse bilden genau die Mitte der zweiundzwanzigstrophigen Elegie; ihre zentrale Aussage präzisiert Lernet-Holenia in dieser Mittelstrophe noch weiter: „Denn was ist Schuld! / Weil keiner sich von allen gegen die / gemeinsame, die ungeheure, / erhob, war jeder schuldig." (DlG 373, V. 148 – 150)

Es lohnt, näher auf den Aufbau dieser Elegie einzugehen. Die erste Strophe führt ein in das „verstummte Land / der Toten" (V. 9/10); die zweite fordert, daß es keine mildernden Umstände für dieses Land geben dürfe: „es liege jede Leiche unverscharrt, / es wandle sich kein Gott in Brot und Wein!" (V. 25/26). Auf eine Antigone, die ihren Bruder begräbt, braucht keiner zu hoffen, und die neutestamentlich-hölderlinische Metapher von ‚Brot und Wein' sagt nichts mehr aus. In den Strophen drei bis zehn entwirft Lernet-Holenia ein geschichtsphilosophisches Panorama des Schreckens, dessen Menetekel sich erfüllt haben. Germanien habe die Welt „vertan" (V. 50), das Kreuz sei „verkrümmt" (V. 56), kein Gesang werde dieses Land, anders als Troja und Babylon, erinnern. Nach der elften Schuld-Strophe variiert Lernet-Holenia dieses Motiv, wobei er eines der maßgeblichen Worte Rilkes, das „Rühmen" verwirft, ja, widerruft: „Rühmt nicht, rühmt nicht! Elend ist, / wer eine Tugend macht aus solcher Not" (V. 196/197). Die Moral daraus formuliert die fünfzehnte Strophe: „Lernt euch ergeben" (V. 205).

Im folgenden Abschnitt stehen Verse, die stark an T.S. Eliots 1944 veröffentlichte *Four Quartets* erinnern. Zunächst Lernet-Holenia: „Zwar / kommt alles, was noch ist, von dem, was war, / und alles Kommende von dem, was ist, / und alles kehrt einst wieder, aber nicht / als gleiches [...]." (V. 216 – 219). Eliot am Anfang des ersten Teils seiner Quartette: „Time present and time past / Are both perhaps present in time future / And time future contained in time past."[26] Aus diesem bei Eliot rein zeitlichen Verknüpfungszusammenhang ergibt sich für den Dichter der *Four Quartets* aus Gründen der (poetischen) Logik eine prinzipielle Unerlösbarkeit der Zeit („If all time is eternally present / All time is unredeemable"[27]). Anders in Lernet-Holenias Elegie. Sie geht vom Verhängnis des Handelns aus, von einem Wissen um das Ende und von Menschen, die nichts mehr trägt: „Es gibt Taten, die so ungeheuer sind, / daß keine Sühne hilft" (V. 258 – 260). Wenn Hölderlin in seiner „Germanien"-Hymne noch feststellte: „Und keiner weiß, wie ihm geschieht" (V. 27), dann hält Lernet-Holenia dem entgegen, daß die Bewohner Germaniens genau gewußt haben, was sie taten, und daher auch hätten wissen müssen, was die Folgen dieses Tuns sein würden. Hölderlin sieht noch ein Land „voll Erwartung" (V. 6), in dem „Vergangengöttliches" wieder tönen könne (V. 100). Lernet-Holenias Land ist „verstummt" (V. 9); „entstellt, verfälscht" sind die Erinnerungen, die sich mit ihm verbinden (V. 101); sein Germanien ist ein Land, das „Abgetane" bewohnen (V. 314).

Rilkes Wort über Lernet-Holenias frühe Lyrik[28] hat in etwas abgewandelter Form auch für die „Germanien"-Dichtung ihr Gültiges: Die sprachlich-formalen Mittel, die der Dichter gebraucht hat, mögen ihre „antiquarische Seite" haben; doch vergißt man in diesem Falle den epigonalen Aspekt angesichts der zwingenden gedanklichen und sprachlichen Folgerichtigkeit dieses großen Gedichtes, dem etwas Seltenes gelang: Das ethisch Appellative mit ästhetischer Wirkung zu vereinigen.

III

Schmal ist der Grat zwischen schöpferischer Anverwandlung und produktiver Imitation, zwischen dem Nacheifern von Vorbildern und epigonaler Disposition. Offen bleibt ohnehin, ob die Bestimmung dieses Grates überhaupt sinnvoll sei. Daß gerade in der Kunst nichts voraussetzungslos entsteht, ist eine Einsicht, die in den ersten Jahren nach 1945 neue Bedeutung gewann. Ernst Robert Curtius beschwor in seinem säkularen, im Jahre 1948 erschienenen Werk *Europäische Literatur und lateinisches Mittelalter* die Einheit der kulturellen Tradition; um sie nachzuweisen, bediente er sich der folgenden Methode: „Wir haben im Fluge weite Zeiträume durchmessen. Freier Wechsel zwischen historischen Zeiten und Räumen" war für seine Untersuchung unabdingbar gewesen.[29] Diese Sätze charakterisieren durchaus auch das lyrische Verfahren Lernet-Holenias. Was Curtius mit seiner legendär gewordenen Studie auch sagen wollte: Wenn der Dichter mit sich selbst ehrlich ist, muß er zugeben, daß er nicht aus dem Nichts schaffen kann, gerade auch nicht, wenn die Stunde des Zeitgeistes „null" schlug, wie angeblich 1945/46.

Um diese Problematik weiter zu charakterisieren, wäre auch auf Karl Immermanns 1836 veröffentlichten Roman *Die Epigonen* zurückzugreifen, in dem sich die Einsicht findet: „Wir sind weit mehr Depots des geistigen Fluidums, welches durch das Universum streicht, als daß wir es selbsttätig erzeugten."[30] Thomas Mann sollte ein Jahrhundert später vom „höheren Abschreiben" sprechen.[31]

Sogar in seiner letzten Gedichtsammlung, *Das Feuer* (1949), wählte Lernet-Holenia für seine wichtigsten Gedichte eine antike Form: die pindarische Hymne. Bemerkenswert ist, daß Lernet-Holenia zwei solche Hymnen in der Mitte des Bandes nebeneinanderstellte, eine mit dem Entstehungsjahr 1932, die andere mit dem Jahresvermerk 1948 versehen, womit er andeutete, daß die Form weiterbestehe, auch nach zwölfjähriger Barbarei. Am Inhalt der Hymnen ist diese aber nicht spurlos vorübergegangen. Während die „Erste Olympische Hymne" eher konventionell die Rückkehr der Götter verheißt und das Wogen ganzer „Rosenmeere" den Zeitumständen bewußt blind gegenübersteht, schlägt die „Zweite Olympische Hymne" einen anderen Ton an. Von der Sinnlosigkeit des Siegens ist darin, sehr rilkehaft, die Rede. „Seht eure Welt, / wie ihr sie selber gemacht, / wie ihr sie dazu gemacht habt!" (DlG 524) Dieses bittere ‚Ecce mundus' wird am Schluß der Hymne noch verstärkt: „Aber das Währende auch, / immerfort endet es [...]." (DlG 525) Trotz allem schließt der Band mit einer Bejahung des vom Menschen Geschaffenen; Lernet-Holenia nennt es in seiner Christus-Hymne das „Größeste". (DlG 540) Wunderlich ist das schon, auch wenn er am Ende seiner Goethe-Hymne in ein „Heil dem Tage der Welt" (DlG 535) ausbricht. Die problematische Allianz von Kitsch und Kunst in unserem Jahrhundert hat auch Lernet-Holenias Gedichte gezeichnet. Die Nähe zum Kitsch ist das Risiko des Künstlers, der sich umstandslos zum Epigonalen, zur Wortmalerei und allzu volltönender Emphase bekennt. Andererseits wußte Lernet-Holenia, daß „alles Geschaffene [...] / unfertige Ränder / von Schmerzen" (DlG 532) habe.

Man versteht vor diesem Hintergrund, weshalb Lernet-Holenia der Tenor dessen mißfiel, was Gottfried Benn zum Thema „Probleme der Lyrik" vorgetragen hatte. Lyrik nannte Benn eine „anachoretische Kunst",[32] eine klausnerische, einsiedlerische Leidenschaft für Ausdruck und Stil, monologisch im Charakter, einsam aus Notwendigkeit. Dagegen Lernet-Holenia zu Benn: „Führen Sie nicht Monologe, die man ja doch abhört, entschließen Sie sich zur Ansprache." Mehr noch: „[...] wenn das Ich alles ist, so ist auch das Du alles, und wahrscheinlich sind beide dasselbe. Es kommt nur darauf an, daß man sich selber, wie die Urgötter, zu spalten versteht, in das Ich und in Gott, in das Ich und die Nation, in das Ich und die Geliebte."[33]

Erinnerten diese Spaltungen nicht an Benns Konzeption eines „Doppellebens"? Freilich, solche Spaltprodukte, wie sie Lernet-Holenia sah, lehnte Benn ab, zumindest zwei von ihnen: Gott und Nation. Die ‚Geliebte', das ‚Du' als abgespaltenes Ich, das mochte nach Benn noch angehen; nicht aber die Transzendierung ins Religiöse, nicht mehr die Politisierung im Nationalen.

Kurios genug: Was Lernet-Holenia in seinem Brief Benn entgegenhält, den Wert des Sichspaltens, kritisiert er gleichzeitig, als er das Ergebnis solchen Sichaufspaltens in Benn selbst anläßlich ihrer Begegnung in Brügge gewahrte und sich an dessen Auftreten erinnerte. Lernet-Holenia spricht von „dämonischen Spuren von Zweideutigkeit", die Benn wie allen Dichtern anhafteten.[34] Eine ‚Zweideutigkeit', die doch zwangsläufig ist, wenn man Spaltung und Doppelleben bejaht.

Nein, im Grunde stieß sich Lernet-Holenia an etwas anderem im Werk Benns, zumal an seiner Sicht der Problematik des Lyrischen: An Benns Immoralismus, der nichts von Schuld und Sühne wußte, den nichts zu plagen schien außer Stilprobleme, der kompilierte und parodierte und als Zyniker nichts ernst nahm, aber die künstlerisch gelungeneren Gedichte schrieb. Da Benn das Gemeinsame, Gemeinschaftliche im Namen des einsamen lyrischen Ichs verwarf, konnte er, so implizierte Lernet-Holenia, gar kein Interesse an einem gemeinsamen Tragen des „Schicksals" haben, das der Dichter der „Germanien"-Elegie forderte. (Übrigens sprach Lernet-Holenia selbst 1952 Benn gegenüber noch von der Erfordernis, in der „Haltung einer großen Nation" dieses Schicksal zu tragen. ‚Größe' also doch noch? Und Hölderlin abwandelnd: Ein schweres Verhängnis zu tragen mußt du, Germanien, stark werden. Die Frage stellte sich: War solcher Heroismus, aus schuldhafter Fatalität im Entstehen begriffen, der Schuldproblematik angemessen?)

Aus der Sicht des Künstlers hatte Benn fraglos die besseren Argumente: „Für jedes Gedicht braucht man eine neue Orientierung, jedes neue Gedicht ist eine neue Balance zwischen dem inneren Sein des Autors und dem äußeren, dem historischen, dem sich mit dem Heute umwölkenden Geschehen."[35] Das einzige, was er, Benn, einer etwaigen Gemeinschaft anzubieten habe, sei seine Einsamkeit.

Diese Position lief jener Lernet-Holenias freilich diametral entgegen. ‚Neue Orientierung' für jedes Gedicht suchte er gerade nicht, sondern Konsistenz der Haltung und des Stils, hymnische Emphase, auch wenn es im Gedicht um Trümmer ging und um Schuld.

Horazisch-pindarisch schreiben mit austriakischer Gesinnung, herkunftsbewußt, der Genealogie verfallen als Symptom der Identitätskrise (man erinnere sich dagegen an Benns Diktum: „Herkunft, Lebenslauf – Unsinn!"), nach einem zukünftigen Österreich von gestern bittend, ernüchtert zwar, und doch hochgestimmt, wenn es poetisch darauf ankam, das moralisierende Wort nicht scheuend, wenn es geboten schien, der Wahrhaftigkeit der sprachkünstlerischen Aussage wegen, das waren Lernet-Holenias Maximen, nicht aber sein Schlußwort zu poetischen Fragen. Dieses erfolgte in Gestalt eines Leserbriefes, was – wie im Falle des Briefwechsels mit Benn – den appellativen Charakter seines Anliegens unterstrich.

Im März 1965 hatte Lernet-Holenia in der ZEIT eine Diskussion über Celan verfolgt. Edgar Lohner hatte die These aufgestellt, daß Celans Kunst dem „Verderben abgewonnen", abgerungen gewesen sei. Dem hielt man entgegen, daß Celans Sprachschönheit das Grauen „zur tragisch-schönen Maske geschminkt" habe. Dann die eigentlichen, rhetorisch zugespitzten Fragen der Kontroverse:

> Können in den Gaskammern die Blumen des Bösen noch ihre dunkle Schönheit entfalten, ohne am Gifthauch zu vergilben, ohne von den Verzweifelten als Spott ihrer nackten Angst ausgerissen zu werden? War in Auschwitz nicht das zu Ende, was man dichterische Schönheit, Verklärung, Wohlklang nennt?[36]

Bekannt ist inzwischen, daß Lernet-Holenia von Celans Verleger, Gottfried Bermann Fischer, um ein intervenierendes Wort gebeten wurde.[37] Der Dichter der „Germanien"-Elegie antwortete Ende April mit folgender Entgegnung:

> Es gibt nichts, das durch wirkliche Dichtung nicht sublimiert, ja geheiligt werden könnte. Paul Celan hat seine berühmte „Todesfuge", dieses zweifellos weitaus erhabenste deutsche Gedicht der letzten zwanzig Jahre, ja auch nicht aus Spaßvergnügen an der Bearbeitung eines grauenhaften Themas [...], sondern aus blutigster eigener Erfahrung und um des entsetzlichen Gegenstandes selbst willen geschrieben. Anders müßten ja auch so gut wie alle griechischen Tragödien, die meisten Dramen von Shakespeare und soundso vieles, das unsere eigenen Klassiker geschrieben haben, zu verwerfen sein. Auch der Umstand, daß die Greuel, die in den klassischen Themen enthalten sind, weit zurückliegen, während die der Konzentrationslager sozusagen noch frisch sind, fällt bloß insofern ins Gewicht, als das, was uns so nahe liegt, um so eher durch die Kunst sublimiert und sich uns daher auch um so unauslöschlicher einprägen sollte.[38]

Dahin gestellt sei, ob Lernet-Holenia damit wirklich Celans Intention getroffen hatte; dieser knappe Kommentar zur Kontroverse über die „Todesfuge" und das Dichten nach Auschwitz interessiert hier jedoch insoweit, als er *in nuce* sein poetisches Credo spiegelt: Im Gedicht ereigne sich Sublimation, Sakralisierung im Namen der Arbeit am kollektiven Gedächtnis. Oresteia und Endlösung verstand dieser klassische Anwalt des Wortes als die grauenhaften Substanzen des *einen* mythischen Urgrundes von Dichtung. Bedenken relativierender Historisierung bedrängten Lernet-Holenia augenscheinlich nicht.

Selbst in dieser heikelsten Frage orientierte er sich am griechischen Muster, am Archaischen, das eine klassisch-ästhetische Behandlung verlange; in diesem Falle, daran ließ er keinen Zweifel, habe sie Celan gefunden. Das Schöne erwies sich jetzt als vom Grauen durchdrungen; ‚klassisch' wirkte die Zerstörung des Rhythmus in Celans Werk.

Man fühlt sich an Worte verwiesen, die Lernet-Holenia einst in *Der Graf von Saint Germain* (1948) geschrieben hatte, Théophile Gautier parodierend, Goethe meinend, aber in eigenster Sache gesprochen: „Denn dies ist's, ein Dichter zu sein: / Viel aufzugeben, ja / das Werk auch zuletzt / und das Ungeheure der un- / geschriebenen Strophen, / Unzuvollendendes aber / auf immer bewahren zu müssen."[39]

Da finden sie zusammen: Das bedrohlich Ungeheure im Menschen und seinem Schaffen, von dem Hölderlin wußte, und die Pflicht, einzustehen für die ungeborenen Enkel. Wagemutiger als an den bedeutenden Stellen in Lernet-Holenias Lyrik ist epigonale Dichtung selten gewesen.

Anmerkungen

[1] Quintus Horatius Flaccus: *Epistulae / Briefe*. Übers. u. hrsg. v. Bernhard Kytzler. Stuttgart: Reclam, 1986, S. 18 (Z. 20).

[2] Oskar Loerke: „Das alte Wagnis des Gedichts". In: ders: *Gedichte und Prosa*. Bd. 1. Hrsg. v. Peter Suhrkamp. Frankfurt a. M.: Suhrkamp, 1958, S. 692 – 712.

[3] Hugo von Hofmannsthal: *Gesammelte Werke*. Bd. 1. Hrsg. v. Bernd Schoeller u. Rudolf Hirsch. Frankfurt a. M.: S. Fischer, 1979, S. 119.

[4] Quintus Horatius Flaccus: *Ars Poetica / Die Dichtkunst*. Übers. u. hrsg. v. Eckart Schäfer. Stuttgart: Reclam, 1984, S. 4 (Z. 1 – 5).

[5] Ebd. (Z. 9p.)
[6] Ebd., S. 8 (Z. 70 – 73).
[7] Ebd., S. 22 (Z. 309).
[8] Ebd., S. 24 (Z. 318).

[9] *Monologische Kunst? Ein Briefwechsel zwischen Alexander Lernet-Holenia und Gottfried Benn*. Wiesbaden: Limes Verlag, 1953.

[10] Alexander Lernet-Holenia: „Die Vierte Ekloge". In: ders.: *Die Wege der Welt. Erzählungen*. Herold: Wien 1952, S. 7 – 39, hier: S. 11.

[11] George Steiner: *Von realer Gegenwart. Hat unser Sprechen Inhalt?* Mit einem Nachwort von Botho Strauß. Aus dem Englischen von Jörg Trobitius. München, Wien: Hanser, 1990. Zur Diskussion vgl. vor allem Paul Konrad Kurz: „Von realer Gegenwart. Der Streit um Transzendenz in Literatur und Kunst". In: *Stimmen der Zeit* 8 (1993), S. 547 – 559. In jüngster Zeit der Kommentar von Mario Vargas Llosa: „Nur keine Angst um die Literatur. Wider die Kassandra-Rufe des George Steiner". In: *Frankfurter Rundschau*, 8. 2. 1997.

[12] Lernet-Holenia, „Vierte Ekloge", a.a.O., S. 16.

[13] Ebd., S. 30.

[14] Friedrich Nietzsche: „Götzen-Dämmerung (,Was ich den Alten verdanke')". In: *Kritische Studienausgabe*. Hrsg. v. Giorgio Colli u. Mazzino Montinari. München: dtv, 1988, Bd. 6, S. 55 – 161, hier: S. 155.

[15] Quintus Horatius Flaccus, *Ars Poetica*, a.a.O., S. 26 (Z. 361).

[16] Alexander Lernet-Holenia: *Das lyrische Gesamtwerk*. Hrsg. v. Roman Roček. Wien, Darmstadt: Paul Zsolnay, 1989, S. 51 (künftig nachgewiesen unter der Sigle DlG mit anschließender Seitenangabe).

[17] Alexander Lernet-Holenia: „Der Ulanen-Rittmeister", ebd., S. 53.

[18] *Monologische Kunst*, a.a.O., S. 7.

[19] DlG 531 („Hymne zum feierlichen Staatsakt Österreichs für Johann Wolfgang von Goethe am 28. August 1949).

[20] DlG 137 („Krönung des Joas").

[21] DlG 138 („Tötung des Amazias").

[22] Brief an Marie von Thurn und Taxis vom 8. April 1921, auf den sich Roček in seinem Kommentar zum *Kanzonnair* bezieht, ebd., S. 631.

[23] Quintus Horatius Flaccus, *Ars Poetica*, a.a.O., S. 6 (Z. 46 – 48) u. S. 18 (Z. 240 – 242).

[24] Friedrich Hölderlin: „Germanien". In: *Sämtliche Werke und Briefe in drei Bänden*. Hrsg. v. Jochen Schmidt, Bd. 1. Frankfurt a. M.: Deutscher Klassiker-Verlag, 1992, S. 334 – 337, hier: S. 335, V. 19.

[25] Quintus Horatius Flaccus: *Oden und Epoden*. Lateinisch / Deutsch, Übers. u. hrsg. v. Bernhard Kytzler. Stuttgart: Reclam, 5. Aufl. 1990, S. 203, V. 26.

[26] T.S. Eliot: „Four Quartets". In: ders.: *Collected Poems 1909 – 1962*. London: Faber and Faber, 1983, S. 189.

[27] Ebd.

[28] Vgl. Anm. 22.

[29] Vgl. dazu bes. Klaus Garber: „Ein Feind dünner Suppen. Zur Diskussion um die Einheit der europäischen Literatur: Ernst Robert Curtius' unvergleichliches Werk ‚Europäische Literatur und lateinisches Mittelalter'". In: *Süddeutsche Zeitung*, 26./27. 4. 1997, (SZ am Wochenende, S. II).

[30] Karl Immermann: *Die Epigonen. Familienmemoiren in neun Büchern 1823–1835*. Hrsg. v. Peter Hasubek. München: Hanser, 1981, S. 555.

[31] Vgl. dazu Eckhard Heftrich: „Vom höheren Abschreiben". In: Eckhard Heftrich u. Helmut Koopmann (Hrsg.): *Thomas Mann und seine Quellen*. Festschrift *für Hans Wysling*. Frankfurt a. M.: Vittorio Klostermann, 1991, S. 1 – 21.
[32] Gottfried Benn: „Probleme der Lyrik". In: ders.: *Das Hauptwerk*. Hrsg. v. Marguerite Schlüter. Wiesbaden: Limes, 1980. Bd. 2, S. 325.
[33] *Monologische Kunst*, a.a.O., S. 11.
[34] Ebd., S. 8.
[35] Ebd., S. 23.
[36] Konrad Schacht: [Leserzuschrift]. In: DIE ZEIT, 12. 3. 1965, S. 47.
[37] Vgl. John Felstiner: *Paul Celan. Eine Biographie*. Deutsch von Holger Fliessbach. München: C. H. Beck 1997, S. 408, Anm. 30.
[38] Alexander Lernet-Holenia: [Leserzuschrift]. In: DIE ZEIT, 30. 4. 1965, S. 48.
[39] DlG 592 („Amphion").

Das Detektivische im Werk Alexander Lernet-Holenias, besonders im Roman *Beide Sizilien*

Adolf Haslinger (Salzburg)

> *Was doch in unserm guten, alten Regiment immer noch passiert! — Fast mehr noch als zur Zeit, zu der es existiert hat. Aber kann man denn wirklich sagen, was nicht mehr existiert, was noch existiert oder was wieder existieren wird?*[1]

Es ist allgemein bekannt, daß die Gattung des Detektivromans 1841 mit einem ausgereiften Meisterwerk, nämlich Edgar Allan Poes „The Murders in the Rue Morgue", das Licht der Welt erblickt hat und bis heute in immer neuen Variationen blüht. Es ist dagegen kaum bekannt, daß österreichische Autoren bemerkenswerte Beiträge zu diesem Genre beigesteuert haben, die Phantasiereichtum und überraschende Variationen zeigen. Da Alexander Lernet-Holenias Romanschaffen in diese literarische Verwandtschaft gehört, etwa mit *Ich war Jack Mortimer* (1933), *Beide Sizilien* (1942) und *Der Graf von Saint Germain* (1948), möchte ich einleitend einen kurzen Blick auf diese ‚österreichische Detektivliteratur' werfen.

Zunächst zwei Vorbemerkungen, eine kriminalhistorischer und eine theoretischer Art. Sowohl Kriminalgeschichte wie Kriminalliteratur stark beeinflußt hat ein international bekanntes Standardwerk eines Österreichers. 1893 erschien in Graz das *Handbuch für Untersuchungsrichter, Polizeibeamte, Gendarmen usw.* von Hans Groß (1847 – 1915). Die englische Übersetzung wurde als *Criminal Investigation* (1906) zur Fundgrube für Kriminalisten, aber auch für die Autoren von Detektivromanen. Georges Simenon, S.S. van Dine, C.P. Snow u.a. bestätigen dies ausdrücklich. Ein typisch österreichisches Schicksal also: Die ganze Welt kennt dieses Handbuch zur Kriminalliteratur, nur in Österreich selbst ist es weitgehend unbekannt.

Dazu eine Kafka-Marginalie:² Der Student Franz K. belegte bei Professor Groß Vorlesungen und Seminare. Groß' Grundthese war: Nicht das Verbrechen, sondern der Verbrecher sei der Gegenstand der Strafe, und deswegen sei nicht das Gesetz allein, sondern das Leben der Gegenstand der Lehre. Man kann sich vorstellen, wie Kafka von dieser menschlich-psychologischen These gefesselt war. Otto Groß, der Sohn des Professors, trug zudem 1913 öffentlich und in spektakulären Aktionen seine Schwierigkeiten mit seinem Vater aus. Selbst das könnte Kafka beeinflußt haben, auch Auswirkungen auf seinen *Prozeß*-Roman sind denkbar.

Die zweite, theoretische Vorbemerkung: Richard Alewyn unterscheidet bekanntlich zwischen dem Schema des Kriminalromans und dem des Detektivromans:

> Der Kriminalroman erzählt die Geschichte eines Verbrechens, der Detektivroman die Geschichte der Aufklärung eines Verbrechens. Dieser Unterschied hat weitgehende Folgen: Im Kriminalroman wird der Verbrecher dem Leser früher bekannt als die Tat und der Hergang der Tat früher als ihr Ausgang. Im Detektivroman dagegen ist die Reihenfolge umgekehrt. Wenn dem Leser der Täter bekannt wird, ist unweigerlich der Roman zu Ende, und auch den Ausgang der Tat erfährt er früher als ihren Hergang, und diesen Hergang nicht als Augenzeuge, sondern durch nachträgliche Rekonstruktion.³

Über das Lapidare dieser Unterscheidung läßt sich nuanciert streiten, über ihre prinzipielle Bedeutung für die Analyse von Detektiv- bzw. Kriminalromanen nicht. Als effektives Grundmuster jeder Analyse gehört dieser Unterschied nämlich von Anfang an in Erinnerung gerufen.

Nun einige bemerkenswerte Beispiele der österreichischen Detektivliteratur: In der Mitte des vorigen Jahrhunderts schrieb Heinrich Ritter von Levitschnigg (1810 – 1862), nach Eugene Sues berühmtem Kolportageroman *Die Geheimnisse von Paris*, im Jahr 1852 *Die Geheimnisse von Pest*. Sein heute noch lesenswerter Detektivroman *Der Diebsfänger* (1861) trägt die damalige Bezeichnung für Detektiv als Titel. Der sprechende Name „Buschmann" gibt ihn noch dazu, stets auf leisen Sohlen unterwegs, als Verwandten des einst äußerst beliebten *Lederstrumpf* James Fenimore Coopers zu erkennen.

Ein interessanter Sonderfall ist die Wienerin Auguste Groner (1850 – 1929). Sie veröffentlichte eine Fülle von Kriminalnovellen und versuchte als Lehrerin mit ihnen moralisch-pädagogisch zu wirken. Sie findet sich überraschend in Reclams wichtigem *Kriminalromanführer*,[4] der sonst viele österreichischen Autoren nicht kennt. Es gibt übrigens auch einen Wiener Sherlock Holmes. Er ist eine literarische Erfindung Balduin Grollers (1848 – 1916), der als Journalist Albert Goldscheider hieß. Sein Buch *Dagobert Trostler. Taten und Abenteuer des Wiener Sherlock Holmes* ist eine charmante Variante des britischen Vorbilds. Der eleganten Wiener Situation entsprechend, mutiert die Rolle Dr. Watsons in die der bezaubernden Bankiersgattin Violet von Grumbach. Ihr liefert Dagobert Trostler die Lösung seiner Fälle, gewissermaßen in Verehrung, ins Haus, wenn man sich in der riesigen, plüschbezogenen Bürgerwohnung nach dem Diner dezent ins Rauchzimmer zurückgezogen hat und die Dienstboten sich diskret entfernt haben.

Eine andere faszinierende Variante ist Otto Soykas *Das Glück der Edith Hilge* (1913). Dieser Roman scheint mir – wenn schon nicht als Vor-Bild, so doch als mögliche Vor-Lektüre für Lernet-Holenias *Beide Sizilien* denkbar zu sein. Der Mord bzw. die Morde sind äußerst geheimnisvoll. Im Hintergrund wirkt ein mysteriöses Kollektiv. Der (mögliche) Schlüssel zur Klärung der Morde liegt in der Person einer geheimnisvollen, allseits umworbenen Frau. „Eine Münchner Zeitschrift", erläutert Soyka, „hatte von mir einen Roman verlangt, bei dem die Möglichkeit eines Preisausschreibens ‚Wer ist der Täter?' gegeben sei. Ich schrieb für ‚Zeit im Bild' den Roman ‚Das Glück der Edith Hilge', und die Zeitung machte eine überdimensionale Propaganda. Sie veranstaltete ein Preisausschreiben von 100.000 Mark [...]."[5] Karl Kraus war wütend, weil er es einen Skandal fand, daß der „Soyka-Preis" höher dotiert sei als der „Schiller-Preis". Deshalb erfand Soyka für seinen Roman eine originelle Lösung: Es ereignen sich mehrere Morde, aber es gibt keinen Täter! Niemand konnte somit den Preis gewinnen. Soykas Ehrgeiz bestand nämlich darin, einen Mord ohne Täter zu konstruieren.

Ödön von Horváths *Jugend ohne Gott*, 1937 bei Carl Zuckmayer in Henndorf geschrieben, in unmittelbarer Nähe von dessen Freund Alexander Lernet-Holenia, ist das Musterbeispiel eines politisch bedeutsamen Detektivromans. Die Atmosphäre und die Tat schildern subtil jene Zeit, in welcher der Nationalsozialismus entstehen konnte.

Ich könnte jetzt unter anderem fortfahren mit Fritz Habecks zwei Detektivromanen, die er unter dem Pseudonym Glenn Gordon schrieb, nämlich *Das Rätsel der müden Kugel* (1955) und *Das Rätsel des blauen Whisky* (1956). Ist es Zufall, daß der Detektiv in *Beide Sizilien* auch Gordon heißt? Ich könnte weiter auf Peter Marginter und sein köstliches „Krimisterium" (Krimi und Mysterium als Gattungskombination) namens *Der tote Onkel* (1967) verweisen. Ich könnte schließlich auf Peter Handkes *Der Hausierer* (1967) kommen, in dem das Schema und die Darstellungsformen des Detektivromans als poetischer Text destruiert und konstruiert werden, damit man das vorgegebene Schema begreift. Ich könnte auf Margit und Helmut Zenkers *Schußgefahr* (1980) kommen und hätte viele vergessen, etwa in unserem Jahrhundert: Franz Theodor Csokors *Schuß ins Geschäft* (Der Fall Otto Eisler) (1925), Ernst Weiß' *Arzt und Mörder* (1931), Jakob Wassermanns *Der Fall Maurizius* (1928), Alexander Lernet-Holenias *Ich war Jack Mortimer* (1933), Oskar Jellineks *Der Bauernrichter* (1925), Heimito von Doderers *Ein Mord, den jeder begeht* (1938), Gertrud Fusseneggers *Die Pulvermühle* (1968), Michael Scharangs *Der Lebemann* (1980), Peter Roseis *Wer war Edgar Allan?* (1967) usw.

Soweit also die Hinweise auf eine doch sehr abwechslungsreiche und sehr bunte Tradition der österreichischen Detektivliteratur. Aber nun zu einem Beitrag Alexander Lernet-Holenias, dem Roman *Beide Sizilien* (1942): „Alexander Lernet-Holenias Romane", so Paul Kruntorad, „lassen sich in den allermeisten Fällen zwei Formeln zuordnen: der des Kriminal- und der des Abenteuerromans."[6] Manche Kritiker zählen *Beide Sizilien* zu den besten Werken, die Lernet-Holenia geschrieben hat:

> Freilich gelingt es ihm [Lernet-Holenia] in den Romanen, die nach dem Zweiten Weltkrieg entstanden sind, nicht mehr, etwas zu schaffen, das etwa dem im Krieg erschienenen Roman ‚Beide Sizilien' (1942) ebenbürtig zur Seite stünde. Denn in diesem Roman, einem der schönsten der österreichischen Romangeschichte überhaupt, zügelt Lernet-Holenia das Zwanghafte seiner Obsession so weit, daß sich Resignation und Bewußtsein des Zerfalls zu einer Heiterkeit des Todes vereinen, in der die Fesseln der Formel nicht mehr zu spüren sind.[7]

Am 22. Oktober 1941 schreibt Alexander Lernet-Holenia in einem Brief an seinen Freund Alfred Kubin:

> Ich arbeite jetzt an einem Roman. Er ist eigentlich schon fertig, oder könnte für fertig gelten, nur zweifle ich daran, daß er in absehbarer Zeit herauskommen wird. Und so benütze ich die Gelegenheit, ihn

mit aller jener Intensität auszuarbeiten und zu verbessern, die meinen anderen Büchern völlig fehlt. Es ist sonderbar, was für Wirkungen oft die Ursachen haben. Ich hätte nie geglaubt, daß die Umwälzungen, die jetzt die Welt erschüttern, die Veranlassung dazu sein könnten, daß ich einmal ein Buch anständig ausführe [...].

Diese Bemerkung ist deshalb gewichtig, weil Alexander Lernet-Holenia häufig der Vorwurf gemacht wurde, ein hastiger Vielschreiber zu sein. Aber das Phänomen der Publikumsliebe unterliegt oft großen Schwankungen, wie gerade das literarische Schicksal Lernets zeigt.

Volker Kaukoreit hat in der NZZ[8] unter dem Titel „Versuch, Alexander Lernet-Holenia zu lesen" auf das Phänomen hingewiesen, indem er von der österreichischen Literaturgeschichte meint: „Einer seiner bislang populärsten – obwohl dem jüngeren Lesepublikum kaum mehr vertrauten – Repräsentanten ist Alexander Lernet-Holenia."

Der Roman *Beide Sizilien* ist, auf den ersten Blick gesehen, ein Detektivroman von hoher Komplexität und Spannungsdichte. Er gestaltet die äußerst geheimnisvollen Zusammenhänge, in denen Offiziere eines längst aufgelösten altösterreichischen Regiments noch immer stehen. Es geht um Morde und Folgemorde; es gibt einen außergewöhnlichen Detektiv; es herrschen seltsame Verbindungen zwischen den Romanfiguren, vor allem zwischen den Offizieren des Regiments „Beide Sizilien".

Heeresgeschichtlich gesehen handelt es sich bei „Beide Sizilien" um ein ganz besonderes Kavallerieregiment der altösterreichischen Armee, nämlich laut *Geschichte der k.u.k. Wehrmacht*[9] um das „Ungarische (Kroatisch-Slawonische) Ulanen Regiment Nr. 12 , dessen sogenannter Regimentsinhaber von 1854 bis 1859 Ferdinand II. König beider Sizilien war. Ihm folgte, allerdings schon nach Ende des Königreichs Beider Sizilien, von 1859 bis 1894 Franz II. König beider Sizilien bis zu seinem Tode. Nach zwei Jahren Pause übernahm ein General der Kavallerie das Regiment, nämlich Otto Freiherr von Gagern. Bis zur endgültigen Auflösung des Regiments im Jahr 1918 folgten ihm noch etliche österreichische Generäle in dieser Funktion.

Warum wählte Alexander Lernet-Holenia ein so altes, längst aufgelassenes Regiment? Verständlicherweise verwendete er für literarische Zwecke gerne Regimenter, die historisch oder von ihm erfunden waren, um nicht Widerspruch oder gar Betroffenheit bei eventuell noch lebenden Mitgliedern eines solchen Regiments auszulösen.

Zu Anfang des sechsten Kapitels reflektiert Marschall von Sera den Namen des Regiments. In einer Art von Tagtraum thematisiert er den Namen „Beide Sizilien", und zwar durch historische Bezüge. Er erinnert sich, daß „Sizilien ein merkwürdiger Boden" sei. Es „schien immerzu die Fähigkeit zu haben, den ‚Teufel', wenn schon nicht hervorzubringen, so doch wenigstens anzulocken" (BS 244). In seinen Phantastereien verbindet er das Diabolische mit historischen Figuren wie Robert le Diable. Er erklärt, daß man mit der Bezeichnung eigentlich nur mehr andeuten habe wollen, daß „man gewisse Interessen an den Beiden Sizilien nicht aufzugeben gesonnen gewesen sei. Das war alles, und es lag nun auf jeden Fall auch schon unendlich ferne." (BS 245) Und auch das Regiment hatte sich aufgelöst. „Die halbe Welt war mit den Gefallenen des Regiments bestreut" (BS 245), und in seinen Wachträumen weitete sich diese Vision, schon wie bei dem Oberst vor seinem Tod, zu einem gewaltigen Todespanorama.

Noch etwas ist in diesen Wachtraum-Erinnerungen Marschall von Seras beachtenswert. Er beobachtet, wie sein Oberst im Anfangsbild des Romans und dann öfter, die Tauben auf dem Platz. Auch sie sind mehrfach thematisiert. In der Wiederkehr wirken sie als ein bleibendes Zeitbild. Darüber hinaus erscheinen sie ihm „wie ein Schwarm weißer Engel, [die] den Himmel zu suchen schienen", und ihre Füße sind „purpurfarben, als seien sie in Blut gegangen" (BS 242). Und das seltsame Starren auf den leeren Platz, das Oberst Rochonville perfekt beherrscht, dieser Blick ins Leere, führt auch bei Sera unmittelbar zu Erinnerungen an das Regiment und an die toten Kameraden: „Marschall hatte [...] niemals sehr sentimentale Beziehungen zu seinem Regiment gehabt, und nach dem Kriege weniger als je. Nun aber, und vor allem in diesem Augenblick, in welchem er auf den leeren Platz starrte, sehnte er sich plötzlich zurück nach diesem Regimente, das es nicht mehr gab. Die Erinnerung verklärte es [...]" (BS 243).

Damit löst ein nüchterner Soldat jenen Anfang des Romans thematisch ein, der in der Einführung des Oberst Rochonville scheinbar nur Beschreibungsfunktion zu haben schien.

Der Roman erschien 1942 im Suhrkamp Verlag und umfaßt in dem Nachdruck nach dem Krieg, im Rahmen der Bermann-Fischer Roman-Bibliothek genau 334 Seiten. Sein Aufbau bezeugt sowohl mathematisches Kalkül als auch mythisches Wissen. Er ist in sieben Kapitel zu je drei Unterkapiteln gegliedert, woraus die magischen Zahlen sieben und drei bedeutungsvoll eine Summe von 21 formen. Die Forschung hat auf die grundlegende Aussagekraft solcher Zahlenstrukturen verwiesen; sie symbolisieren einerseits Rationales, andererseits Irrationales. So spricht etwa die Bibel von den 21 Vollkommenheiten der Weisheit. Alexander Lernet-Holenia liebäugelt oft mit solchen Strukturen.

Reinhard Lüth betont in seinem Buch *Drommetenrot und Azurblau*[10] darüber hinaus noch die Hierarchie der Kapitelbenennung. Die sieben Kapitel tragen die Namen von sieben Mitgliedern des Regiments „Beide Sizilien", deren geheimnisvoller Zusammenhang in diesem Werk thematisiert erscheint. Die Ranghöhe der Offiziere konstruiert eine sinnvolle hierarchische Gliederung des Buches. Das

> mittlere vierte Kapitel ist dem Oberst des Regiments, dem Höchstrangigen, gewidmet, ihm zunächst stehen Major Lukawsky (3. Kapitel) und Oberleutnant Silverstolpe (5. Kapitel) [...]. Der hierarchische, an den Dienstgraden der Offiziere orientierte Kapitelaufbau setzt sich mit dem Leutnant Fonseca (2. Kapitel) fort; lediglich Marschall von Sera (6. Kapitel), als Rittmeister einen Rang höher als Silverstolpe, paßt nicht ganz in dieses Konzept, in dem konsequenterweise die untersten Dienstgrade, der junge Offizier Engelshausen (offenbar Leutnant oder Fahnenjunker), der „zuerst nicht den Tod und dann nicht das Leben" erreicht hat, und der Korporal Slatin mit dem 1. bzw. dem 7. Kapitel des äußeren Rahmens abgeben.[11]

Auf eine andere Möglichkeit, die Benennung der sieben Kapitel zu interpretieren, verweist Robert Dassanowsky. Er sieht darin, in der Beschwörung altösterreichischer Vergangenheit gegenüber dem damals Ostmärkisch-Arischen, sehr deutlich das Multinationale ausgedrückt, vor allem in den Namensformen: Deutsch sind nur Engelshausen und Silverstolpe, französisch Rochonville, italienisch und slawisch aber vier der Namen, nämlich Fonseca, Lukawsky, Marschall von Sera und Slatin:

> They also define the whole, the regiment as emblem of Old-Austria and, in the action of the novel, postimperial Austria as a remnant of multicultural unity. The „Germanness" of Austria is qualified, and the foreign origin of the names is celebrated by making these, with the exception of Corporal Slatin, families of nobility.[12]

Wer glaubt, den Detektivroman *Beide Sizilien* dadurch erfassen zu können, daß er ausschließlich die Spannungsstruktur analysiert, geht an der faszinierenden Gesamtkonzeption des Buches vorbei und täte dem Dichter Alexander Lernet-Holenia zutiefst unrecht. Seine persönliche Variante des Detektivroman-Schemas ist vielfältig und reich an Bezügen: darin bestehen meines Erachtens in besonderem Maße die künstlerischen Qualitäten dieses Romans.

Trotzdem zuerst die Spannungsstruktur, denn die klassische Frage des Detektivromans heißt: *Who dunnit?* Wer ist der Täter? Die Beantwortung dieser Frage erschwert Lernet-Holenia dem Leser durch ein verwirrendes Verwechslungsspiel mit mehrfachem Identitätstausch, genauer *Identitätsdiebstahl*. So räsoniert der Detektiv Gordon: „Es ist eigentlich in keinem Fall so ohne weiters festzustellen, wer jemand in Wirklichkeit ist – und in einem interessanten Fall noch weniger. Wir von der Polizei wissen das am besten. Die Identität eines Menschen erweist sich, zum mindesten bei solchen, die etwas aus sich zu machen gewußt haben, als eine ziemlich unsichere Angelegenheit." (BS 325) Diese Erkenntnis bildet bedeutsam den Beginn der abschließenden Rekonstruktion des Falles, die, dem Schema konform, auch hier der Detektiv gegen Ende des Buches leistet.

Der mehrfache „Identitätsdiebstahl" ist ein Thema, das Alexander Lernet-Holenia liebt. Der Täter war demnach der sogenannte Pufendorf, in Wirklichkeit ein Russe namens Alexejew. Dieser hatte in Amerika einen Eifersuchtsmord begangen und war nach Mexiko geflüchtet. Dort stahl er bei einem Bahnüberfall dem wirklichen Pufendorf dessen Papiere. Dieser wirkliche Pufendorf war ebenfalls nach einem Identitätstausch aus Rußland geflüchtet. Er gab sich dabei für den erschossenen Rittmeister Gasparinetti aus. Da ihm dessen Papiere nicht gestohlen wurden, nahm er wieder diese frühere Identität an.

Der Hauptschauplatz des Romans ist Wien. Auf die Vorliebe für Großstädte als Sujet von Detektivromanen seit Schillers *Der Geisterseher* ist oft hingewiesen worden. Zur fiktiven Romanzeit des Jahres 1925 lebt also der Russe Alexejew unter dem Namen Pufendorf in Wien. Als Autoverkäufer lernt er die Gräfin Gabrielle von Rochonville kennen und lieben. Krankhaft eifersüchtig ermordet er jeden, der seiner Geliebten den Hof macht. So die beiden Offiziere Engelshausen und Fonseca, die dem gleichen Regiment „Beide Sizilien" angehören wie Gabrielles Vater, Oberst Rochonville.

Der wirkliche Pufendorf, der sogenannte Rittmeister Gasparinetti, kommt ebenfalls nach Wien und ist Gast auf jener Party, wo der rätselhafte erste Mord an Engelshausen geschieht. Er rückt bedeutsam ins Blickfeld des Lesers, weil er gerne detektivische Methoden diskutiert. Er stellt nämlich die altmodische Art, Indizien mit der Lupe zu suchen, der modernen Art, nach dem psychologischen Täterprofil zu fragen, gegenüber. Da er geschwätzig wirkt und bei geheimnisvollen Ereignissen stets am Tatort anwesend oder diesem nahe ist, bleibt er den ganzen Roman hindurch verdächtig. Dabei versucht er nur sein Lebensproblem zu lösen, nämlich das Identitätsrätsel des falschen Pufendorf.

Als sich die Offiziere des gleichen Regiments aus Eigeninitiative und alter Regimentsmoral bemühen, den am Anfang des Romans stehenden Mord an ihrem Kameraden Engelshausen aufzuklären, folgen weitere Todesfälle: Fonseca verschwindet, Rochonville wird bei einem Unfall tödlich verletzt, Silverstolpe stirbt an einer Leichenvergiftung, Lukawsky duelliert sich mit dem falschen Pufendorf und dem richtigen Täter und wird schwer verletzt. Nur Marschall von Sera bleibt als Beschützer Gabrielles übrig und darf hoffen, daß sein Antrag angenommen wird: „Vielleicht" ist das letzte Wort des Romans aus dem Munde der Gräfin.

Das Besondere an dieser Spannungsstruktur besteht darin, daß der Täter spät auf der fiktiven Bühne des Romans erscheint – erstmals im dritten Kapitel („Lukawsky") nach rund 120 Seiten: „Zu Ende des Monats erschien der Major Lukawsky in jenem Hause Jordangasse vier, in welches Fonseca, vor Wochen, Gabrielle Rochonville hatte eintreten sehen" (BS 121). Der Besuch des Majors bei Pufendorf überrascht den Leser, noch überraschender findet er aber die Duellforderung Lukawskys an diesen. Das Duellgeschehen nahe Ödenburg wird zu Anfang des zentralen vierten Kapitels kurz geschildert.

Erst spät findet der Erzähler diesen sogenannten Pufendorf wieder erwähnenswert, und zwar im sechsten Kapitel „Marschall von Sera". Gabrielle ist zu ihrer Kusine nach Ungarn gezogen, um dort ihren Geliebten zu besuchen, der nach dem Duell in Komorn gefangen sitzt. Durch diese seltenen Erwähnungen werden die Verdachtsmomente kaum auf diesen sogenannten Pufendorf gelenkt. Vielmehr passiert es immer wieder, daß der sehr zum Erzählen neigende

Rittmeister Gasparinetti in ein verdächtiges Licht gerückt wird. Trickreich verwendet der Erzähler Verdachtsmomente, um absichtlich Pufendorf zu entlasten, Gasparinetti aber zu belasten. Das geschieht besonders deutlich in Ungarn.

Gabrielles Kusine hat den Rittmeister kennengelernt und lädt ihn zum Abendessen ein, wo er von seinen Kindheitserinnerungen spricht. Dabei beschreibt er eine alte Uhr minutiös bis in die Details. Sie gehörte seiner Großmutter, an deren Porträt er sich noch genau erinnert. Diese präzisen Erinnerungen lassen Gabrielle verstört zurück. Denn vor kurzem hatte ihr Geliebter Pufendorf in gleichen Worten das gleiche Porträt als *seine* Kindheitserinnerung beschrieben. Solcherart wird mit dem Leser ein Spiel getrieben. Diese bewußten Irreführungen gehören jedoch ins Schema. Der Leser nimmt mit hoher Wahrscheinlichkeit an, daß Gasparinetti eine geheimnisvolle Persönlichkeit ist, nicht aber der eingesperrte Pufendorf, obwohl Gabrielle an dieser Stelle erstmals leicht zu zweifeln beginnt.

Der Erzähler streut eine Fülle solcher Verdächtigungsmotive, sogenannter „red herrings". Ein markantes Beispiel: Von Anfang an wird behauptet, der Mörder Engelshausens müsse über enorm kräftige Hände verfügen, weil er seinem Opfer den Hals umgedreht habe. Gasparinetti fällt nun anderen Personen dadurch auf, daß er Münzen mit der bloßen Hand zusammenrollen kann; ein Motiv, das Marschall von Sera (und den Leser) bis zum Schluß des Romans beunruhigt.

> Auf dem grünen Tisch, zwischen den Karten, lagen auch noch die paar Pengöstücke, die Gasparinetti in der Hand hin und her gedreht hatte. Als Marschall an dem Tisch vorüberging, fielen sie ihm auf. Es war etwas Ungewöhnliches in ihrem Aussehen, das den Blick auf sich zog. Marschall trat an den Tisch heran und untersuchte sie. Sie waren vollkommen verbogen [...]. (BS 297)
> Marschall, insbesondere, betrachtete immerzu die Hände des Rittmeisters, welche die Pengöstücke mit der gleichen Leichtigkeit zusammengebogen hatten, mit der jemand andrer Brot zusammenkrümelt. (BS 299)

Die *Täter-Thematik* als *Identitätswechsel* spielt nicht nur hier, sondern in fast allen Detektivstrukturen Alexander Lernet-Holenias eine besondere Rolle. Im Roman *Ich war Jack Mortimer* (1933) findet der Wiener Taxifahrer Ferdinand Sponer in seinem Wagen einen Toten. Aus Angst, des Mordes verdächtigt zu werden, spielt er für eine Nacht des

Toten Rolle im Leben. Auch eine geheimnisvolle Frau wie in *Beide Sizilien* ist in der Figur der Marisabell von Raschitz vorhanden.

Im Roman *Der Graf von Saint Germain* (1948) tritt eine Figur mit unsicherer Identität auf, nämlich der Buchhändler Beatus Klingsohr, der alles über den Grafen von Saint Germain und über den Leutnant Karl des Esseintes weiß. Der Erzähler läßt es offen, ob Klingsohr eine Reinkarnation des Grafen von Saint Germain ist, denn er liebt, wie gesagt, das Spiel mit der Identität.

In der Erzählung „Der gestohlene Mord" (1963) gibt die Hauptfigur vor, den Mord an dem Metropoliten von Rostow begangen zu haben. Sie wird von dem wirklichen Mörder, wenn auch in Lustspielmanier, eingeholt. Auch hier entbehrt die Personenkonstellation nicht einer seltsamen Frau.

Die Täterfigur des Romans *Beide Sizilien* im Identitätsspiel zwischen Pufendorf und Gasparinetti und die attraktive Gabrielle von Rochonville, um die sich das Eifersuchtskarussell dreht, entsprechen somit einer wiederkehrenden Personenkonstellation im erzählerischen Schaffen Alexander Lernet-Holenias.

Lernet verwendet also erhebliche erzählerische Raffinesse auf den Identitätswechsel und die Spannungsstruktur. Trotzdem gibt es eine schwer erklärbare, verzögernde Abweichung davon: nämlich das Schicksal Silverstolpes mit dem „umständlichen" Brief und den langen, fast lyrischen Phasen seines seltsamen Sterbens. Diese Silverstolpe-Abschnitte retardieren, stören das Spannungstempo und setzen die Spannungsrichtung auf den Täter vorübergehend fast außer Kraft. Die Beurteilung dieses „Silverstolpe"-Kapitels ist konträr. Lose sei die Verbindung zur Spannungsstruktur, eigentlich nur als Retardierung erklärbar. Lob für seine künstlerische Qualität spendet etwa Hilde Spiel.

Robert Dassanowsky[13] vermutet, daß das Silverstolpe-Fragment schon Anfang der 20er Jahre geschrieben worden sei, noch dazu in Kärnten, wo es spielt und der Dichter von 1919 bis 1924 lebte. Im Silverstolpe-Abschnitt mit der fatalen Leichenvergiftung und dem bewußten Sterben und Sterben-Wollen des Oberleutnants sei Lernets Zentralthema präsent, der Untergang einer ganzen Epoche, aber eben als subjektives Sterben eines individuellen Vertreters jener Zeit. Die Funktion der Todesthematik und die Möglichkeit, das Ende Österreichs ins Jahr 1938 zu deuten, enthüllten die verdeckte Thematik.

Nur so habe Lernet-Holenia nach dem Verbot des Romans *Mars im Widder* noch schreiben dürfen. Er habe sich dabei zweier Strategien bedient: Er nimmt ein unverdächtiges, zeitloses Romanschema, nämlich den Detektivroman. Und er verschiebt die historische Thematik, indem er im Untergang von 1938 das Ende Altösterreichs betrauert. Das große Verdienst der Arbeit von Robert Dassanowsky ist es, diese Insider-Lesart deutlich enthüllt zu haben. Je mehr Lernet-Holenia mit Hilfe anderer Themenbereiche Atmosphäre verdichtete, umso mehr schuf er zusätzliche Deutungsmöglichkeiten für die Interpretation.

Die wichtigsten (kontrastiven) Themenbereiche Lernets sind „Leben – Tod" bzw. „wirklich – unwirklich"; beides betrifft Personen, aber auch Situationen. „Die Gestalten, die Alexander Lernet-Holenia in seinen Romanen zeichnet", so schreibt Roman Roček, „haben stets ein gebrochenes Verhältnis zum Wirklichen."[14] Das Todesthema hängt mit Krieg, Heer usw. zusammen und charakterisiert die wahre Existenz des Soldaten. Die Überlebenden eines alten Regiments aus der österreichischen Monarchie werden dahingehend definiert, daß ihnen zur Vollendung ihres soldatischen Daseins eigentlich nur der Tod fehlt. Im Roman erreichen dann die meisten Regimentsmitglieder, die 1925 noch leben, ihre Vollendung im Tod. Einer bleibt übrig, um im sogenannten Happy-End die zentrale Frauengestalt Gabrielle von Rochonville „vielleicht" zu ehelichen.

Zur zweiten Strategie: Hat dieser Roman etwas zu tun mit dem Phänomen der „Inneren Emigration"? Gelingt es Lernet-Holenia, speziell nach *Mars im Widder* (1939), in dem er sich in kritischer Weise gefährlich weit vorgewagt hatte, in einem (scheinbar) unaktuellen Buch der zeitgenössischen Wirklichkeit auszuweichen? Oder besteht in der Fülle der Visionen, Bilder und Reflexionen ein Verweisgefüge für Wissende?

Dassanowsky beweist mit seiner Dissertation *Phantom Empires* eindrucksvoll, daß viele Themen dieses Romans unter dem Aspekt „Österreich contra Ostmark" zu interpretieren sind. Nimmt man dazu die lapidare Äußerung des Dichters, die Roman Roček glaubhaft überliefert hat, daß für Lernet „Altösterreich erst mit dem Einmarsch der Truppen Hitlers 1938 verfällt", weil damit „der Pöbel an die Macht gelangt sei",[15] so schlägt Lernet in diesem Roman eine völlig neue Lesart vor, die von Kapitel zu Kapitel überzeugender wirkt.

Wenn der Leser einmal das Ende Altösterreichs thematisch auf den Einmarsch Hitlers 1938 bezogen hat, ergeben sich viele Möglichkeiten der verdeckten Assoziationen auf Politisches. Daß die feinen Anspielungen für die Zensur nicht greifbar waren, macht die Lesart höchst effektiv. Lernet-Holenia entspricht mit dieser Methode genau dem Diktum von Karl Kraus, daß „Satiren, die der Zensor versteht, [...] mit Recht verboten" werden.[16] Daß diese Lesart selbst mich noch heute unter völlig anderen Umständen beeinflußt, dafür ein Beispiel. Roman Roček interpretiert die Romane *Der Mann im Hut, Ein Traum in Rot* und *Mars im Widder* als eine Art von Trilogie gegen den Einmarsch Hitlers. In *Ein Traum in Rot* findet sich der Hinweis auf den Teufel. Wenn in *Beide Sizilien* ein junger altösterreichischer Offizier ermordet wird, indem ihm der Hals umgedreht wird und Gasparinetti trocken behauptet, den habe der Teufel geholt, dann entsteht symbolisch die Lesart, daß Hitler Österreich ‚den Hals umgedreht' habe. Sicher zu weit hergeholt, aber immerhin hat sich Silverstolpe daran vergiftet.

Alexander Lernet-Holenia flicht eine Fülle von Themen in diese Kriminalhandlung und verdichtet sie dadurch. Die Todesthematik, die Spannung zwischen Wirklichkeit und Unwirklichkeit, die Thematisierung einer vergangenen Militärformation und damit einer ganzen Epoche in ihrer kriegerisch-moralischen Lebensform. Diese großen Themen, die das Romangefüge durchziehen und strukturieren, werden durch eine Überfülle kleiner Motive angereichert.

Besonders charakteristisch erscheinen mir die ausführlichen Todesahnungen und Todesbilder, die gewissermaßen als epische Vorausdeutungen den nahen Tod der jeweiligen Person ankündigen. Das betrifft vor allem Fonseca, Rochonville und naturgemäß besonders Silverstolpe.

Im dritten Teil des entsprechenden Kapitels schildert die Erzählung Fonsecas Glücks- und Todestag. Hier häufen sich die thematischen und motivischen Parallelen zu Hugo von Hofmannsthals „Reitergeschichte": Hunde, Schmutz, Bettlerin als erinnerte Kinderfrau, überhaupt Kindheits- und Erinnerungsthemen; Zeitproblematik, Zeitverlust, sozialer Abstieg in Form des Wohnambientes in Vorstadthäusern.[17] Die drohende Todesthematik signalisiert Fonsecas Verschwinden als endgültig.

Die Vision des Obersten mit unterbewußten Bildern, Kindheits- und anderen Erinnerungen (BS 117 – 120) ist ein Vorsignal auf seinen nahenden Tod bzw. auf die ungeheure Traum-Wach-Vision einer Herbst-Winter-Landschaft, in der Soldaten gespenstisch ihre eigenen Gräber suchen (BS 168 – 173). Ist das keine kühne, wenn auch verdeckte politische „Äußerung" im Jahr 1942? Freilich bildet diese Vision auch das zweite tiefinnere Signal des Erzählers auf Rochonvilles bevorstehenden Tod. Nach der Vision und der historischen Faktensuche im Buch des eigenen Regiments begibt sich der Oberst zu Gasparinetti, und dort treibt der Erzähler die Identitätsspielerei zwischen diesem und Pufendorf im Gespräch zur weiteren Verwirrung des Obersten und des Lesers weiter. Dem Oberst gehen die Regimenter und die Offiziere kraus durch den Kopf, als er nach diesem Gespräch auf die Straße tritt. Das Kriegerische aus seinen Gedanken und unbewußten Bildern tönt noch in die Unfallszene: „Zugleich hörte er *Geschrei wie von vielen Streitern,* empfing den Stoß einer Deichsel mitten vor die Brust, *wie einen Lanzenstoß,* ward zu Boden geschleudert und verlor das Bewußtsein." (BS 185, Hervorhebungen vom Verfasser)

> Der Tod, so schien es, war eigentlich kein Vorgang, bei welchem man irgendwo anders hinging, es war bloß, als kehre man zurück. Vielleicht gab es auch gar kein wirkliches Reich des Todes. Vielleicht war es die Kindheit. Und wenn man in sie zurückgekehrt war, so starb man. Wahrscheinlich dauerte auch das Totsein nicht länger als das Sterben. Wenn man gestorben war, war man auch schon nicht mehr tot. (BS 240)

Die Wahl des Detektivs hat weitreichende Folgen im Roman. Ob fett, ob blind, ob an den Rollstuhl gefesselt: demnach ergeben sich Helfer, Mitarbeiter, Modus der Recherche, Art der Aufklärung und Rekonstruktion.

Die Figur des Detektivs in *Beide Sizilien* ist also aus mehreren Gründen bemerkenswert. Der Name ist typisch britisch: Gordon. Und er wird, wie dies einer Figur in einem Aristokratenroman gebührt, durch seine Genealogie in die Personenkonstellation eingeführt: Bedeutsam ist dabei, daß er nicht vom Erzähler, sondern von Lukawsky, durch Gesellschaftszitat, beschrieben wird: „Er ist einer von den Gordons. Seine Mutter war eine Lang, von den Langs von Eggendorf. Die Gordons waren Gewerken im Kärntnerischen. Sie sind auch verwandt mit den Chazals" (BS 56). Daraus wird klar, daß

Lernet die Einzelperson aus der Genealogie heraus entwickelt oder sie dort effektvoll ansiedelt. Diese Form der Personenbeschreibung wird hier in so typischer Art und Weise durchgeführt, daß sie auch Ironie verrät: „Alle Gordons haben solche Gesichter [...]. Die Gordons haben immer schon ein wenig mit ihren Beziehungen zur ausländischen Industrie kokettiert [...]. Er hatte [...] ein stereotypes, halb geschäftliches, halb gesellschaftliches Lächeln [...], wie die Gordons es alle haben [...]. Die Gordons haben immer getan, als gehe nichts sie etwas an [...]" (BS 57). Das ist sicher eine ungewöhnliche Beschreibung einer Detektivgestalt, die aber genau in den Erzählduktus paßt. Diese Besonderheit wird noch dadurch verstärkt, daß Gordon eigentlich nur Detektiv für einen Fall ist, denn er kehrt nach Lösung dieses einzigartigen Falles wieder ins Wirtschaftsleben zurück.

Gordon ist also Aristokrat. Das unterstreicht sein Auftreten im Romangeschehen, seine Methode und seine Beziehung zu diesem Beruf oder – soll ich sagen – zur Rolle des Detektivs im Schema. Er begegnet dem Leser eigentlich nur dreimal. Die inferiore handwerkliche Arbeit der Spurensuche und Spurensicherung am ersten Mordort übernimmt eine anonyme Polizistengruppe. Sein erstes Auftreten erfolgt nicht direkt auf der fiktionalen Bühne, sondern in der Form von Lukawskys Bericht, also indirekt; die Gesellschaft spricht von ihm. Nach Lukawskys Duell mit Pufendorf erscheint Gordon bei dem Oberst und bittet ihn, auf seine Offiziere einzuwirken, der Polizei die „Affäre" zu überlassen (BS 158 – 168). Dann erscheint er erst wieder im letzten Kapitel („Slatin") zur Rekonstruktion des Falles. Dort begegnet Gordon zum ersten Mal Gabrielle von Rochonville persönlich. Vor ihr, Marschall von Sera und Slatin – den Hinterbliebenen des Regiments gewissermaßen – entfaltet er seine Rekonstruktion der Ereignisse (BS 315 – 331).

Und dann der seltsame Schluß: Er erklärt lächelnd – wie immer –, seine Tätigkeit als Kriminalbeamter sei nur ein „Gastspiel" gewesen. Er werde sich wieder der „Industrie widmen, wie alle meine Verwandten", denn, wörtlich: „Ich fühle mich vom Geheimnis des großen Geschäftslebens angezogen [...]" (BS 332). Dann geht er. Gordon ist, das trifft man selten in der Kriminalliteratur, Detektiv nur für einen Fall. Dann zieht er sich als Aristokrat wieder in die angestammte, genealogisch vorgegebene Rolle und ins Geschäftsleben zurück, allerdings geheimnisvoll lächelnd.

Wenn man nun alle Ingredienzen, Bauteile, Themenbereiche nimmt und sie aus Alexander Lernet-Holenias Lage – nach der Abfassung von *Mars im Widder* – betrachtet, so muß man die einzelnen Teile und damit das Gesamtkunstwerk anders werten.

Der Ansatz im wohl ältesten Textteil (Silverstolpe-Komplex) signalisiert einen aristokratischen Roman in typisch nostalgischer Vergangenheitsschwermut und Sehnsucht nach dem Tode. Dazu kommt jetzt – als nächster Gedankenschritt gewissermaßen – die spannende Struktur, die aber, jetzt anders interpretiert, bereits zur Verhüllungsstrategie des (politischen) Österreich-Themas wird. Der ursprüngliche aristokratische Ansatz formt alles durch bis zur außergewöhnlichen Figur des Detektivs Gordon und den romantechnischen Konsequenzen daraus.

In der weiteren Anreicherung von Situationen und Figuren durch die psychologischen Themenbereiche von „Leben – Tod" sowie „Wirklichkeit – Unwirklichkeit" einerseits und die typisch österreichischen Schauplätze Wien und Kärnten andererseits wird die Möglichkeit angedeutet, daß man jetzt – in verdeckter politischer Strategie – das Ende Altösterreichs auch als Ende der Republik Österreich im Jahre 1938 lesen und auffassen kann. Auf solche Weise wird Insidern eine spezifische Lesart suggeriert und damit gleichzeitig die nationalsozialistische Zensur effektvoll getäuscht.

Was aber durch die thematische und motivische Anreicherung des Schemas (ob Aristokratenroman, ob Detektivroman) erreicht wird, hebt die ästhetisch-literarische Qualität des Werks deutlich. Genau das belegt eine Beobachtung Hilde Spiels:

> Das Buch enthält eine Anzahl betrachtender, gleichsam windstiller Stellen, in denen mehr über Schwebezustände unserer Existenz mitgeteilt wird, als man für ausdrückbar gehalten hätte. Die gesamte Episode des Oberleutnants Silverstolpe aber, der an einem schleichenden Leiden im Hause zweier alter Fräulein dahinsiecht, wird mit äußerster Gewißheit in die Lesebücher künftiger Generationen eingehen als ein Beispiel schönster und reinster Prosa, die in diesem Jahrhundert geschrieben wurde [...]. Mögen jene, die in diesem Dichter nur einen Verfasser eleganter Abenteuerromane und Gesellschaftskomödien erblicken, sich neben seiner Lyrik von diesem Buche belehren lassen, wie tief er an die ewigen Quellen und Mythen des Menschseins zu rühren vermag.[18]

Anmerkungen

[1] Alexander Lernet-Holenia: *Beide Sizilien*. Amsterdam: Bermann-Fischer, 1950, S. 333 (nachgewiesen im Text unter der Sigle BS mit anschließender Seitenangabe).

[2] Hartmut Binder (Hrsg.): *Kafka – Handbuch in zwei Bänden*. Band 1: Der Mensch und seine Zeit. Stuttgart: Kröner, 1979, S. 293.

[3] Richard Alewyn: „Das Rätsel des Detektivromans". In: *Definitionen. Literarische Essays*. Hrsg. v. Adolf Frisé. Frankfurt a. M.: Vittorio Klostermann, 1963, S. 117 – 136, hier S. 118.

[4] Armin Arnold, Josef Schmid (Hrsg.): *Reclams Kriminalromanführer*. Stuttgart: Reclam, 1978, S. 37.

[5] Otto Soyka: „Begegnungen mit Karl Kraus". In: *Die Schau. Halbmonatschrift für Kultur und Politik*. Oktober 1953, S. 9 – 21, hier S. 21.

[6] Paul Kruntorad: „Prosa". In: Hilde Spiel (Hrsg.): *Die zeitgenössische Literatur Österreichs*. Zürich, München: Kindler, 1976 (Kindlers Literaturgeschichte der Gegenwart. Autoren. Werke. Themen. Tendenzen seit 1945), S. 131 – 292, hier: S. 151.

[7] Ebd., S. 152.

[8] Volker Kaukoreit: „Versuch, Alexander Lernet-Holenia zu lesen". In: *Neue Zürcher Zeitung*, 4. 3. 1997.

[9] Alphons Freiherr von Wrede: *Geschichte der k.u.k. Wehrmacht*. Wien: Seidel, 1901, S. 362.

[10] Reinhard Lüth: *Drommetenrot und Azurblau. Studien zur Affinität von Erzähltechnik und Phantastik in Romanen von Leo Perutz und Alexander Lernet-Holenia*. Meitingen: Corian, 1988 (Studien zur Phantastischen Literatur; 7).

[11] Ebd., S. 347.

[12] Robert Dassanowsky: *Phantom Empires: The Novels of Alexander Lernet-Holenia and the Question of Postimperial Austrian Identity*. Riverside: Ariadne, 1996, S. 114.

[13] Ebd., S. 113. Vgl. a. Günther Berger: „Ein dichtender Grandseigneur". In: *Österreich in Geschichte und Literatur*, 33. Jg. (1989), Heft 2, S. 89 – 113, hier: S. 96.

[14] Roman Roček: „Die Gesichter und Gesichte des Alexander Lernet-Holenia". In: *Die Presse*, 16./17. 12. 1978, S. 17.

[15] Roman Roček: „Zwischen Subversion und Innerer Emigration. Alexander Lernet-Holenia und der Nationalsozialismus". In: *Literatur der „Inneren Emigration" aus Österreich*. Hrsg. v. Johann Holzner u. Karl Müller. Wien: Döcker 1998 (Zwischenwelt; 6), S. 181 – 211, hier: S. 185.

[16] Karl Kraus: „Pro domo et mundo". In: *Aphorismen*. Frankfurt a. M.: Suhrkamp, 1986, S. 179 – 301, hier: S. 224.

[17] Fast ironisch erscheinen mir Parallelen wie der Kauf eines Pferdesattels für eine plötzlich aufgetauchte Schöne (Fräulein Leeb oder von Leeb) mit der Reiterthematik und dem Wachtmeister Lerch im partiellen Gleichlaut der Namen.

[18] Hilde Spiel: „Alexander Lernet-Holenia". In: dies.: *Welt im Widerschein*. München: C. H. Beck 1960, S. 273.

Zweifeln am Zufall.
Zum intertextuellen Verhältnis von Perutz' *Turlupin* und Lernet-Holenias *Der 20. Juli*

Thomas Hübel (Berlin)

„Seien Sie mit ‚Graciña' nur recht vorsichtig. Ich zweifle nicht daran, daß auch dieses Stück schließlich jenen bewundernswerten mathematisch vorauszusehenden und notwendigen Abschluß erhalten wird, der alle Ihre übrigen Bücher auszeichnet. Seien Sie nicht zu rasch mit dem Stück! Ein Roman kann manchmal überkonstruiert sein: ein völlig auskonstruiertes Stück aber gibt es vielleicht noch gar nicht. Alle Stücke sind immer noch zu wenig konstruiert, auch die besten. In einem Stück wirkt aber *nur* die Konstruktion, sonst gar nichts."[1] Wenn Alexander Lernet-Holenia etliche Jahre später Leo Perutz seinen „besonders verehrten Lehrmeister"[2] nennen wird, so mag er dabei unter anderem an die komplizierte Konstruktion von dessen Romanen gedacht haben.[3] Denn auch in seinem eigenen Werk finden sich Texte, die in dieser Hinsicht nicht weit hinter denen Perutz' zurückstehen, z.B. die 1946 erschienene Erzählung *Der 20. Juli*.[4]

Zunächst zum Inhalt dieser Geschichte, die im Wien des Jahres 1944 spielt. Nachdem der Wissenschaftler Alberti stirbt, versteckt sich seine jüdische Frau Suzette bei ihrer Freundin Elisabeth de Josselin, die mit einem preußischen Offizier hugenottischer Herkunft verheiratet ist. Bald darauf entdeckt Suzette Alberti, daß sie schwanger ist. Sie läßt das Kind heimlich abtreiben, woraufhin sich aber eine Blutvergiftung einstellt. Ihr Zustand verschlimmert sich so sehr, daß sie ins Spital gebracht werden muß, wo sie sich mit den Dokumenten ihrer Freundin Elisabeth ausweist. Als Suzette stirbt, gilt Elisabeth de Josselin für die Behörden als tot. In dieser schwierigen Lage muß sie sich ihrem Mann, dem sie die bisherigen Ereignisse verschwiegen hat, anvertrauen. Dieser unpolitische und insofern gegenüber dem herrschenden Regime loyale Offizier fühlt sich verpflichtet, seinem Vorgesetzten alles zu melden, was bisher geschehen ist. Auf diese Selbstdenunziation reagiert der General aber in unerwarteter Weise: Er weiht Josselin in die Pläne der Verschwörer gegen Hitler ein und fordert ihn zur Teilnahme am Putsch auf. Josselin wird Verbindungsoffizier zu den in Italien stationierten Truppen und erhält dafür einen speziellen Paß. Da Elisabeth de Josselin weiterhin offiziell als tot gilt, entschließt sie sich zur Flucht ins Ausland. Zu diesem Zweck sucht sie einen gewissen Bukowsky auf, der sich bereit erklärt, sie außer Landes zu bringen. Als Gegenleistung verlangt er nicht Geld, sondern sexuelle Hingabe. Bukowsky, der, wie sich erst später herausstellen wird, dem Sicherheitsdienst angehört, will mit Elisabeth am 20. Juli nach Italien reisen. An diesem Tag gibt er auch den Befehl, ihren Mann zu verhaften; in der allgemeinen Konfusion nach dem Hitler-Attentat lassen die Offiziere, die Josselin bewachen sollen, ihn aber wieder frei.

Der Standartenführer Latheit von der Geheimen Staatspolizei nimmt an, daß Bukowsky aus irgendwelchen Gründen versucht habe, Josselin durch eine Verhaftung vom Putsch fernzuhalten und ihn so zu schützen. Er läßt Bukowsky daher am Bahnhof festnehmen, wohin dieser mittlerweile mit Elisabeth gefahren ist. Die Auseinandersetzung zwischen SD-Offizier und Gestapomann endet damit, daß Bukowsky Latheit erschießt, sogleich aber von Gestapo-Leuten getötet wird. Inzwischen ist auch Josselin zum Bahnhof gekommen. Er trifft in einem Abteil auf Elisabeth, und die beiden fahren gemeinsam nach Italien. Sie mit den Papieren, die Bukowsky für sie ausstellen ließ, er mit jenen, die die Verschwörer für ihn vorbereitet hatten. Die Schlußszene deutet an, daß sich die schon seit längerem zerrüttete Beziehung der beiden wieder festigen könnte.

Wer auf Grund des Titels eine literarische Darstellung des Hitlerattentats erwartet hat, wird wahrscheinlich enttäuscht sein. Doch eben hierin deutet sich ein Zug an, der für das Prosawerk Lernet-Holenias typisch ist. Die Texte scheinen sich oft mit historischen Ereignissen und Prozessen nur abzugeben, um von ihnen aus auf eine grundsätzlichere Ebene zu wechseln, auf der dann Probleme behandelt werden wie das Verhältnis von historischem Prozeß und individueller Biographie, von Mythos und Geschichte, von Zufall und Schicksal. Manche von Lernet-Holenias Texten stellen gleichsam Modelle dar, in denen diese Fragen wie in einer experimentellen Anordnung thematisiert werden. Es geht ihnen nicht primär um die Repräsentation von konkreten historischen Ereignissen, sondern um den Entwurf allgemeiner Geschichtskonzepte bzw. die Konstruktion von Modellen für den Geschichtsverlauf. Diese These läßt sich im Falle des *20. Juli* durch die Analyse eines in die Erzählung eingeschalteten theoretischen Exkurses und zweier Anspielungen erhärten.

Die erste Anspielung stellt gleichzeitig den Beginn des theoretischen Exkurses dar: „Man könnte den Zwanzigsten Juli für eine Sternenstunde der Menschheit nehmen – oder vielmehr für eine Stunde ihrer Unsterne."[5] Lernet-Holenia nimmt hier auf Stefan Zweigs *Sternstunden der Menschheit*[6] Bezug, wobei aber Zweigs Auffassung von der Rolle des Zufalls in der Geschichte derjenigen Lernet-Holenias diametral entgegengesetzt ist. Zweig schildert nämlich Augenblicke, in denen die Weltgeschichte, bedingt durch einen Zufall, eine neue Richtung einschlägt: „[...] ein einziges Ja, ein einziges Nein, ein Zufrüh oder ein Zuspät macht diese Stunde unwiderruflich für hundert Geschlechter und bestimmt das Leben eines Einzelnen, eines Volkes und sogar den Schicksalslauf der ganzen Menschheit."[7] Ein Beispiel dafür ist Zweigs Darstellung des Falls von Konstantinopel, den der Autor darauf zurückführt, daß man vergaß, ein kleines Stadttor abzusperren.

Der theoretische Exkurs im *20. Juli*, der mit einer literarischen Anspielung einsetzte, wird folgendermaßen fortgesetzt: „Doch steht dahin, ob, wenn die Revolte geglückt wäre, das Geschick sich anders vollzogen hätte. Nicht aus dem Umstande sagen wir das, weil, was immer geschehen möge, gar nicht anders geschehen kann, und weil daher alles, was geschieht, gut ist; sondern weil das Geschick stärker ist als sogar seine eigenen Bedingungen. Den Fall überhaupt gesetzt, daß es auch anders hätte kommen können – es wäre, von ein paar Modifikationen abgesehen, dennoch nicht anders gekommen."[8] Dieser in apodiktischem Ton gehaltene Exkurs versucht, das Skandalon zu verarbeiten, daß bloß ein winziger Zufall ein früheres Ende des Weltkrieges verhindert hat, und bietet schließlich eine Entlastung von dieser irritierenden Vorstellung.

Lernet-Holenia greift mit dem Zufall ein Thema auf, das auf eine lange Tradition zurückblicken kann, an die hier gleichsam nur anekdotisch und nur im Hinblick auf die Relativierung oder gar Beseitigung des Zufalls erinnert werden kann. Als Gipfelpunkt derartiger Tendenzen gilt im Bereich der Philosophie der spekulative Idealismus, dem man immer wieder zum Vorwurf machte, „jedes, auch das scheinbar geringste Seiende als ein notwendiges einsichtig machen zu wollen."⁹ Um diesen Anspruch ad absurdum zu führen, forderte schon Wilhelm Traugott Krug von den Idealisten, sie mögen beliebige Dinge wie etwa den Mond, irgendeine Pflanze oder seine eigene Schreibfeder aus höheren Prinzipien ableiten. Wenn Hegel darauf zunächst auch ironisch antwortete, so war hier doch ein Problem getroffen, das er in der Folge mit seiner Theorie des absoluten Zufalls zu überwinden suchte.¹⁰ Ihr zufolge sei durchaus einzuräumen, daß auf der „Oberfläche [der Natur] sozusagen die Zufälligkeit ihr freies Ergehen hat, welches dann auch als solches anzuerkennen ist, ohne die (der Philosophie bisweilen irrigerweise zugeschriebene) Prätention, darin nur ein so und nicht anders Können finden zu wollen."¹¹ Da nur der Zufall, nicht aber das einzelne Zufällige notwendig sei, verdiene letzteres kein philosophisches Interesse. Dies ist auch – so Dieter Henrich – der Grund für jene lapidare Antwort, die Hegel einem Studenten gab, als dieser ihm von einer südamerikanischen Pflanzenart berichtete, die seinem Begriff der Pflanze nicht entspreche: „Um so schlimmer für die Natur."¹²

Was für den idealistischen Philosophen Wilhelm Traugott Krugs Schreibfeder, das ist für den Historiker die Nase der Cleopatra.¹³ Hätte sich Marc Anton nicht von ihrer Schönheit betören lassen, so hätte er die Schlacht von Actium gewonnen und damit das römische Kaiserreich verhindert.¹⁴ Auch der Historiker sieht sich mit dem Skandalon des Zufalls konfrontiert, dem er aber vielleicht eine Spur weniger souveräne Gelassenheit als der Philosoph entgegenbringen kann, denn derartige Zufälligkeiten unterminieren allgemeine Erklärungsprinzipien. Daher wird sich der Historiker entschließen müssen, sie gegenüber umfassenderen Prozessen oder Strukturen als marginal hinzustellen oder ihnen überhaupt die Bedeutsamkeit für eine rationale Interpretation der Geschichte abzusprechen. In jedem Fall wird er eine Strategie entwickeln, um den Zufall zu entschärfen.¹⁵ Als völlig eliminiert erweist sich dieser allerdings nur in der souveränen Geste geschichtsmetaphysischer Spekulation, wie sie etwa Oswald Spenglers *Untergang des Abendlandes* prägt – ein Buch, das Lernet-Holenia übrigens nachweislich gekannt hat. Spengler unterscheidet dort zwischen Kausalitätsprinzip und Schicksalsidee. Letztere liegt nicht mehr in der Reichweite des Historikers: „Daß kritisches Nachden-

Zweifeln am Zufall

ken niemals auch nur einen Hauch von Schicksal vermittelt, ist eine innere Gewißheit, ohne welche die Welt des Werdens verschlossen bleibt."[16] In dieser Sichtweise werden zufällige Ereignisse zu letztlich irrelevanten Oberflächenerscheinungen: „Innerhalb jeder Epoche besteht eine unbegrenzte Fülle überraschender und nie vorherzusehender Möglichkeiten, sich in Einzeltatsachen zu verwirklichen, die Epoche selbst aber ist notwendig [...]. Neue Zufälle können deren Entwicklung großartig oder kümmerlich, glücklich oder jammervoll gestalten, aber ändern können sie sie nicht."[17]

Auch in Lernet-Holenias *20. Juli* ist der Zufall durch den auktorialen Einschub entschärft worden. Zwar führt eine Unzahl von glücklich ineinander greifenden Zufällen zur Rettung der Protagonisten, auf der Ebene der Weltgeschichte herrscht aber einzig das Geschick. Allerdings enthält die Erzählung eine weitere Anspielung auf einen Text, in dem der Zufall eine eminente Rolle spielt. Es handelt sich dabei um Leo Perutz' Roman *Turlupin* (1923). Der Erzähler dieses Romans präsentiert uns, noch bevor wir von ihm etwas über den Barbiergesellen Turlupin erfahren, eine Reihe fiktiver Quellen, aus denen hervorgeht, daß die große französische Revolution beinahe schon am 11. November 1642 und nicht erst im Jahre 1789 stattgefunden hätte. Darauf folgt ein kurzer Abschnitt geschichtstheoretischer Natur, auf den wir noch zurückkommen werden – er stellt ein Pendant zu Lernet-Holenias Exkurs im *20. Juli* dar. Erst dann beginnt die Geschichte des Barbiergesellen und Perückenmachers Turlupin. Diese ist eingebettet in die historische Fiktion, daß im Jahre 1642 der Kardinal Richelieu das unzufriedene Volk zu einem Aufstand gegen die Fronde aufhetzen und an einem einzigen Tag den gesamten Adel Frankreichs ausrotten will. Es ergeben sich zwei Verbindungen zwischen dem Leben des Barbiergesellen und der großen Geschichte: Zum einen verkehrt im Geschäft Turlupins ein gewisser Monsieur Gaspard, der in Wirklichkeit der Vicomte von Saint-Chéron ist, ein Vertrauter Richelieus und der Anführer des unmittelbar bevorstehenden Aufstandes. Zum anderen wird Turlupin in eine Versammlung des Adels eingeschleust, damit er dort für die Aufständischen spioniere. Turlupin erhält einen Decknamen, nämlich René de Josselin, also einen Namen, auf den Lernet-Holenia in seiner Erzählung zurückgreift. Doch statt zu spionieren, spielt der Barbiergeselle lieber den Edelmann, der er ohnehin zu sein glaubt. Da er ein Findelkind ist, hat er sich nämlich immer schon eine vornehme Herkunft zusammenphantasiert. Nun bietet sich ihm endlich die Gelegenheit, unter Edelmännern wie unter seinesgleichen zu verkehren. Als der Versammlungsort der Adeligen von wütenden Aufständischen eingeschlossen wird, entdeckt Turlupin unter diesen Monsieur Gaspard, den er aus seinem Friseurgeschäft kennt. Er tötet ihn, damit dieser nicht verrate, daß er bloß ein Barbiergeselle sei. Damit sind die Aufständischen ihres Führers Saint-Chéron beraubt, und die Revolution bricht in sich zusammen.

Die Verwendung des Namens de Josselin im *20. Juli* ist keine beiläufige Reverenz dem „Lehrmeister" Perutz gegenüber. Sie ist vielmehr ein Zeichen dafür, wie genau Lernet-Holenia seine Erzählung als Antwort auf den Perutzschen Text konstruiert hat. Sehen wir uns die Übereinstimmungen zwischen den beiden Texten im Detail an: Geht es in *Turlupin* um eine verhinderte Revolution, so im *20. Juli* um einen gescheiterten Putsch. In beiden Fällen vereiteln Zufälle die Revolution bzw. den Putsch. Genau diese Zufälle sind Gegenstand theoretischer Exkurse, die die Haupthandlung einrahmen bzw. unterbrechen. In beiden Fällen haben die handelnden Personen keine Einsicht in die politischen Ereignisse, die in ihr Leben eingreifen, d.h., Turlupin weiß nichts von der geplanten Revolution, und auch Elisabeth ist sich im Kampf um ihr Überleben nicht im klaren darüber, wie das Scheitern des Putsches in jenen rettend eingreift.

Dennoch gibt es einen wesentlichen Unterschied: In *Turlupin* stehen die rein privaten Motive Turlupins, sein gesellschaftlicher Ehrgeiz, der Glaube an seine vornehme Herkunft etc. im Vordergrund. Zwar scheitern Turlupins Ambitionen, sie wirken aber, ohne daß es intendiert wäre, in den politischen Bereich hinein. Im *20. Juli* ist es umgekehrt: Die politischen Pläne der Hitlerattentäter mißlingen, sie beeinflussen aber, ohne daß das beabsichtigt wäre, die privaten Geschicke des Ehepaares Josselin. Dennoch wird der Rahmen der Analogie durch diese Gegenläufigkeit nicht völlig gesprengt, denn in beiden Texten klafft gleichermaßen ein Abgrund zwischen individuellem Erfahrungshorizont und historischem Ereignis.

Kleiden wir diese Beobachtungen in die Terminologie der Intertextualitätstheorie, so wird noch deutlicher, wie eng Lernet-Holenias Erzählung mit dem Roman von Perutz verbunden ist: „Manifester Text und Referenztext können einander punktuell berühren, oder aber der frühere Text ist dem späteren aufgrund ähnlicher Strukturen als Paradigma eingeschrieben."[18] Lernet-Holenia verwirklicht in seiner Bezugnahme auf *Turlupin* beide Möglichkeiten. Wir haben es hier also sowohl mit einer Kontiguitäts-Intertextualität zu tun, die durch ein Zitat, nämlich den Namen Josselin, den Prätext als ganzen aufruft, als auch mit einer Similaritäts-Intertextualität, da die beiden Texte analoge Strukturen aufweisen.

So obsolet Lernet-Holenias Rückgriff auf das Geschick für den heutigen Leser wirken mag, so irritierend ist auch Perutz' Insistieren auf dem Zufall als entscheidender Instanz des Geschichtsprozesses. Genau diesem Aspekt wendet sich Wendelin Schmidt-Dengler zu, wenn er sich im Rahmen seiner Analyse von historischen Romanen der österreichischen Zwischenkriegszeit mit *Turlupin* auseinandersetzt:

> Geschichte wird nicht von denen gemacht, die sich der Arm des Schicksals zu sein dünken, sondern von Narren. Eine nicht abreißende Kette von Mißverständnissen und Irrtümern steht dem sinnvollen Geschichtsverlauf entgegen. [...] Die vermittelnde Ironie des Erzählers läßt die Illusion entstehen, daß der Leser hier einen Blick hinter die Kulissen tun könnte. Konsequent interpretiert, läuft die Geschichtsauffassung Perutz' darauf hinaus, historische Vorgänge für schlechthin unerklärbar zu halten.[19]

Mit anderen Worten, reduziert man Geschichte auf ein Geflecht von Zufällen, hat Historiographie keine Erklärungskraft mehr und verliert sich in einem Wust von Personen, Daten und Fakten. Genau dieses Argument führt auch der englische Historiker Edward Hallett Carr an, wenn er das nahezu gleichzeitig mit Lernet-Holenias *20. Juli* erscheinende Buch Friedrich Meineckes *Die deutsche Katastrophe* kritisiert: „[...] nach dem Zweiten Weltkrieg schrieb er die nationalen Mißgeschicke der letzten 40 Jahre einer Reihe von Zufällen zu: der Eitelkeit des Kaisers, der Wahl Hindenburgs zum Präsidenten der Weimarer Republik, Hitlers Besessenheit usw. – Bankrotterklärung eines großen Historikers, den der Druck der Mißgeschicke seines Vaterlandes zerstörte."[20] Carrs Argumentationsmuster findet sich schon bei Hegel, der in seiner *Logik* schreibt: „Es ist ein gewöhnlich gewordener Witz in der Geschichte, *aus kleinen Ursachen große Wirkungen* entstehen zu lassen und für die umfassende und tiefe Begebenheit eine *Anekdote* als erste Ursache aufzuführen. Jene *Arabesken-Malerei* der

Geschichte, die aus einem schwanken Stengel eine große Gestalt hervorgehen läßt, ist daher wohl eine geistreiche, aber höchst oberflächliche Behandlung."[21] So richtig dieses Argument ist, so sehr fragt es sich, ob man es gegen den Perutzschen Roman in Anschlag bringen kann. Denn für *Turlupin* gilt genau das, was wir schon für den *20. Juli* behauptet haben (und damit zeigt sich eine weitere Parallele zwischen den beiden Texten): Der Roman zielt nicht auf Darstellung und Erklärung historischer Ereignisse, sondern bewegt sich, indem er Geschichtskonzepte verhandelt, eher auf einer – ironischen – Metaebene. Diese These kann – ähnlich wie beim *20. Juli* – zunächst mit Hinweis darauf gestützt werden, daß *Turlupin* eine Anspielung auf einen geschichtstheoretischen Text enthält, nämlich auf Marx' Schrift *Der achtzehnte Brumaire des Louis Bonaparte*. Diese Schrift beginnt mit folgendem Satz: „Hegel bemerkt irgendwo, daß alle großen weltgeschichtlichen Tatsachen und Personen sich sozusagen zweimal ereignen. Er hat vergessen hinzufügen: das eine Mal als Tragödie, das andere Mal als Farce."[22] Genau das ist die Struktur von *Turlupin*, nur daß die Reihenfolge umgekehrt ist: Während bei Marx auf die Tragödie von 1789 die Farce von 1848 bis 1851 folgt, geht bei Perutz die Farce von 1642 der Tragödie von 1789 voraus. Den Parallelen, die Marx im nächsten Satz zwischen Caussidière und Danton, zwischen Louis Blanc und Robespierre, zwischen der *Montagne* von 1848 – 1851 und jener von 1793 – 1795, zwischen dem Neffen und dem Onkel zieht, entsprechen die von Perutz aufgezählten Analogien zwischen Bailly und Omer Talon, zwischen Lafayette und Louis II., dem Prinzen von Condé, zwischen Talleyrand und dem Kardinal Retz etc.[23]

Entscheidender als diese Anspielung ist aber, daß Perutz zu Beginn von *Turlupin* Erklärungsprinzipien für historische Prozesse anspricht, die im Verlauf des Romans desavouiert werden.[24] Eines dieser Erklärungsprinzipien ist eben der Zufall. Zwar wird er zu Beginn als jenes Moment hingestellt, das die Revolution kurz vor ihrem Ausbruch noch verhindern kann, aber andererseits enthält der Roman genügend Hinweise darauf, daß auch ohne diesen Zufall die Erhebung gegen den Adel bald in sich zusammengebrochen wäre. Sofern man Turlupins Phantasien von sozialem Aufstieg als repräsentativ für seine soziale Schicht betrachtet, scheint es um das revolutionäre Bewußtsein breiter Volksmassen schlecht bestellt gewesen zu sein; überdies werden die Verschwörer als ein „Haufen von Packträgern, Türstehern, Fuhrknechten und davongejagten Lakaien"[25] hingestellt, ohne politisches Bewußtsein und unfähig zu koordiniertem Handeln. Für den ironisch verfahrenden Erzähler dürfte es im Grunde also klar sein, daß seine ganze verwickelte Handlungskonstruktion um Turlupin für das Verständnis der französischen Geschichte des 17. Jahrhunderts genauso viel leistet wie Cleopatras Nase für die Erklärung des Übergangs von der Republik zum Kaiserreich. Die von Schmidt-Dengler gegen den Roman vorgebrachte Kritik ist demnach – wenn auch auf ironisch-versteckte Weise – von diesem selbst schon geäußert worden.

Genauso wenig Erklärungskraft wie der Zufall hat die Notwendigkeit. Dieser Begriff wird zwar nicht explizit ins Spiel gebracht, aber der Satz „Frankreich war im Jahre 1642 reif zur großen Revolution"[26] spielt auf die marxistischen Debatten an, ob eine gegebene historische Situation schon „reif" für die proletarische Revolution sei,[27] und damit auf das Konzept eines objektiven, gleichsam mit naturgesetzlicher Notwendigkeit ablaufenden Geschichtsprozesses.

Ein anderes Erklärungsprinzip, das der Roman im Einleitungsteil zitiert, ist das Schicksal. Dieses fungiert, indem es den Zufall in Dienst nimmt, gleichsam als Widersacher der hypostasierten Notwendigkeit: „Das Schicksal wollte es nicht. Das Schicksal ging seine eigenen Wege. Noch einmal sollte das alte, dem Tod geweihte Frankreich über die Ideen einer neuen Zeit triumphieren. Die Welt sollte um den Glanz des Sonnenkönigtums nicht betrogen werden. Um die Pläne des Titanen Richelieu zu durchkreuzen, bediente sich das Schicksal eines Narren namens Turlupin."[28] Aber auch der sich auf die Schicksalsidee stützende Erklärungsversuch wird durch die Romanhandlung desavouiert. Schicksal ist nämlich der Begriff, den Turlupin selbst verwendet, um sich sein Leben zu erklären. Er, der als Findelkind an seine vornehme Abstammung glaubt, wurde als elfjähriger Knabe aus einem brennenden Haus gerettet: „[...] und seit diesem Ereignis fühlte er die Gewißheit in sich, daß das Schicksal ihn am Leben erhalten hatte, weil es seiner bedurfte."[29] Es ist gerade der Glaube an das Schicksal, an das Auserwähltsein, der ihn alles mißverstehen läßt und ihn letztlich ins Unglück stürzt.

Wurden Zufall, Notwendigkeit und Schicksal als Erklärungsprinzipien ad absurdum geführt, dann bliebe immerhin noch die göttliche Vorsehung übrig. Und tatsächlich wird dieses Erklärungsprinzip angesprochen, bekommt allerdings, um auf die Ereignisse zu passen, eine Wendung, die mit dem tradierten Gottesbild nur mehr schwer vereinbar ist. Ein Bekannter Turlupins sagt nach dem Verschwinden desselben: „Vielleicht hat Gott nach der Art der großen Herren sich einen guten Tag aus einem einfältigen Menschen gemacht."[30] Der Rückgriff auf Gott erklärt also nur dann etwas, wenn man bereit ist, sich Gott als vergnügungssüchtigen Aristokraten vorzustellen.

Perutz greift also vier Erklärungsprinzipien für den Ablauf von Geschichte auf, nur um sie an der Erzählung vom Barbiergesellen, der eine Revolution verhindert, zerschellen zu lassen. An ihrer Applikation auf den Einzelfall erweist sich, wie wenig sie imstande sind, Geschichte verständlich zu machen. *Turlupin* ist somit kein historischer Roman, der historisches Geschehen zu repräsentieren versucht, sondern einer, der mit Geschichtskonzepten spielt, um sie auf ironische Weise außer Kraft zu setzen.

Blicken wir von diesem Resultat aus zurück auf Lernet-Holenias Text, so werden nun auch die entscheidenden Unterschiede sichtbar: Während Perutz Begriffe wie Zufall, Notwendigkeit, Schicksal und Vorsehung ironisiert und ihre Erklärungskraft in Zweifel zieht, operiert Lernet-Holenia in affirmativer Weise mit dem Begriff Geschick. Man könnte daher versucht sein, Perutz' Text für den moderneren bzw. ästhetisch komplexeren zu halten, und zwar nicht deshalb, weil er Ideen illustriert, die uns heute akzeptabler erscheinen als Lernet-Holenias Schicksalsbegriff, sondern weil er zu Ideen nicht in einem abbildenden bzw. illustrierenden Verhältnis steht. Perutz' ironischem Umgang mit Geschichtskonzepten stünde also Lernet-Holenias affirmative Anwendung des Begriff Geschick auf die von ihm erzählte Geschichte gegenüber. Somit erwiesen sich all die bisher aufgezeigten Parallelen als bloße Oberflächenphänomene, welche die tiefgreifenden Unterschiede zwischen den beiden Autoren verdeckten.

Dennoch gibt es ein Moment, das ein solches Urteil in Frage zu stellen vermag. Es läßt sich vielleicht am besten anhand der Kategorien von Genettes Intertextualitätstheorie formulieren.[31] Gérard Genette entwirft eine systematische Typologie intertextueller Relationen, die er in ihrer Gesamtheit Transtextualität nennt. Zu den fünf Möglichkeiten der Transtextualität gehören neben der Architextualität (Gattungszugehörigkeit) und der Paratextualität (Beziehung eines Textes zu den ihn unmittelbar einrahmenden Textstücken wie Titel,

Einleitung, Nachwort, Waschzettel etc.), die in unserem Zusammenhang nicht von Interesse sind, die Intertextualität (im engeren Sinne), d.h. die „Beziehung der Kopräsenz zweier oder mehrerer Texte"[32] etwa in den Formen von Anspielung und Zitat. In Lernet-Holenias Erzählung manifestiert sich die Intertextualität (im Sinne Genettes) als Anspielung auf den Perutzschen Roman durch die Verwendung des Namens de Josselin. Davon unterscheidet Genette die Hypertextualität, die dann gegeben ist, wenn ein Text einen anderen transformiert. Dies setzt die Erstellung eines Modells voraus. Und in der Tat ist beiden Texten ein Modell gemeinsam, das u.a. aus folgenden Elementen gebildet wird: historischer Zufall, unbeabsichtigte Handlungsfolgen, Scheitern eines Putsches bzw. einer Revolution. Die fünfte Kategorie ist die Metatextualität, die die Form von Kritik oder Kommentar annehmen kann. Das Erstaunliche ist nun, daß sich der Perutzsche Text in der eben vorgestellten Lektüre als Metatext, als Kritik an Lernet-Holenia lesen läßt. Oder anders formuliert, Lernet-Holenia verleiht dem Perutzschen Text nachträglich die Dimension der Metatextualität, indem er seinen eigenen Text zum potentiellen Objekt der Kritik des Perutzschen Textes macht. Er nimmt nämlich mit seinem Exkurs über das Geschick einen Begriff wieder auf, den Perutz durch seine Thematisierung von Turlupins Schicksalsglauben schon der Lächerlichkeit preisgegeben hat. Das ist um so merkwürdiger, als dieser Schicksalsglaube ja eng verknüpft ist mit Turlupins Annahme einer zwar illegitimen, aber vornehmen Herkunft. Der Perückenmacher, der glaubt, von einer Herzogin abzustammen, erinnert somit ein wenig an den Schriftsteller Lernet-Holenia, der stets damit kokettierte, der illegitime Sohn eines habsburgischen Erzherzogs zu sein. Daß wir es hier mit Selbstironie zu tun haben könnten, vermag ein Blick auf andere Texte zu bestätigen. So erhalten in der *Österreichischen Komödie* gerade die besonders negativ gezeichneten Figuren Namen, die sich auch im Stammbaum des Autors finden (Ainöth, Neydisser und vor allem Albertini).[33]

Eine erste Lektüre des *20. Juli* wird sich vielleicht am eingeschobenen auktorialen Kommentar orientieren und von diesem ausgehend die Erzählung interpretieren, wie ja auch häufig die weltanschaulichen Passagen in den Lernetschen Texten einfach als deren Extrakte bzw. als Meinungen des Autors verstanden wurden. Das führt dann oft zu Urteilen wie etwa jenem, daß sich in seinen Werken eine „geschichtsjenseitige mythische Religiosität"[34] ausdrücke. Nun sollte man diesen keinesfalls pauschal und unbesehen Ironie unterstellen. Aber würde es nicht den Versuch lohnen, das so häufig bemühte Bild dieses Schriftstellers als Janus[35] einmal ernster zu nehmen, ja als Leitfaden für die Untersuchung der Texte zu gebrauchen? Vielleicht erschöpft sich die Janusköpfigkeit des Autors nicht im unbedenklichen Wechseln zwischen sublimer Lyrik und trivialer Komödie, vielleicht ist sie bereits dem singulären Text eingeschrieben. Zumindest scheint die komplexe intertextuelle (mit Genette: transtextuelle) Beziehung, durch welche Lernet-Holenia den *20. Juli* mit Perutz' *Turlupin* verknüpft, die auf den ersten Blick so affirmativ wirkende Erzählung doch mit einem ironischen Vorzeichen zu versehen und ins Zwielicht der Ambivalenz zu tauchen.

Anmerkungen

[1] Brief Lernet-Holenias an Leo Perutz vom 5. 11. [1932?]; abgedruckt in: Hans-Harald Müller, Brita Eckert (Hrsg.): *Leo Perutz: 1882 – 1957. Eine Ausstellung der Deutschen Bibliothek Frankfurt am Main*. Wien, Darmstadt: Zsolnay, 1989, S. 210.

[2] Alexander Lernet-Holenia: „Nachbemerkung". In: Leo Perutz: *Der Judas des Leonardo*. Wien, Hamburg: Paul Zsolnay, 1959, S. 230.

[3] Die Forschung hat sich bereits der Parallelen und Unterschiede zwischen den beiden Autoren angenommen. Erstere wurden, etwa hinsichtlich der Erzählhaltung, des Aufbaus und der Motive, durch Lüth analysiert (Reinhard Lüth: *Drommetenrot und Azurblau. Studien zur Affinität von Erzähltechnik und Phantastik in Romanen von Leo Perutz und Alexander Lernet-Holenia* (Studien zur phantastischen Literatur; 7). Meitingen: Corian, 1988). Pollet hingegen hat die Besonderheit der phantastischen Romane von Leo Perutz gerade vor der Folie des Lernetschen Erzählwerks herausgearbeitet (vgl. Jean-Jacques Pollet: „Leo Perutz ou l'énigme de l'obstination dérisoire". In: ders. (Hrsg.): *Leo Perutz ou L'Ironie de l'Histoire*. Publications de l'Université de Rouen, 1993, S. 95 – 107).

[4] Alexander Lernet-Holenia, *Der 20. Juli. Erzählung*. Wien: Erasmus-Verlag, 1947 (abgedruckt auch in zwei Teilen in: *Der Turm. Monatsschrift der österreichischen Kulturvereinigung;* 1. Jg., Heft 12 (Juli 1946), S. 378 – 387; 2. Jg., Heft 1, S. 23 – 29, sowie in: *Die neue Rundschau*. Oktober 1946, S. 20 – 47).

[5] Alexander Lernet-Holenia, *Der 20. Juli*, a.a.O., S. 68.

[6] Die Erstausgabe erschien 1929 als Sammlung von fünf historischen Miniaturen im Insel-Verlag. Die erweiterte Ausgabe wurde 1943 in Stockholm bei Bermann-Fischer publiziert. Zweig und Lernet-Holenia kannten einander gut, ja verfaßten sogar gemeinsam das Drama „Quiproquo". Näheres dazu in: Peter

Pott: *Alexander Lernet-Holenia. Gestalt, dramatisches Werk und Bühnengeschichte.* Wien, Stuttgart: Braumüller, 1972.

[7] Stefan Zweig: *Sternstunden der Menschheit.* Frankfurt am Main: S. Fischer, 1981, S. 8.

[8] Alexander Lernet-Holenia, *Der 20. Juli,* a.a.O., S. 68f.

[9] Dieter Henrich: „Hegels Theorie des Zufalls". In: ders.: *Hegel im Kontext.* Frankfurt a. M.: Suhrkamp 1981, S. 157 – 186, hier: S. 157.

[10] Diese Theorie rekonstruiert Henrich in dem eben genannten Aufsatz. Hegels Idealismus ist, so Henrich, die „einzige philosophische Theorie [...], die den Begriff des absoluten Zufalls kennt" (a.a.O., S. 159).

[11] G. W. F. Hegel: *Enzyklopädie der philosophischen Wissenschaften im Grundrisse (1830).* In: ders.: *Werke in 20 Bänden.* Bd. 8, Frankfurt a. M.: Suhrkamp, 1970, S. 286.

[12] Vgl. Dieter Henrich, „Hegels Theorie des Zufalls", a.a.O., S. 167.

[13] Das Beispiel geht auf Blaise Pascal zurück: „Le nez de Cléopâtre: s'il eût été plus court, toute la face de la terre aurait changé" (*L'Œuvre de Pascal.* Hrsg. v. Jacques Chevalier. 34. Bd. d. „Bibliothèque de la Pléiade". Paris: Librairie Gallimard, 1950, S. 870).

[14] Vgl. Edward Hallett Carr: *Was ist Geschichte?* Stuttgart: Kohlhammer, 1963, S. 86ff.

[15] Vgl. Reinhart Koselleck: „Der Zufall als Motivationsrest der Geschichtsschreibung". In: ders.: *Vergangene Zukunft. Zur Semantik geschichtlicher Zeiten.* Suhrkamp: Frankfurt a. M., 1989, S. 158 – 175.

[16] Oswald Spengler: *Der Untergang des Abendlandes. Umrisse einer Morphologie der Weltgeschichte.* München: dtv, 1972, S. 180.

[17] Ebd., S. 189f.

[18] Shamma Schahadat: „Intertextualität: Lektüre – Text – Intertext". In: Miltos Pechlivanos, Stefan Rieger, Wolfgang Struck u. Michael Weitz (Hrsg.): *Einführung in die Literaturwissenschaft.* Metzler: Stuttgart, Weimar, 1995, S. 366 – 377, hier: S. 374.

[19] Wendelin Schmidt-Dengler, „Bedürfnis nach Geschichte". In: Franz Kadrnoska (Hrsg.): *Aufbruch und Untergang. Österreichische Kultur zwischen 1918 und 1938.* Wien, München, Zürich: Europa-Verlag, 1981, S. 400.

[20] Edward Hallett Carr, *Was ist Geschichte?,* a.a.O., S. 98f.

[21] G. W. F. Hegel: *Wissenschaft der Logik.* 2. Bd.. In: ders.: *Werke in 20 Bänden.* Bd. 6, Frankfurt a. M.: Suhrkamp, 1986, S. 228f.

[22] Karl Marx, *Der achtzehnte Brumaire des Louis Bonaparte.* Berlin: Dietz Verlag, 1953, S. 11.

[23] Vgl. Leo Perutz, *Turlupin.* Wien, Hamburg: Zsolnay, 1984, S. 15f.

[24] Müller interpretiert dies als ein ironisches Spiel zwischen zwei Erzählerrollen, dem Historiker und dem Geschichtenerfinder. Vgl. Hans-Harald Müller: „Nachwort". In: Leo Perutz, *Turlupin,* a.a.O., S. 191 – 207.

²⁵ Ebd., S. 191. Eine noch desillusionierendere Beschreibung der Revolutionäre findet sich auf S. 96.

²⁶ Ebd., S. 15.

²⁷ Die Formulierung findet sich etwa bei Engels: „Die Geschichte hat uns und allen, die ähnlich dachten, unrecht gegeben. Sie hat klar gemacht, daß der Stand der ökonomischen Entwicklung auf dem Kontinent damals noch bei weitem nicht reif war für die Beseitigung der kapitalistischen Produktion." (Friedrich Engels: „Einleitung zu Marx' ‚Klassenkämpfe in Frankreich'". In: Karl Marx, Friedrich Engels: *Werke*. Band 22, Berlin: Dietz Verlag, 1970, S. 509 – 527, hier: S. 515).

²⁸ Leo Perutz, *Turlupin*, a.a.O., S. 18.

²⁹ Ebd., S. 21. Vgl. auch folgende Passage, die Turlupins Untergang einleitet: „Das Schicksal hatte ihn in dieses Haus gerufen, hier war sein Platz, hier mußte er bleiben" (ebd., S. 181).

³⁰ Ebd., S. 198.

³¹ Gérard Genette: *Palimpseste. Die Literatur auf zweiter Stufe.* Frankfurt a. M.: Suhrkamp, 1993.

³² Ebd., S. 10.

³³ Zu den Vorfahren Lernet-Holenias vgl. Roman Roček: *Die neun Leben des Alexander Lernet-Holenia. Eine Biographie.* Wien, Köln, Weimar: Böhlau Verlag, 1997, S. 19f.

³⁴ Josef Donnenberg: „Der literarische Herr: Alexander Lernet-Holenia". In: Friedbert Aspetsberger, Norbert Frei, Hubert Lengauer (Hrsg.): *Literatur der Nachkriegszeit und der fünfziger Jahre in Österreich.* Wien: Österreichischer Bundesverlag, 1984, S. 320 – 336, hier: S. 336.

³⁵ Vgl. z.B. Siegfried Melchinger: „Poeta Seigneur". In: *Alexander Lernet-Holenia. Festschrift zum 70. Geburtstag des Dichters.* Wien: Zsolnay, S. 19 – 21, hier: S. 21.

„Er dient um die Erlaubnis, eine öffentliche Heimsuchung sein zu dürfen."
Anmerkungen zu Willkür und Wohlwollen fiskalischer Organe, ausgehend von Alexander Lernet-Holenias Roman *Das Finanzamt*

Gerald Sommer (Berlin / Wien)

Das Finanzamt[1] ist weder der bekannteste Roman Alexander Lernet-Holenias noch sein erfolgreichster, und es gilt auch nicht als gelungenstes Werk des Autors. Genau genommen ist *Das Finanzamt* nicht einmal ein ordentlicher Roman – davon jedoch später.

Weder zieht das Sujet seine zwingende Rubrizierung unter die ‚österreichische Literatur' nach sich – die Thematik ist international und des *Finanzamts* zweiter Teil, *Das Goldkabinett*,[2] spielt denn auch in Italien –, noch herrscht in ihm ein ernsthaftes oder auch nur ein nachtrauernd-wehmütiges Pathos von Krieg, Liebe oder Tod. Sein grundlegender und alle weiteren Handlungen und Ausschreitungen provozierender Konflikt, ein Heiratsverbot, ist so klischeehaft, so trivial, daß Adaptionen dieses Romans als Boulevardkomödie oder Filmklamotte nicht nur vorstellbar, sondern auch erfolgversprechend erscheinen.

Und tatsächlich existierte, so ein Hinweis in der „Einführung" von *Das Goldkabinett*, neben der epischen Fassung von *Das Finanzamt* „auch eine dramatische";[3] allerdings besteht auch die epische Version überwiegend aus Dialogen. Da außerdem der Erzählvorgang vornehmlich im Figurengespräch entwickelt wird, Handlungsberichte zumeist nicht vom Erzähler, sondern von den gerade sprechenden Personen gegeben werden und diese selbst wie auf der Bühne auf- und wieder abtreten, ohne daß der Ort der Handlung mit ihnen wechseln würde, kann man *Das Finanzamt* wohl zu Recht als Dialogroman bezeichnen. Das Prosaischste am *Finanzamts*-Roman ist letztlich sein Gegenstand, das liebe Geld.

Alles in allem scheint es sich um ein Gelegenheitswerk zu handeln, das seinem Publikum kaum mehr zu bieten vermag als ein wenig leichte Unterhaltung. Schon Hilde Spiel sah sich mit sichtlichem Bedauern dazu gezwungen, *Das Finanzamt* Lernet-Holenias „leichtesten Bemühungen zuzurechnen".[4] Dem Autor, der einer ernsten Angelegenheit von der komischen Seite her beizukommen wußte, tat sie damit zweifellos unrecht, denn *so* eindeutig eine Komödie ist *Das Finanzamt* nun auch wieder nicht. Dessen Subtitel „Aufzeichnungen eines Geschädigten" verweist keineswegs auf eine Erzählhaltung, er beschreibt – im Verein mit den Erläuterungen, die in der „Einführung" gegeben werden – ausdrücklich die unerfreulichen Erfahrungen des Autors, die diesem Werk zugrundeliegen.

Zunächst aber: Worum geht es in diesem Roman? *Das Finanzamt* zeigt Willkür und Wohlwollen fiskalischer Organe, wobei die Willkür das Wohlwollen entschieden überwiegt. Wohlwollen zu zeigen, bleibt im Grunde einer einzigen Person vorbehalten, die Willkür jedoch erscheint als erklärte Grundlage des gesamten staatlichen Steuersystems.

Es ist dies ein System, das Interessen und Ethos auf geradezu einzigartige Weise miteinander zu verknüpfen weiß, denn der „Staat [...] darf unmoralisch sein, soviel er nur mag, [...] wenn er in den Ruf der Unmoralität kommt, so schafft er ganz einfach sich selber ein Gesetz, das seine Unmoral sanktioniert." (F 21) Zynisch unterstellt die Steuerbehörde den Steuerzahlern Betrugsabsichten und ergreift Präventivmaßnahmen:

> auch die Behörde selbst [...] glaubt nicht im mindesten, daß jemand ein solcher Narr sein könnte, wirklich all das zu zahlen, was er zu zahlen hat. Sie, die Behörde, rechnet vielmehr damit, daß jeder die Steuern soweit wie möglich hinterzieht; und daher setzt sie die Steuersätze so hoch an, daß sie schon mit dem Bruchteil zufrieden sein kann, den man selbst bei aller Gerissenheit nicht zu hinterziehen vermag. (F 20)

Die Steuerbehörde befindet sich im Kriegszustand: Die Beamten bilden eine „geschlossene Front [...] gegen das Publikum" (F 42) und der Leiter des Finanzamts unternimmt gar „Husarenstreiche" (F 50) gegen die „Parteien":

> Mit eingesetzten Sporen, bleckendem Pferdegebiß und wehendem Pelzrock preschte er, sozusagen, in die geheimsten Distrikte der Steuerhinterzieher vor, zwang sie auf die Knie, entriß ihnen hohe

Strafsummen und war wie Ziethen aus dem Busch, wie Hadik nach der Auspowerung Berlins, schon wieder verschwunden, ehe sich die Betroffenen auch bloß vergegenwärtigt hatten, daß sie ihr Geld an ihn losgeworden waren. (F 51)

Selbst Steuerbeamte müssen sich eingestehen, daß sie faktisch „Handlanger der Niedertracht" (F 58) sind, die mit allerlei „Schlichen" (F 29) versuchen, die Steuerzahler zu „prellen" (F 28). Aufgrund der beständigen staatlichen „Übergriffe" (F 123) wird die Steuerhinterziehung für die Bürger geradezu zu einer Notwendigkeit, so sie den persönlichen Ruin vermeiden wollen.

Der Protagonist des *Finanzamts*, Hofrat Attenöder, ist, ganz seinem Namen verpflichtet, ein höchst unerfreuliches Amalgam aus Attentäter und Anöder; überdies beschreibt ihn sein Hang, in die Rechte anderer Personen einzugreifen, als Attentierer alter Schule. Sein Gegenspieler und zugleich der eigentliche Held des *Finanzamts* ist der Import-Export-Kaufmann und Steuerschuldner Ortlieb, dessen Namensbedeutung (Ortlieb = Schwertkind) ihn denn auch als streitbaren Zeitgenossen ausweist.[5]

Das Finanzamt erzählt die Geschichte des Hofrats Attenöder, vormals Leiter eines Straffinanzamtes in einer österreichischen Provinzhauptstadt. Dieser hatte zu jener Zeit eine Bitte um Rechtshilfe an die Steuerfahndungsstelle Passau gerichtet und daraufhin amtliche Informationen über die deutschen Einkünfte der Partei Ortlieb erhalten. Mit diesen Unterlagen und daraus resultierenden Forderungen konfrontiert, unternahm Ortlieb seinerseits Nachforschungen. Diese ergaben nicht nur, daß die Informationen illegal, das heißt, ohne existierendes Rechtshilfeabkommen ausgefolgt worden waren, sondern auch, daß die Straffinanzämter selbst, da sie ohne Rechtsgrundlage existierten, verfassungswidrig waren. Aufgrund dieser Erkenntnis wurden sie wenig später höchstrichterlich für verfassungswidrig erklärt und aufgehoben. Der Hofrat Attenöder jedoch ließ sich, um es der Partei Ortlieb nach seiner schmählichen Niederlage „heimzuzahlen" (F 15), als Leiter an jenes Provinzfinanzamt versetzen, das den fraglichen Steuerakt inklusive der illegal erhaltenen Informationen über die deutschen Einkünfte von seinem Straffinanzamt übernommen hatte.

So viel zur Ausgangslage. Kompliziert – und damit eine Geschichte – wird es, als Attenöders Untergebener, der Steueroberrevident Leo Janotta und eine von Attenöders Töchtern, Mariedl, sich verloben. Einwände gegen diese Verbindung hat der Hofrat zwar nicht, eine Heirat erlaubt er jedoch erst dann, wenn Janotta Ortlieb zur Zahlung der aufgelaufenen Steuerschulden bewegt hat. Gleichzeitig haben auch Attenöders zweite Tochter, Stephanie, und Ortlieb im Geheimen zueinander gefunden und sich verlobt. Da auch die Liebe zur Tochter seines Gegners den Steuerschuldner Ortlieb nicht zur Zahlung illegaler Steuerforderungen bewegen kann, sind die Heiratsabsichten beider Paare auf Dauer blockiert.

Wie es gelingt, diesen Konflikt am Ende wieder aufzulösen, welche Amtshandlungen, Dienstwege, Einflußnahmen, Ränke und Intrigen im einzelnen erforderlich sind, das soll hier nicht weiter vertieft werden. Kennzeichnend scheint mir vielmehr, *wer* letztlich die Lösung zustande bringt. Der Bundesminister der Finanzen selbst, keineswegs ein Beamter, sondern ein „Zwitter zwischen Politik und Wirtschaft" (F 120), ermöglicht wohlwollend einen für alle Seiten vorteilhaften Kompromiß. Ortlieb bezahlt seine Steuerschulden, die Steuerbehörde sieht davon ab, seinen Fall strafrechtlich zu verfolgen, beide Paare erhalten den Segen Attenöders „in drei Teufels Namen!" (F 150) und dürfen heiraten, der Familienfrieden im Hause Attenöder ist wiederhergestellt und eine mittlerweile angelaufene Untersuchung des hofrätlichen Geisteszustandes wird niedergeschlagen.

Diese Lösung zahlt sich für den Herrn Hofrat gleich mehrfach aus, ein schwieriger Fall ist – zumindest vorläufig – erledigt, die Töchter kommen aus dem Haus und unter die Haube, das verfügbare Familieneinkommen steigt, die Gattin ist zufrieden, er behält sein Amt, und sein Geisteszustand wird nicht länger angezweifelt. Eigentlich könnte er zufrieden sein, doch er verhält sich nunmehr so, wie es einem Charakter wie ihm zukommt und wie der Erzähler ihn gleich eingangs beschrieben hatte: „Der Herr Hofrat strafte seinen Titel insofern Lügen, als er eigentlich nicht das war, was man einen Herrn nennt." (F 9)

Tatsächlich ist er alles andere als zufrieden. Er gelangt weder zur Einsicht in die eigene Unzulänglichkeit noch in die Unsinnigkeit seines Tuns. Die Lösung selbst empfindet er als aufoktroyiert. Unbelehrt und unversöhnlich betrachtet er die „Stätte [s]einer totalen Niederlage" (F 157) und beklagt sein Schicksal: „Denn hier ist mir alles aus den Händen gewunden worden: meine Beschlüsse, meine Proteste, meine Kompromißlosigkeit und meine Töchter – vielleicht sogar meine Überzeugungen... [...] Oh, Erde, Erde!" rief er. „Wann wirst du endlich wieder wert sein, anständige Menschen zu tragen!" (F 157f.) Aufgrund der Bloßstellung des ‚Helden' und seiner Preisgabe an die Lächerlichkeit ließe sich der Dialogroman *Das Finanzamt* in das Fach der satirischen Charakterkomödie einordnen. Dagegen spricht jedoch, daß dieser ‚Held' viel zu sehr als bloßer Exponent eines Systems fungiert, als daß alle Satire und Kritik nicht augenblicklich von diesem auf das System, für das er steht, übergehen würden. Nicht umsonst lautet der Titel des Werks nicht etwa *Die Heimsuchungen des Hofrats Attenöder*, sondern so schlicht wie programmatisch *Das Finanzamt*.

Lernet-Holenia beschreibt die Fiskalbürokratie und deren Exponenten als sich wechselseitig determinierende Teile eines Systems. „Von Natur", so erklärt er, sei Attenöder „kein schlechter Mensch gewesen. Erst die Umstände hatten ihn dazu gemacht." Er habe nämlich,

> da er nun schon einmal Beamter geworden war, [...] beschlossen, wenigstens kein gewöhnlicher, sondern ein ungewöhnlicher Beamter zu werden. Aber ein ungewöhnlicher Beamter ist noch weit ärger als ein gewöhnlicher. Ein Beamter nämlich tut seine Pflicht nur dann auf erträgliche Art und Weise, wenn er äußerstenfalls eben diese seine Pflicht und auch sie nur so langsam und unwillig wie möglich tut. Der Hofrat hatte jedoch versucht, überdies auch noch die Phantasie mit seinem Beamtentume zu vermählen. (F 50)

Will heißen, Beamte, die Dienst nach Vorschrift tun, gestalten das System so, daß Menschen mit ihm zurechtkommen können. Verrichten sie ihren Dienst dagegen mit Phantasie und Engagement, werden sie zu einer Gefahr für das öffentliche Leben. Im Fall Attenöder führt diese Dienstauffassung zu einer Verlagerung der Prioritäten. Statt schlicht und stur Steuereinbekenntnisse auf Plausibilität und Korrektheit zu prüfen und gegebenenfalls zurückzuweisen, gerät ihm die steuerliche Peinigung der Parteien zum eigentlichen Daseinszweck, oder wie seine Gemahlin das formuliert: „Er dient ja aber auch gar nicht um Geld [...]. Kein Beamter tut das. Er dient um die Erlaubnis, eine öffentliche Heimsuchung sein zu dürfen [...]". Den systemimmanenten Auslöser dieser pervertierten Dienstauffassung benennt sie ebenfalls: „weil er viel zu wenig Gehalt bekommt, als daß es sich auszahlen würde, dafür zu dienen." (F 18)

Attenöder ist jedoch nicht der einzige Finanzbeamte mit Phantasie. So begründet etwa ein Sektionschef im Finanzministerium aus

„nackter Mißgunst" (F 28) die Institution der Straffinanzämter. Die Fiskalbürokratie produziert offenbar mehr als einen, womöglich sogar – systembedingt – viele Attenöders. Der Grund dafür liegt im per se lebenszerstörenden Einfluß der Fiskalbürokratie auf ihre Beamten, die sich wiederum im Ausleben eigener destruktiver Affekte mit ein wenig Phantasie ein Ventil für ihre schleichende Zersetzung schaffen können, ja müssen:

> Sie dienten einem Moloch, der sie nicht mochte, und versäumten, um seinetwillen, in ihren Büros ein Leben, an welchem er sie nur eben noch erhielt, damit sie nicht völlig zugrunde gingen. Doch hatten sie dafür wenigstens die Genugtuung, das Geld aus den Besteuerten ganz ebenso herauspressen zu dürfen, wie der Staat aus ihnen selbst das Leben herauspreßte. Das war immerhin etwas und gehörte, gewissermaßen, mit zu ihren sogenannten Emolumenten. Denn ohne Geld läßt sichs nicht leben, und wenn sie den Leuten das Geld wegnahmen, so nahmen sie ihnen das Leben ganz ebenso weg, wie der Staat, der Staatsdienst, die sogenannte Beamtenkarriere es ihnen selber wegnahm, das Leben... (F 104f.)

Lernet-Holenias Beschreibung des Systems läßt sich auf den Punkt bringen: Finanzbeamte sind keine Menschen, oder anders formuliert: Ein anständiger Mensch kann nicht gleichzeitig ein Beamter sein.[6] Das mag dem einen oder anderen bekannt vorkommen, sei es aus eigener leidiger Erfahrung, sei es, weil er sich des Amtsrates Julius Zihal aus Heimito von Doderers Roman *Die erleuchteten Fenster* erinnert, der überhaupt „erst ein Mensch werden muß".[7] Nun, auch Doderer durfte sich mit Behörden, die Geld von ihm verlangten, über die tatsächliche Höhe der fälligen Beträge auseinandersetzen.[8] Ein „Leben lang", so notiert er 1946, habe ihn der Staat „mit Steuer-Exekutionen gepeinigt, wo ich doch wahrhaft nichts hatte, während Gauner und Fettbäuche unbehelligt blieben [...]".[9] Während Doderers Amtsrat Zihal am Ende des Romans zum Menschen geworden ist, also etwas Wesentliches erreicht hat, endet Attenöder als totaler Beamter. Zwar führt er den Anstand im Munde: „Oh, Erde, Erde! [...] Wann wirst du endlich wieder wert sein, anständige Menschen zu tragen!" (F 158), doch mißlingt ihm gleichzeitig das, was er gegenüber Janotta noch vehement für sich beansprucht hatte, nämlich „auch seine Niederlagen mit Anstand hinzunehmen" (F 54).

Dennoch ist *Das Finanzamt* mehr als nur ein Pamphlet.[10] Der Roman ist daneben auch ein autobiographisches Zeugnis, denn der

„Er dient um die Erlaubnis, eine öffentliche Heimsuchung..."

Autor Lernet-Holenia stand – und er betont das in den Einführungen von *Das Finanzamt* und *Das Goldkabinett* – als Steuerschuldner in ebenso engem Kontakt zur Fiskalbürokratie wie seine Figur Ortlieb. Es sind die erheblichen und zur Tilgung anstehenden Steuerschulden ihres Autors, denen die beiden *Finanzamts*-Romane ihre Entstehung verdanken, um nicht zu sagen, mit denen der Autor recht eigentlich deren Niederschrift rechtfertigt. Nicht ein – wie immer gearteter – Wunsch des Autors nach künstlerischer Ausformung eines Themas wird da bemüht, nein, der Alltagstopos, daß man überhaupt nur mehr für das Finanzamt arbeite, scheint hier faktisch Wirklichkeit geworden zu sein.

Gleichwohl ist *Das Finanzamt* mehr als nur ein Ausweg aus einer prekär gewordenen finanziellen Situation. Es zeigt – bei aller Leichtigkeit, bei aller satirischen Verzeichnung und autobiographischen Betroffenheit – den Autor Lernet-Holenia in einem Aspekt seiner Darstellung unerwartet an einem Schlußpunkt, oder wenn man dies positiv bewerten möchte, wofür einiges spricht, an einem Gipfelpunkt seiner künstlerischen Entwicklung.

Ein erstes Indiz dafür findet sich gleich zu Anfang des Romans in der Beschreibung der Dienstwohnung, welche die Familie Attenöder im „Hoftrakt des Amtsgebäudes" innehat: Diese ist ein trauriges Abbild einer stark heruntergekommenen Tradition. Die „Wände des Wohnzimmers" bedeckt billige Tünche, die „bescheidenen", offenbar stilistisch indifferenten „Möbel mochten aus den fünfziger oder sechziger Jahren des vergangenen Jahrhunderts stammen." An den Wänden hängen „mäßige Landschaften" sowie „das Pastellbild eines Offiziers in weißem Waffenrock mit roten Rabatten", das ohne Zuordnung zu Waffengattung, Regiment und Rang zur bloßen Dekoration und damit zu einem sinnentleerten Requisit herabgesunken ist.[11] Ein „alter Perserteppich" läßt Teile eines „braungestrichenen [!] Bretterboden[s] [!]" (F 11) sehen. Alles in allem keine standesgemäße Umgebung für einen Hofrat und Leiter eines Finanzamtes. Dem Verfall im Privaten entspricht die Profanierung des ehemaligen „Stadtpalais Eugens von Savoyen" (F 101), dessen prächtige Ausstattung und geschichtlichen Hintergrund Lernet-Holenia über drei ganze Seiten hinweg sachkundig ausbreitet, das nun, aufgrund seiner seit dem Revolutionsjahr 1848 bestehenden Nutzung als Finanzministerium, von „lauter mißgünstige[n], weil seit vierzig Jahren besonders übelbezahlte[n] Beamte[n]" (F 103) bevölkert wird. In eben diesem, nunmehr von „Mißgunst erfüllten Palaste" (F 105) spielt eine Szene, die erlaubt, *Das Finanzamt* in den Konnex von Lernet-Holenias Gesamtwerk zu stellen. Der Finanzminister tritt, nachdem ein „erheblicher Lärm" von der „sonst recht stillen" (F 127) Himmelpfortgasse zu ihm heraufgedrungen ist, ans Fenster und bemerkt, daß diese „von einer Zahl breiter Cadillacs so gut wie versperrt war" (F 128). Unmittelbar danach wird ihm gemeldet, daß der Vorsitzende des Industriellenverbandes samt Stellvertreter und Generalsekretär soeben eingetroffen und bereits auf der Weg nach oben sind:

> In diesem Augenblicke, wahrscheinlich weil der Vorsitzende des Industriellenverbandes dafür bekannt war, daß er sich für Pferde noch weit mehr als für seine Industrien interessierte, wurde der Minister von der Vorstellung ergriffen, der Vorsitzende käme mit seiner Abordnung über die Treppen nicht heraufgegangen, sondern heraufgeritten. Auch bildete sich der Minister ein, daß, zu diesem Vorgang, der Generalmarsch geblasen und geschlagen werde, wie es ja gebräuchlich ist, ihn bei den Bewegungen reitender Formationen ertönen zu lassen. (F 128f.)

Selige Zeiten müssen das gewesen sein, in denen die Verbandsfunktionäre noch so viel Format hatten, daß sie Phantasmen entfesseln konnten, selige Zeiten, in denen sich Minister noch Visionen hinzugeben wagten, selige Zeiten, in denen ein Autor, ohne Schaden an seinem Renommee befürchten zu müssen, einen solchen Tagtraum inszenieren durfte. Man könnte aber auch despektierlich formulieren, nunmehr folge die für einen Lernet-Holenia-Roman obligate Vision, Halluzination, Vorstellung, Ahnung, Erscheinung oder Zwischenreichsphantasie. Zwar in unterschiedlicher Intention und Gewichtung, aber beinahe regelmäßig greift der Autor zum Mittel der – im weitesten Sinne – Traum-Fiktion innerhalb der Romanfiktion; dafür nachfolgend einige Beispiele aus zwei Jahrzehnten Lernetschen Schaffens: Als bekanntestes zu erwähnen ist sicherlich die 1936 erstmals publizierte Novelle *Der Baron Bagge*,[12] die fast über ihre gesamte Länge im Zwischenreich zwischen Leben und Tod angesiedelt ist. In dem um die Jahreswende 1939/40 entstandenen Roman *Mars im Widder*[13] erscheint dagegen gleich eine ganze Fülle derartiger Motive: So erwägt etwa eine Offiziersrunde, den Geist eines „Ertrunkenen zu zitieren und ihn nach dem Verbleibe seines Leichnams zu befragen",¹⁴ es kommt zu vermeintlichen *und* zu tatsächlichen Geistererscheinungen,¹⁵ und der Held, Graf Wallmoden, hat zwei Visionen, eine davon bei Bewußtsein¹⁶ und eine andere während einer lang anhaltenden tiefen Ohnmacht.¹⁷ *Der Graf Luna*¹⁸ von 1955 schließlich klingt aus mit der Traumvision des sterbenden Alexander Jessiersky am Ende seines Irrgangs durch die Katakomben von Rom.¹⁹

Gegen diesen Kunstgriff allein wäre an sich nichts einzuwenden, hätte man ihn nicht anderswo schon in wesentlich virtuoserer Gestaltung kennengelernt, etwa bei E.T.A. Hoffmann, Edgar Allen Poe oder Ambrose Bierce, dessen „Occurence at Owl Creek Bridge" wohl als *das* Beispiel für eine Zwischenreichsphantasie gelten kann. Daß sich Lernet-Holenia dieses Kunstgriffs immer wieder bedient hat, läßt (zumindest bei mir) ein wenig Langeweile aufkommen, zumal die finalen Halluzinationen hinsichtlich ihrer – traditionellen – Gestaltung und ihrer – manchmal beinahe nostalgisch wirkenden – Inhalte deutliche Ähnlichkeiten aufweisen. Vergangenheit und Heimat der Ahnen werden da auf eine Weise beschworen, die in keiner Weise zwingend motiviert oder aber geeignet ist, den Mantel der Epigonalität abzuschütteln.

Ganz anders dagegen die Vision des Ministers von der zum Generalmarsch über die Treppen heraufreitenden Abordnung des Industriellenverbandes: bei aller aufgebotenen Glorie bleibt sie angenehm unsentimental, inszeniert zugleich eine fein abgestimmte, glaubhafte und funktionierende Allegorie und fungiert darüber hinaus als grotesk verspielte Vorausdeutung der nachfolgenden Ereignisse.

> Doch kam die Abordnung nicht nur für sich alleine. Vielmehr schien die Haupttreppe des Prinzen Eugen auf einmal auch noch von einer ganzen Menge weiterer Reiter bevölkert. Die große Treppe des savoyischen Generals der Kavallerie hatte es in sich, sie brachte Berittene hervor, sie wimmelte von Schatten, es waren ihrer ganze Geschwader. Dem Vorsitzenden des Industriellenverbandes dichtauf folgend, zeigte sich das Leibregiment des Prinzen [...] danach [...] das sechste Regiment und die neunten Husaren. Es waren nur die besten Regimenter, aber für diesen Anlaß gerade noch gut genug. [...] tatsächlich zeigten sich in der Ferne auch noch die Leibgardereitereskadron, die Arcièrenleibgarde und die ungarische Garde. Die Waffen all dieser Krieger schütterten und blitzten, die Hufe polterten auf den Marmorstufen, glitten aus und fanden funkensprühend wieder Halt, die vielen Farben der Pferde- und Leopardenfelle, das Gold und Silber der Uniformen blendete den Blick, und so, mit der überfallsarti-

gen Plötzlichkeit einer wahrhaft souveränen Macht, unterm Schmettern geisterhafter Trompeten und dem Dröhnen gespenstischer Heerpauken, donnerten die Roßmenschen, die sich nicht nur an die Spitze der norischen Wirtschaft, sondern auch der oberpannonischen Reitkunst gesetzt hatten, über die Treppen herauf. (F 129f.)

Abgesehen davon, daß sicherlich nicht nur, wie der Erzähler suggeriert, das Interesse des Verbandsvorsitzenden für Pferde als auslösend für diese Vision betrachtet werden kann – ursächlich dürften auch die vorgefahrenen – höchst repräsentativen – Cadillacs gewesen sein, deren versammelte Pferdestärken in ihre ursprüngliche Form retransformiert als ebenso imposante Reiterregimenter in Erscheinung treten –, abgesehen auch davon, daß nicht nur im Western mit der Kavallerie die Rettung naht, so fehlt doch zum klaren Verständnis dieser Vision noch jene Person, für die diese Attacke geritten wird. Gemeinsam mit den Verbandsfunktionären reitet nämlich – wie man ein wenig später erfährt – auch der Herr Ortlieb. Offensichtlich hat er die stärkeren Bataillone hinter sich und wird – dank der freundlichen Unterstützung durch die „industrielle[n] Kentaure[n]" (F 133) – siegreich aus seinem Kampf hervorgehen.

Mit diesem leichtgewichtig, aber stimmig inszenierten Zwischenspiel gelingt es Lernet-Holenia zweifellos, dem 19. Jahrhundert zu entkommen, inhaltlich wie ästhetisch. Die Beschwörung einer vergangenen Herrlichkeit ist hier auf das reduziert, was sie in den fünfziger Jahren und danach bestenfalls noch sein konnte, eine schöne Illusion, die, zumal in grotesker Form auftretend, nicht mehr als nur einen Rest Glaubwürdigkeit bewahren kann. Einen *heldenhaften* Kampf mit der Finanzbehörde darzustellen, ist anders als auf diese Weise kaum möglich. Allein die spielerische Evokation der Helden von einst zeigt an, daß auch hier über Sieg oder Niederlage entschieden wird. Die Taten selbst, ob Einbekenntnis, Steuerhinterziehung, Anzeige, Rekurs oder Strafverfolgung sind ihrem Wesen nach vergleichsweise gering und ihre ernsthafte Heroisierung hätte gewiß nicht komisch, sondern bloß lächerlich gewirkt.

Ich will nicht so weit gehen, zu behaupten, *Das Finanzamt* sei ein bis dato verkanntes Juwel, dessen Rang innerhalb des Lernetschen Œuvres im Speziellen und der Literatur im Allgemeinen nunmehr neu zu definieren ist. Ich hoffe aber, zur Ehrenrettung eines vermeintlichen Gelegenheitswerkes beigetragen und gezeigt zu haben, daß *Das Fi-*

nanzamt ein durchaus vielschichtiger und kunstfertig gestalteter Roman ist, der durch seine beschwingte Adaption von Traditionen ästhetisch von höherem Reiz ist als manches andere Werk, das Traditionspflege mit einem hehren Kunstanspruch verbindet.

Überdies habe ich *einen* Aspekt des *Finanzamts* bisher noch gänzlich ausgespart. Aufgrund einer Vielzahl von Anspielungen auf die Zeit des Dritten Reiches[20] stellt sich die Frage nach den Intentionen, die der Autor mit ihrem Einsatz verbunden hat. Hitler, so heißt es, sei das „politische Idol der Familie Attenöder" (F 93) gewesen, und man habe gar versucht, die Töchter auf die Namen „Woglinde" und „Waltraute" taufen zu lassen (F 30). Wohl aus alter Gewohnheit konstatiert die Hofrätin bei Ortlieb, daß er „nicht ganz das" sei, „was man, früher, so treffend arisch genannt hat" (F 16), und Attenöder selbst vermeint in einem gewissen Punkt, „das Dritte Reich" (F 144) in Schutz nehmen zu müssen. Schließlich werden die Straffinanzämter, und damit wird die Verbindung von privatem und öffentlichem Faschismus manifest, als „eine Art SS des Steuerunwesens" (F 28) charakterisiert. Daß hier mehr vorliegt als eine polemische Desavouierung der Finanzbehörde und ihrer Beamten, zeigt sich, wenn wir die Welt der Fiktion verlassen und uns zu den realen Hintergründen des Dritten Reiches begeben, das mit dem Anschluß Österreichs auch einen gewissen Herrn Lernet-Holenia annektierte, den es im Grunde gar nicht haben wollte.

Denn immerhin stand der Name Lernet-Holenia bereits auf der am 16. Mai 1933 im *Börsenblatt für den Deutschen Buchhandel* veröffentlichten ersten amtlichen „schwarzen Liste" für Preußen, mit der die darin Aufgeführten aus dem Kanon der „schönen Literatur" verbannt werden sollten.[21] Auch danach zeigte sich die NS-Kulturbürokratie dem Autor, der auch weiterhin im Deutschen Reich zu publizieren wünschte, keineswegs gewogen. So beschreibt etwa das Kulturpolitische Archiv der NS-Kulturgemeinde in einem Schreiben an die Filmkontingentstelle vom 12. Februar 1935 Lernet-Holenia als:

> eine Persönlichkeit, die auf Grund ihrer geistigen Erzeugnisse ebenso abzulehnen ist als wenn nichtarische Herkunft vorläge. Sowohl „Ljubas Zobel", „Österreichische Kommödien" [sic], „Die Abenteuer eines jungen Herrn in Polen" als auch „Jo und der Herr zu Pferde" sind für das nationalsozialistische Publikum untragbar. Die zuständigen Parteistellen lehnen Lernet-Holenia ab.[22]

Ferner empfiehlt Hans Hinkel, Geschäftsführer der Reichskulturkammer und „Sonderbeauftragter" im Reichsministerium für Volksaufklärung und Propaganda, in einer internen Mitteilung der Reichskulturkammer vom 3. Juni 1936 einem Ministerialrat Dr. Seeger die „Verfilmung eines Buches von Lernet-Holenia auch heute noch abzulehnen, denn es handelt sich bei diesem Herrn um eine zwar geschickte aber auch ebenso unzuverlässige Systemgröße [...]".[23]

Daß die ablehnende Haltung der NS-Kulturbürokratie dennoch kein Publikationsverbot im Deutschen Reich nach sich zog, bedurfte zweifellos eines sehr ‚geschickten' oder aber – schlicht glücklichen – Agierens von Seiten Lernet-Holenias. Auch eine Aufnahme in die Reichsschrifttumskammer (i.F. RSK) wurde ihm, wie eine rudimentäre Akte im Bundesarchiv in Berlin dokumentiert, nicht verweigert,[24] obwohl es politisch sicher nicht inopportun gewesen wäre, dies zu tun. Die Aufnahme in die RSK war für den Autor auch aufgrund der ökonomischen Folgen dieser politischen Duldung bedeutsam, da die Ausübung seines Schriftstellerberufs im Deutschen Reich ohne diese Mitgliedschaft nicht möglich gewesen wäre. Autoren, die nicht aufgenommen oder ausgeschlossen wurden, erhielten faktisch ein Berufsverbot und mußten sich einen Strohmann für ihre Publikationen oder einen anderen Markt für ihre Werke suchen.

Trotz seiner Mitgliedschaft in der RSK blieb Lernet-Holenia dennoch nie ganz unbehelligt von den Eingriffen der NS-Kulturbürokratie. Einiges spricht dafür, daß einzelne Institutionen oder Personen immer wieder Schritte gegen ihn in die Wege leiteten, so daß er dies durchaus als Verfolgung empfinden konnte. Filme, für die er die Vorlage geliefert oder das Drehbuch geschrieben hatte, fielen der Zensur zum Opfer, so etwa *Mein Leben für Maria Isabell* nach seinem Roman *Die Standarte*. Seine Theaterdichtungen galten insgesamt als verpönt; gelangte ein Stück von ihm dennoch einmal auf eine deutsche Bühne, so folgte auf den *zu großen* Erfolg alsbald das Verbot, so geschehen im Fall der *Glastüren*. Gelang es ihm, mit einem Roman durch Publikation in einer Zeitschrift so viel Aufsehen zu erregen, daß ein Verlag für die Buchausgabe eine hohe Startauflage wagte, so wurde diese aus politischen Rücksichten so lange zurückgehalten, bis ein Bombenangriff für deren Vernichtung sorgte wie bei dem Roman *Mars im Widder*. So betrachtet, war Lernet-Holenia keine wohlgelittene Person, und das dürfte ihm – bei der Lage der Dinge –

„Er dient um die Erlaubnis, eine öffentliche Heimsuchung..."

auch klar gewesen sein. Falls er sich von den stets aufs Neue reglementierend eingreifenden NS-Kulturbürokraten verfolgt gefühlt haben sollte, so tat er dies jedenfalls nicht grundlos. Man kann wohl annehmen, daß kaum einer dieser Eingriffe ohne Antrag, Bescheid, Beschwerde oder Vorsprache abging, und man darf ferner annehmen, daß der Autor, wenn nicht persönlich, so doch durch einen beauftragten Rechtsanwalt von den bürokratischen Auseinandersetzungen Kenntnis erhielt. Kaum anders dürfte es auch bei seinen Kontroversen mit der Steuerbehörde zugegangen sein: Vermutlich hat er sich von der letzteren ebenso verfolgt gefühlt wie zuvor von der NS-Kulturbürokratie. Und sicher gab ihm die Kontinuität der Verfolgung bei variierten Schikanen hinreichende Gründe, um der Finanzbehörde und deren Exponenten im *Finanzamt* (und wohl auch in der Realität) Sympathien für die Nationalsozialisten nachzusagen.

Andererseits wäre es grundfalsch, Lernet-Holenia den Heiligenschein eines Verfolgten des Naziregimes aufzusetzen, denn es gelang ihm, trotz aller – sicherlich wechselseitigen – Vorbehalte dennoch, sich mit diesem System so weit zu arrangieren, daß er ein standesgemäßes Leben führen konnte. Die Einnahmen, die er beispielsweise in den vierziger Jahren durch und nicht etwa gegen das herrschende System erzielen konnte, machen dies deutlich. So beliefen sich die Einkünfte „aus schriftstellerischer Tätigkeit", die er für das Jahr 1940 bei der RSK einbekannte, auf „13.000 Reichsmark, die sich 1941 auf „19.848 Reichsmark und 1942 auf für damalige Verhältnisse sehr hohe „30.864 [25] Reichsmark steigerten.[26] Der fortlaufende Offizierssold für den Oberleutnant z.V.,[27] der als Chefdramaturg bei der Heeresfilmstelle in Berlin weiterhin seinen Dienst leistete, sowie andere Einnahmen waren auf den Formularen der RSK selbstverständlich nicht anzugeben. Das tatsächliche Einkommen Lernet-Holenias dürfte also noch höher gelegen haben.

Die stetig ansteigenden Einnahmen in diesem Zeitraum sind auf seine schnell anwachsenden Einkünfte aus Filmrechten zurückzuführen. Diese stiegen von „10.000 Reichsmark im Jahr 1941 auf „27.895 Reichsmark 1942. Der Autor, der dem Regime wenige Jahre zuvor noch als „unzuverlässige Systemgröße" gegolten hatte, war unvermittelt zu einer prächtigen Systemstütze geworden. Ursächlich für diesen Wandel war eine simple Drehbuchidee, die aber sowohl dem Zeitgeschmack als auch der Interessenlage des Reichspropagandaministeriums entsprach. Der danach gedrehte Film, *Die große Liebe*, wurde zu einem der größten Filmerfolge im Dritten Reich und konnte sich dank einer von Zarah Leander hinreißend gesungenen Durchhalteparole – „Ich weiß, es wird einmal ein Wunder geschehen..." – bis heute im öffentlichen Bewußtsein halten. Die publikumswirksam mit einem großen Staraufgebot inszenierte, vor dem Hintergrund des Krieges spielende Liebesgeschichte erhielt die Prädikate „staatspolitisch und künstlerisch wertvoll" sowie „volkstümlich wertvoll" und hatte nur 10 Monate nach der Uraufführung bereits 8 Millionen Reichsmark (bei Herstellungskosten von rund 2,9 Millionen) eingespielt. Bis Kriegsende sahen rund 27,8 Millionen Zuschauer den Film *Die große Liebe*.[28]

Diesem Publikumsrenner verdankte Lernet-Holenia nicht nur ansehnliche Revenuen, er genoß seitdem auch das Wohlwollen höchster Kreise, die sich für diesen Sieg an der Propagandafront gerne erkenntlich zeigten und entsprechende Anweisungen gaben. So findet sich denn auf einer „Beförderungskarteikarte der Offiziere d. Reserve z.V." unter dem Datum des „18. 1. 43 ein handschriftlicher „uk!"-Vermerk: und darunter in Klammern „(Dr. Goebbels)".[29]

Daß auch im *Finanzamt* alles Wohlwollen vom Minister ausgeht, ist wohl nur ein Zufall. Aber Minister sind bekanntlich die einzigen Personen, die sich über den Dienstweg hinwegsetzen können und das auch manchmal tun. Und von einem Minister kann man allemal mehr erwarten als von einem Beamten, der lediglich über die Willkür gebietet.

Das Ergebnis ist ambivalent: Alexander Lernet-Holenia, Gegner und zugleich Stütze des Systems, verfolgt und gefördert und doch mit seinem größten Erfolg nicht dezidiert im Gedächtnis der Zeit. „Nach Golde drängt, [/] Am Golde hängt [/] Doch alles", soweit Goethe,[30] und der war bekanntlich auch Minister und mußte es wohl wissen.

Zum Ende dieser Anmerkungen bleibt mir nur mehr eine Vermutung: Was läge wohl näher als die Annahme, daß der Autor Lernet-Holenia, bekannt für seine Bereitschaft zur Obstruktion gegenüber der Fiskalbürokratie sowie für seine Neigung zu Kavaliersdelikten, auch und gerade gegenüber der Reichsschrifttumskammer die tatsächliche Höhe seiner literarischen Einkünfte für sich behalten hat?

Anmerkungen

[1] Alexander Lernet-Holenia: *Das Finanzamt. Aufzeichnungen eines Geschädigten.* Hamburg, Wien: Zsolnay, 1956 (nachgewiesen im Text unter der Sigle F mit anschließender Seitenangabe).

[2] Alexander Lernet-Holenia: *Das Goldkabinett.* Hamburg, Wien: Zsolnay, 1957.

[3] Ebd., S. 7.

[4] Hilde Spiel: „Alexander Lernet-Holenia". In: dies.: *In meinem Garten schlendernd. Essays.* München: Nymphenburger, 1981, S. 91 – 105, S. 101.

[5] Ortliebs Vorname wird nur einmal und obendrein erst auf Seite 153 genannt. Seiner kämpferischen Natur entsprechend teilt er ihn mit dem erfolgreichen Heerführer Prinz Eugen von Savoyen, dessen Palais später zum österreichischen Bundesministerium für Finanzen wurde und der deshalb gleich mehrfach im *Finanzamt* (vgl. F 101, 103, 107 u. 129) Erwähnung findet.

[6] Nicht unter diese Regel zu fallen, gelingt einzig dem lauteren – italienischen – Steuerbeamten Dionigi (vgl. Lernet-Holenia, *Das Goldkabinett,* a.a.O., S. 175).

[7] Heimito von Doderer: *Die erleuchteten Fenster oder Die Menschwerdung des Amtsrates Julius Zihal.* In: ders.: *Die erleuchteten Fenster oder Die Menschwerdung des Amtsrates Julius Zihal. Ein Umweg. Zwei Romane.* München: C. H. Beck, 1995, S. 5 – 143, hier: S. 9.

[8] Vgl. Wolfgang Fleischer: *Das verleugnete Leben. Die Biographie des Heimito von Doderer.* Wien: Kremayr & Scheriau, 1996, S. 363f.

[9] Nicht in die *Tangenten* aufgenommene Tagebucheintragung Doderers vom 14. Juni 1946 (vgl. Heimito von Doderer: „Commentarii A.D. 1945 ab 14. VIII. [/] [Commentarii] A.D. 1946 . Ser. n. 14.078 der Österreichischen Nationalbibliothek).

[10] Vgl. Spiel, „Alexander Lernet-Holenia", a.a.O., S. 101.

[11] Man geht sicher nicht fehl, wenn man Lernet jene militärhistorische Sachkenntnis unterstellt (vgl. F 129f.), die ihm erlaubt hätte, eine entsprechende Zuordnung vorzunehmen. Laut Auskunft von Hofrat Dr. Günter Dirrheimer vom Militärhistorischen Institut des Heeresgeschichtlichen Museums in Wien (Schreiben vom 14. Juli 1997) gab es weiße Waffenröcke in der österreichischen Armee zwischen 1850 und 1867, Rabatten auf Uniformen waren jedoch nur bis etwa 1765 gebräuchlich. Der abgebildete Offizier trägt demnach offensichtlich eine Phantasieuniform, womit der Kontext herabgekommener Tradition, in dem Attenöder situiert ist, noch zusätzlich in Richtung Pseudotradition verschoben wird: Abwertung und Desavouierung der Figur Attenöder werden damit nicht ohne erzähltechnische Raffinesse perfektioniert.

[12] Alexander Lernet-Holenia: *Der Baron Bagge.* Berlin: S. Fischer, 1936.

[13] Alexander Lernet-Holenia: *Mars im Widder.* Stockholm: Bermann-Fischer, 1947.

[14] Ebd., S. 14.

[15] Vgl. ebd., S. 15ff. bzw. S. 18f., 20 u. 206f.

[16] Vgl. ebd., S. 42ff.
[17] Vgl. ebd., S. 211ff.
[18] Alexander Lernet-Holenia: *Der Graf Luna*. Wien: Zsolnay, 1955.
[19] Vgl. ebd., S. 219 – 240.
[20] Vgl. F 30, 123, 143f. u. 146 (Drittes Reich), F 49 u. 93 (Hitler), F 16, 72, 95 u. 147 (Ariertum), F 28 (SS), F 86 (Emigration) und F 87 (Gauleiter).
[21] Vgl. Reinhard Lüth: *Drommetenrot und Azurblau: Studien zur Affinität von Erzähltechnik und Phantastik in den Romanen von Leo Perutz und Alexander Lernet-Holenia.* Meitingen: Corian, 1988 (Studien zur phantastischen Literatur; 7), S. 69.
[22] Schreiben der NS-Kulturgemeinde, Kulturpolitisches Archiv an die Filmkontingentstelle vom 12. Februar 1935. Bundesarchiv, Sign. NS 15, Aktenband 138b, fol. 3.
[23] Eingelegt in Lernet-Holenias RSK-Akte (A 14.325): Bundesarchiv, Sign. RKK 2100, Box 0237, File 05.
[24] In Lernet-Holenias RSK-Akte fehlen unter anderem auch sämtliche Anfangs-Unterlagen wie Aufnahmeantrag etc. Es läßt sich allerdings aufgrund der hohen Nummer (A 14.325), die eine Aufnahme um 1937 nahelegt, nicht ausschließen, daß auf eine erste Aufnahme eine Relegation und später eine Wiederaufnahme erfolgte. Möglicherweise wurde auch ausnahmsweise eine Publikationserlaubnis ohne Mitgliedschaft in der RSK erteilt.
[25] Angaben nach der jeweiligen „Erklärung für die Reichsschrifttumskammer" von 1940, 1941 u. 1942 in Lernet-Holenias RSK-Akte (A 14.325).
[26] Heimito von Doderers Einkünfte aus schriftstellerischer Tätigkeit beliefen sich laut RSK-Akte (Nr. 13.801) im Jahr 1939 dagegen lediglich auf 2.400 Reichsmark. (Zu Doderers RSK-Akte vgl. auch den Anhang von: Gerald Stieg: *Frucht des Feuers. Canetti, Doderer, Kraus und der Justizpalastbrand.* Wien: Österreichischer Bundesverlag, 1990, S. 216 – 227.) Das Jahresgehalt eines Lehrers belief sich 1940 auf ca. 2.000 RM, das eines Schuldirektors auf ca. 5.000 RM; das eines Gauleiters auf 30.000 RM. Angaben nach: Klaus Amann: *Der Anschluß österreichischer Schriftsteller an das Dritte Reich. Institutionelle und bewußtseinsgeschichtliche Aspekte.* Frankfurt a. M.: Athenäum, 1988 (Literatur in der Geschichte, Geschichte in der Literatur; 16), S. 165.
[27] Laut Einsatz-Wehrmachtsgebührnisgesetz (EWGG, Fassung vom 1. November 1944) belief sich das Jahreseinkommen eines Oberleutnants auf rund 3.300 Reichsmark.
[28] Vgl. Rainer Rother (Hrsg.): *Die Ufa: Das deutsche Bildimperium.* Die Ufa 1917 – 45 (22 Magazine). Berlin: Deutsches Historisches Museum, 1992, Mag. 18: „Die große Liebe", S. 14.
[29] Angaben laut Zentralnachweisstelle des Bundesarchivs in Aachen. Überdies erscheint Lernet-Holenia in der „Liste der von der Arbeitsdienstpflicht freizustellenden Autoren" von 1944. (Vgl. Amann, *Der Anschluß österreichischer Schriftsteller,* a.a.O., S. 168.) Ob diese Liste für Lernet-Holenia maßgeblich war, erscheint jedoch fraglich, da der Autor ohnehin einer Heeresdienststelle zuge-

"Er dient um die Erlaubnis, eine öffentliche Heimsuchung..."

ordnet war. Vgl. dazu ferner bei Milan Dubrovic: *Veruntreute Geschichte. Die Wiener Salons und Literaturcafés.* Wien, Hamburg: Paul Zsolnay, 1985, S. 229ff.

[30] Faust I, Vers 2802 – 2804, zitiert nach: Johann Wolfgang von Goethe: Werke [Hamburger Ausgabe]. Hrsg. u. komm. v. Erich Trunz, Bd. 3: *Faust. Der Tragödie erster und zweiter Teil. Urfaust.* [Sonderausgabe] München: C. H. Beck, 1972, S. 90.

Politik als Verdrängung des Eros.
Zu Alexander Lernet-Holenias Romanwerk in der Epoche des Faschismus

Walter H. Sokel (Tucson)

In mehreren von Lernet-Holenias Romanen, die in der Epoche des Faschismus entstanden sind oder von ihr handeln, stehen Politik und Eros in einem merkwürdigen Spannungsverhältnis zueinander. Das ließe sich insbesondere an drei Romanen verfolgen – der *Standarte* (1934),[1] dem von den Nazis konfiszierten *Mars im Widder* (entstanden Ende 1939) und dem Nachkriegsroman *Der Graf Luna* (1955). Im Rahmen dieses Beitrags möchte ich mich auf die Analyse dreier Phänomene beschränken, die in seinem bekanntesten Roman, *Die Standarte,* zu beobachten sind: der Erhebung von Machtpolitik ins Mystisch-Religiöse, der Erotisierung von Ideologie und der kritisch-oppositionellen Funktion, die der Frau dabei zufällt. In der meisterlichen Darstellung eines politisch-ideologischen Sachverhalts, die für heutige Leser in überraschend präziser Weise Verbindungslinien aufzeigt, die vom feudalen Militarismus der kakanischen Monarchie zu Faschismus und Nationalsozialismus hinführen, liegt ein Schwerpunkt der oft unterschätzten Relevanz, die Lernet-Holenias Roman für unser Jahrhundert besitzt. Der andere liegt in der ideologiekritischen Rolle, die ein keimender Feminismus in diesem Zusammenhang spielt. Auf diese Aspekte des Romans soll hier näher eingegangen werden.

Die Welt, in welcher der junge, aus einer alten Offiziersfamilie stammende Fähnrich Menis lebt und der er mit glühender Loyalität ergeben ist, ist die eines militarisierten Feudalismus kurz vor und während dessen Auflösung. Dem Roman steht als Motto der Treueid voran, den das Heer, und jeder einzelne Soldat in ihm, der Person des Herrschers schwören muß. Die Treue des Heeres gilt nicht dem Staat als Institution, die alle umfaßt, sie gilt einer Person, nämlich dem angestammten Herrscher. Die Wehrpflichtigen sind nicht einer vom

Volk gewählten Staatsvertretung, sondern eben dieser Person, dem Kaiser, zur Fahnentreue verpflichtet. Das Grundprinzip des Feudalismus ist also hier noch in Kraft. Es ist jedoch auch das Prinzip, das im zweiten Weltkrieg die Soldaten der Wehrmacht an die Person des Führers band. Darin zeigt sich bereits eine erste Nähe des Feudalismus zum Faschismus.

In der Person des Kaisers verkörpert sich das Reich. Nach Ansicht des Offiziers Anschütz ist das habsburgische Kaiserreich ein deutsches Kolonialreich im Herzen Europas, das die den Deutschen aufgegebene Kulturmission an den Völkern Mittel- und Osteuropas erfüllt hat. Für den jungen Fähnrich Menis aber ist das Reich „heilig" und daher ewig. Da wir das Erzählgeschehen nur aus seiner Sicht erfahren, steuert der Roman – zunächst jedenfalls – Leser und Leserinnen dahin, seine Perspektive gewissermaßen als die ‚offizielle', auktoriale Ansicht des Werkes zu verstehen. Für Menis ist das Reich eine der großen Ideen der Weltgeschichte. Obwohl sie den nichtdeutschen Völkern der Monarchie nichts mehr bedeutet, kann und darf diese Idee nicht untergehen. Das Reich stellt einen idealen Wert dar, der sich durch keinerlei rational-utilitaristische Erwägungen – wie z.B. wirtschaftliche Vorteile, die das Reich seinen Völkern bieten könnte – zu rechtfertigen braucht. Es geht dabei ja nicht um Wohlfahrt und Nutzen der Menschen, es geht um eine Idee, die heilig ist. Der Reichschauvinismus des Protagonisten beruht auf einer idealistischen Weltauffassung. Ob das Reich seinen Untertanen materielle Vorteile bringt, ist gleichgültig, da diese, vom Standpunkt des Idealismus aus betrachtet, ja ohnehin ganz unwesentlich sind.

Manchmal aber, so denkt Menis, „verlieren" leider „die Menschen [...] ganz plötzlich allen Sinn für den Wert der Dinge. Bloß um sich die Hände zu wärmen, zünden sie dann königliche Schlösser an" und bloß „um ihre polnischen Dörfer wiederzusehen, zerstörten sie [die meuternden slawischen Mannschaften des Heeres] ein Reich" (DS 112). Das Reich steht dem animalischen Egoismus, dem tierischen Lustprinzip und dem niedrigen Eigennutz im Menschen diametral entgegen. Zwar sind die deutschstämmigen Eliten des Reichs zu allen Opfern bereit – daß die Idee des Reichs einen höchsten Wert darstellt, ist den Deutschen selbstverständlich –, sie irren aber, wenn sie ihren eigenen Idealismus auch in den nichtdeutschen Soldaten voraussetzen, weil sie nicht verstehen können, daß es Menschen gibt, die nur von nackter, materieller Ichsucht getrieben werden. Daß diesen Andersstämmigen die bloße Befriedigung ihrer notwendigsten Bedürfnisse und das nackte Leben wichtiger sein könnten als das erhabene Werk des Reichs, das bleibt den deutschen Österreichern in ihrem Idealismus unbegreiflich.

Das Reich ist dem Göttlichen vergleichbar. Es erfordert Glauben. Man gibt ja auch den Glauben an Gott nicht auf, nur weil es einem schlecht geht und Wünsche nicht erfüllt werden. Die unumgängliche Pflicht der Offiziere ist es, diesen Glauben zu erhalten und immer wieder neu anzufachen. Der religiöse ergänzt den feudalen Aspekt des Reiches. Seine beiden Fundamente sind Treue und Glaube. Wie das Ideal feudaler Treue antizipiert auch die Vergottung des Politischen im Reichschauvinismus des Helden der *Standarte* künftigen Faschismus und Nationalsozialismus. Statt berechnenden Eigennutzes soll Glaube das Gemeinwesen inspirieren. Die Idee des Reichs fordert vorbehaltlose Opferbereitschaft. Seine Krieger sollten sich eher „in Stücke reißen lassen" als Meuterern und inneren Feinden „nachzugeben und Kompromisse zu schließen" (DS 112). Durchhalten bis zum Äußersten sollte das Gebot des Heeres sein.

Wie die Gottheit in manchen Theologien ist sich das Reich im Grunde Selbstzweck. Während es von seinen Untertanen und Gliedern nur Dienst und Opfer verlangt, ohne sich um ihre Wohlfahrt zu kümmern, dient es selbst nur seiner eigenen Machtentfaltung, seinem Ruhm und seiner Glorie sowie seiner Teilnahme an der Herrschaft der Welt. Das Heer und jeder einzelne Krieger in ihm sollen stolz darauf sein, Teil eines „großen Machtmittel[s]" zu sein, voll „Sinn und Kraft, [...] einer Einheit voll historischer Sendung, [...] einem Instrument der Weltpolitik" (DS 174). Österreich soll gemeinsam mit seinem wilhelminisch-reichsdeutschen Waffenbruder und Bundesgenossen den „Griff nach der Weltmacht" unternehmen. Machtpolitik und welthistorische Rolle fallen hier wie bei Hegel in eins. Der nostalgische Traum vom einstigen Weltreich der Habsburger, in dem die Sonne nicht unterging, inspiriert noch den Helden von Lernet-Holenias Roman. Der Adler des Reiches, in die Standarte gestickt, hat „den Blick in die Sonne gerichtet, die nicht mehr unterging, wo er die Schwingen hob, in Frankreich, in Mailand, überm Meer" (DS 202). Waffenruhm, militärische Größe, kriegerischer Glanz machen das Reich erhaben.

Das Protofaschistische an Menis' Reichsbegeisterung ist die Vermengung von militärischer Macht mit der Inbrunst kultischer Religiosität. Waffentaten und Siege umhüllt der „feierliche Weihrauchduft der Feldmessen und Prozessionen" (DS 202). Und mit dem Reichsadler zusammen prangt die Mutter Gottes, in den Brokat der Standarte gestickt. Wie die Gottheit, so währt auch das Reich ewig. Es kann „nicht untergehen" (DS 272). Es ist unendlich mehr als ein blasses Kolonialreich. Auch wenn, wie im Zeitraum des Erzählgeschehens, im November 1918 nach der totalen Niederlage seine Auflösung erfolgt, wird das Reich trotzdem als temporäres Rumpfgebiet Deutschösterreich bestehen bleiben. Aus seinem deutschen Herzen, das die einstige Ostmark immer war, wird einst das alte Reich in neuer Glorie auferstehen (DS 272). Es wäre dann, nach dem Heiligen Römischen Reich Deutscher Nation und nach dem Kaiserreich Österreich, später Österreich-Ungarn, buchstäblich das Dritte Reich, wenn auch gewiß nicht identisch mit der Vision des Dritten Reiches, die Adolf Hitler zur grausigen Realität werden ließ. Nichtsdestoweniger erweckt der Gedanke eines wieder erstandenen, eines dritten Reiches bei heutigen Rezipienten Assoziationen des Bedrohlichen und Unheimlichen. Es ist letzten Endes die Sakralisierung des Reiches, die Erhebung der politischen Sphäre zur Religion, welche die eigentliche Verbindung herstellt zwischen der Ideologie des Protagonisten und dem Wesen des Faschismus.

Der Theologisierung der Idee des Reichs steht eine Art Mystik zur Seite, wenn man unter Mystik das Streben nach emotionaler Vereinigung mit der Gottheit versteht. Man kann bei dem Helden der *Standarte*, dem jungen Fähnrich Menis, von einer reichschauvinistischen Mystik sprechen, die sich an dem kaiserlichen Feldzeichen, der Standarte, entzündet, deren überragende Rolle für das Romangeschehen im Titel des Romans markiert wird. In der Standarte verstofflicht sich die Reichsidee. Für die politische Religion des Reiches ist die Standarte vergleichbar mit der Hostie im Christentum. Sie ist die Verkörperung des Göttlichen an der Reichsidee. Für den die Standarte betrachtenden Fähnrich geht oft ein magisches Blitzen, Glitzern, Flimmern und Strahlen von ihr aus. Sie ist Symbol im religiösen Sinne, in welchem die Anwesenheit des Göttlichen sich in seinem Zeichen manifestiert. Es ist dem Fähnrich, als „lebe sie" (DS 252). Der Konjunktiv bezeichnet den Zwitterzustand zwischen blassem Zeichen und dem lebendigen Geist, der für Menis die Standarte kennzeichnet. In ihr greift „das Unsichtbare" (DS 283) in das Sichtbare ein. Die Idee des Reichs wird in ihr greifbar. Wie in der kaiserlichen Dynastie verkörpert sich in ihr auch die Kontinuität des Reichs aus glorreicher Vergangenheit in eine von Zusammenbruch und Auflösung bedrohte Gegenwart. Sie signalisiert das Fortdauern immerwährender Opferbereitschaft. Das „Blut von Generationen" (DS 78), für sie vergossen, verleiht der Standarte übernatürlichen Glanz. Als Verkörperung des heiligen Reiches ist sie unendlich wichtiger als das Leben. Sie bis zum letzten Blutstropfen zu verteidigen, ist Menis selbstverständlich. „Eher [...] als die Standarte herzugeben", ist er „natürlich entschlossen" (DS 284), Menschen niederzuschießen. (So opfert er, da er gegen alle Widerstände an ihr festhält, das Leben des Mannes, der sein bester Freund geworden ist.)

Die in Menis' anbetender Verehrung der Standarte sich kundtuende Überhöhung des Machtpolitischen ins Mystisch-Religiöse ist aufs Engste verknüpft mit der Vorstellungswelt der feudalen Monarchie, dem Kaisertum von Gottes Gnaden. Von einem von Gott Gesalbten, einem Kaiser, ist einst die göttliche Weihe übergegangen auf das Feldzeichen, das er gestiftet hat. Mit dem Einsatz seines Lebens muß ihr Träger, der Fähnrich, die Standarte dem jetzigen Kaiser zurückbringen, von dessen Ahnherren sie ausgegangen war. Die Sakralisierung des Zeichens leitet sich also aus der Sakralisierung des Herrscherhauses her.

Wie Mystik so häufig, so weist auch die politische Mystik der Standarte einen starken erotischen Zug auf. Durch sie und in ihr sehnt sich der Fähnrich danach, sich mit dem Ziel seines tiefsten Begehrens, dem Reich, zu vereinigen, und als Verkörperung des Reichs wird die Standarte Gegenstand eines Begehrens, das erotisch genannt werden muß. Sie wird für ihn zu einem weiblichen Wesen beispielloser Anziehungskraft, das lebenden Frauen unendlich überlegen scheint. Obwohl „sie durch die Hände unzähliger Männer gegangen" war, ist sie „immer noch rein wie zur Stunde ihrer Weihe" (DS 202). Sie entspricht jener ewig unverletzbaren Jungfräulichkeit, die das Wunschdenken des patriarchalischen Mannes zum Ideal des Weiblichen erhoben hat. Leicht nahbar, so phantasiert der Held, ist die Standarte nur dem Anschein nach, unnahbar jedoch ist sie in ihrem Wesen. Wie eine vielbegehrte Frau, die sich dem Begehren entzieht, während sie es gleichzeitig entfacht, erscheint sie ihm „verwöhnt" (DS 203). Er empfindet sich selbst wie einen unglücklichen Liebhaber, der einer ersehnten, königlichen Frau nichts bieten kann. Seine „Hände waren leer" (DS 203), weil er im historischen Sinne zu spät kommt für die Geliebte, weil er, ihr letzter Träger, sie nur zu Schmach und Niederlage führen darf. Er kann dieses „Feldzeichen nicht mehr den Geschwadern, den schneeweißen Schwadronen vorantragen" (DS 203), wie seine Vorgänger in besseren Zeiten. Seine „Hände [sind] nur mehr die eines Fähnrichs aus einem meuternden Regiment, eines letzten aus ruhmloser Zeit". Aber gerade der Umstand, daß seine Liebe zur bewunderten und verehrten Standarte nur mehr eine unglückliche sein kann, verstärkt den erotischen Reiz der von Erniedrigung und Untergang Bedrohten. Als er schließlich den Mut findet, die leidenschaftlich verehrte, aus vergangenen Zeiten verwöhnte, aber jetzt dem Elend Ausgesetzte doch zu berühren, ist es ihm, als „griffe [er] in die Locken einer Braut". Ihr Brokat „fühlte sich sanft an wie Mädchenhaar, es war heute Brautnacht" (DS 203). Die Standarte hat eine wirkliche Frau verdrängt: Resa, jenes Mädchen, das Menis vor dem Eintritt des Feldzeichens in sein Leben ungestüm geliebt und begehrt hatte. Nun feiert er aber „die Brautnacht" nicht mit ihr, der „ich versprochen hatte zu kommen, ich feierte sie mit dieser [der Standarte], die reiner als je ein Mädchen war". Die Verdrängung des Eros durch eine erotisierte politische Ideologie hat eingesetzt.

Die Standarte nimmt die Stelle ein, die bisher Resa gehört hatte. In einem Traum weigert sich Resa, ihn zu empfangen. Aber für Leser von Freuds *Traumdeutung* macht es die Romanstelle klar, daß es sich um eine aus der Freudschen Lehre gut bekannte Umkehrung handelt. Denn er ist es ja, der sich Resa entzieht, weil er um ihre Rivalin, die Standarte, bangt und sich fürchtet, sie durch die Frau zu verlieren. (So wird er dann auch in der Fortsetzung seines Traums von Leuten bedrängt, die ihm etwas „entreißen wollten, plötzlich merkte ich, daß es die Standarte war" (DS 97).) Er projiziert sein eigenes Sichabwenden in Resa hinein, sodaß sie es ist, die ihn abweist, während es sich tatsächlich genau umgekehrt verhält. Offensichtlich gehen die Kräfte, die ihm die Standarte entreißen wollen, von Resa aus.

Im weiteren Verlauf des Erzählgeschehens wird er in Resas Gegenwart mehrmals „von einer völligen Abwesenheit befallen" (DS

118). Er denkt in ihrer Gegenwart nicht, wie beabsichtigt, an die Beschaffenheit seiner Gefühle für sie, sondern „an etwas ganz anderes" (DS 127). Seine Gedanken schweifen fort von ihr auf das Militärische, auf den Krieg, der die Sphäre der Standarte ist. Gedanken „an das Regiment, an den Befehl, abzumarschieren, an die Lage von uns allen" (DS 127), verdrängen den Versuch, über die persönliche Beziehung zur Frau nachzudenken. Das Kollektive, das historische Geschehen, das Heer, das der Arm der Machtpolitik ist, besetzen den Platz, den der einzelne Mitmensch, die Person Resa und die Beziehung des Ichs zu ihr eingenommen hatten. Das Erotische als Ausdruck des Individuellen, der Beziehung einzelner Menschen zueinander, verliert an Bedeutung gegenüber dem im weitesten Sinne politischen Geschehen. Die machtpolitische Sphäre, deren Ausdruck die Standarte ist, überschattet die zivilistische Welt, in der persönliche Beziehungen Gewicht haben. Das Politische absorbiert das Persönliche, das Intime, und mit ihm das Erotische.

Die Verdrängung des weiblichen Liebesobjekts, der „jungen Dame", durch das sich der Seele des Protagonisten bemächtigende Symbol des Reichs erscheint Menis zugleich als Erweiterung seines geistigen Horizonts, als ein Reiferwerden, das ihn von der Fixierung auf ein Mädchen, die ihm nun pubertär erscheint, auf größere, gewichtigere Belange, auf Überpersönliches und Geschichtliches hinlenkt. „Gestern", denkt er, „war dieser Konak [die Festung in Belgrad, wo er Resa nachts trifft] für mich noch ein Palais gewesen, in dem eine [...] junge Dame wohnte und in diese junge Dame war ich verliebt. Heute ward mir bewußt, daß ich durch den Palast der Könige von Serbien ging [...]" (DS 117). Die Verdrängung der Frau in seinem Herzen erscheint ihm als Hinwendung vom Privaten zum Allgemeinen, vom Ich zur Welt des Über-Ichs, des Welthistorischen und Kollektiven, und damit zur Macht der Zeit, des Schicksals, das die Geschichte ist. Das Nur-Persönliche wird unwirklich, chimärenhaft, belanglos. Wir müssen, sagt er sich, aufhören, uns als bloße Individuen zu betrachten, deren Nöte und Probleme ihnen als einzigartig interessant vorkommen. „Wir sind", predigt er Resa, „genauso wie alle anderen jungen Leute. [...] Wir sind keine Ausnahmen. Es ist überhaupt nicht mehr die Zeit der Ausnahmen." (DS 124) Mit dem Krieg, einem Schicksal, das alle miteinander teilen, ist das Zeitalter des Kollektivismus angebrochen – man erinnert sich dabei an frappierende Übereinstimmungen mit den Gedanken von Lernet-Holenias Generationsgenossen Ernst Jünger in seiner epochebezeichnenden Schrift *Der Arbeiter*, die zwei Jahre vor der Standarte erschienen war. „Es hat keinen Sinn mehr, sich selbst so wichtig zu nehmen, denn der Tod ist uns allen sehr nah." (DS 124) Mit diesem geschichtsphilosophischen Argument versucht er, Resa zu sexueller Intimität zu bewegen.

Das Sexuelle würde dem Erotischen den persönlichen, auf das Seelische der Beziehung konzentrierten Aspekt nehmen, der als Liebe an einen einzigen, bestimmten Menschen, ein unersetzbares Individuum, gebannt bleibt. Im Romanzusammenhang stellt Sexualität hingegen nur eine andere Seite jenes Kollektivismus dar, dem der gewaltige Eingriff des Krieges in die Privatsphäre den Weg gebahnt hat. Die Verdrängung Resas durch die Standarte ist Verdrängung des Einmalig-Individuellen durch das Kollektive, das auf den Totalitarismus vorausweist. Ironischerweise ist es gerade das Drängen nach sexueller Intimität, das Menis' emotionalen Rückzug von der Persönlichkeit Resas als einzigartigem, unersetzbarem Liebesziel ausdrückt. Das Besondere, sagt er ihr, ist ein Luxus geworden, den sich die Zeit nicht mehr leisten kann. Man darf sich selbst, und damit auch den Anderen als Person, nicht mehr so wichtig nehmen, wie Resa es tut. Mit der Verschärfung des Krieges zu dem, was bereits bei Ernst Jünger als totaler Krieg ins Auge gefaßt wurde, ist der Kult privater Gefühle unverantwortlich geworden. Einfache, weibliche Hingabe an das elementare Begehren des im Krieg stehenden Mannes, ohne die seelischen Komplikationen, die Frustrierung des Triebes erzeugt, ist, was das Gebot der Stunde erfordert. Ein Sicheinordnen in das für alle geltende Naturgesetz, das den Sexus zum Analogon der alle gleichschaltenden, reglementierenden Kriegsordnung macht, das ist es, was die extreme, die Grenzsituation erfordert, in welcher der Tod den in den totalen Kampf geworfenen Mann in jedem Augenblick hinwegraffen kann. Lernet-Holenias Icherzähler schlägt hier einen Ton an, der uns nicht nur von dem zwei Jahre älteren Ernst Jünger, sondern auch von dem acht Jahre älteren Martin Heidegger vertraut ist. Er sollte für die Kollektivismen der ersten Jahrhunderthälfte typisch werden. Wenn Menis den Krieg zum allmächtigen Schicksal erhebt, verbindet sich der Kollektivismus der Epoche mit dem Sein-zum-Tode, das uns aus Heideggers zeitgenössischer Existenzphilosophie, aber auch aus Jüngers Vitalismus bekannt ist. Im Erscheinungsjahr der Standarte,

1934, in dem bereits die Drohung eines neuen Krieges sich in Europa ankündigte, mußte Menis' Argumentation ebenso großen Widerhall finden wie sie ihn bereits 1918, dem Zeitpunkt des Romangeschehens, gehabt hätte.

Gegen sie erhebt aber die Frau ihre Stimme im Protest. Gegen den Mann besteht sie auf ihrem eigenen Willen und ihrer besonderen Sicht der Dinge. Schon vom Anfang ihrer Beziehung an hat sich Resa über Konventionen hinweggesetzt. Ohne Rücksicht auf das für schicklich Gehaltene, das in der Beziehung von Mann und Frau dem Mann die Initiative vorbehielt, unternahm Resa den ersten Schritt und schrieb dem fremden jungen Mann einen Brief. Aber auch gegen ihn zeigt sie die Unabhängigkeit ihres Willens und ihrer Auffassung. Er drängt sie, ihm an einen Ort zu folgen, wo sie vollkommen ungestört beisammen sein könnten. Sie aber „will es [...] nicht tun" (DS 120). Sie gibt keinen anderen Grund an als ihren Willen, den sie zu behaupten wagt gegen den Willen des Mannes, den sie liebt. Daß sie sich in ihrer Weigerung nicht auf Sitte und Anstand beruft, sondern nur auf ihren autonomen Willen, den sie durch nichts rechtfertigt als durch ihr implizites Recht auf ihre Freiheit, selbst zu entscheiden, darin drückt sich eine Haltung aus, die man protofeministisch nennen könnte. Sie weigert sich, ihm als Sexualobjekt zu dienen.

Ihre Selbstbehauptung gegen den Willen des Mannes führt in überzeugender Folge zur Hervorhebung der Besonderheit, der Individualität und Einmaligkeit ihrer Liebesbeziehung: „Was hätten wir davon", fragt sie, „wenn wir etwas täten, was auch Leute tun können, die gar nichts für einander übrig haben? Wozu willst du das?" (DS 123) und fügt hinzu: „Und wenn du mich wirklich liebhast, warum verlangst du es dann von mir?" Das Gespräch mit ihm, das geistigseelische Sichkennenlernen, ist ihr unendlich wichtiger als die Stillung sinnlichen Begehrens. Sie setzt dem nivellierenden Trieb, der das Persönliche und Individuelle im Geschlechtlichen aufgehen läßt, die Einmaligkeit der Beziehung entgegen, die Liebe, die nur einem bestimmten, einmaligen Menschen unter allen anderen gilt, einem besonderen Charakter, einer einzigartigen, unaustauschbaren und unersetzlichen Persönlichkeit. Weil er so anders schien als alle anderen, sagt sie, habe er ihr gefallen, als sie ihn das erste Mal sah, und sie habe sich in ihn verliebt. In ihrer sein Drängen abwehrenden Antwort ignoriert Resa in bezeichnender Weise den geschichtlichen Augenblick,

Politik als Verdrängung des Eros 197

mit dem er sein Drängen auf sofortige sexuelle Intimität begründet. Sie klammert seinen Hinweis auf die Verschärfung des Krieges und die Wahrscheinlichkeit seines baldigen Todes völlig aus. Das Überpersönliche, die Forderung und Drohung des Kriegsgeschehens, erwähnt sie nicht. Sie beschränkt sich auf beider Beziehung zueinander, losgelöst vom kollektiven Schicksal. Das „Du" ist für sie nicht das Geschlechtswesen, der Mann, noch das historische Gattungswesen, das dem Schicksal aller unterworfen ist. Das „Du" ist der einmalige, besondere Mensch, der wertvoller ist als alles Überpersönliche und Allgemeine, wertvoller als die Ideen und Interessen, für die Menschen ihr Leben hingeben. Resa erhebt das Individuum und sein privates Sein zum absoluten Wert.

Im zeithistorischen Kontext der Romanhandlung – November 1918 – und auch in dem der 16 Jahre später erfolgten Romanveröffentlichung scheint Resas Einstellung zurückzudeuten auf eine überwunden geglaubte Zeit, eine veraltet anmutende Epoche, die man verächtlich mit dem Etikett „bürgerlicher Individualismus" abtat. Aus unserer heutigen Sicht dagegen scheint sie eher vorauszudeuten auf unsere Welt des ausgehenden Jahrhunderts, die nach dem Bankrott der kollektivistischen Utopien die Kultivierung des privaten Lebens und die Arbeit an den Beziehungen der Einzelnen zu ihren Mitmenschen und Lebenspartnern zu einem Zentralthema der Zeit gemacht hat. Resas Denken weist über den Krieg hinaus. Bald nach dem eben zitierten Gespräch drängt sie ihren Geliebten, sich gefangennehmen zu lassen, anstatt sein Leben aufs Spiel zu setzen in einem Krieg, der ja ohnehin verloren ist.

Mit der Einmaligkeit des Einzelnen wird das physische Leben, das ja Vorbedingung der Individualität ist, zum absoluten Wert, gegen den alle anderen Werte nichtig werden. Damit nimmt sie die Position der Meuterer ein, die sich auf keinen Fall mehr, „bloß damit ein Befehl ausgeführt werde" (DS 176), erschießen lassen wollen.

Da das Leben für sie der höchste Wert ist, fehlt ihr das Gefühl für das, was das Leben des Einzelnen transzendiert. Es geht ihr der Sinn ab für die Symbolik, welche die Standarte als Inkarnation der ewigen Reichsidee über das flüchtige Leben des Einzelnen überhöht. Was für ihn ein Heiligtum ist, das ist für sie ein „Stückchen Tuch" (DS 247). Daher scheint es ihr schierer „Wahnsinn", daß er sich „wegen dieses Stückchen Tuch töten lassen" würde (DS 247). Sie hat kein Verständnis für seine Überhöhung des Politischen zum Religiösen, weil ihr das Religiöse als die Transzendenz des einzelnen Menschenlebens fremd ist. Während er die Toten einschließt in das Heer des Reiches als dessen integralen Teil, sieht Resa im Tod nur das absolut Negative und Gräßliche. Der Anblick von Toten ist ihr Entsetzen und Grauen. Während Resas Zeitdimension die Gegenwart ist, der die Zukunft entspringt, ist für Menis das Wirkliche die Vergangenheit. Daher kann für ihn nicht wie für sie bloßer „Wahnsinn" sein, was „Tausenden heilig war" (DS 247). Für Resa aber ist nur die Gegenwart verpflichtend. Kein Eid bindet sie an die Macht einer Kontinuität, die aus der Vergangenheit her die Gegenwart beherrscht und ihre Opferung fordert. Was Resas Fühlen und Denken bestimmt, ist die Verheißung der Zukunft, die in der Gegenwart enthalten ist. Wie der Offizier Anschütz sieht sie ganz klar, daß die Sache Habsburgs verloren ist. Aber anders als für ihn gibt es keine Pflicht für sie, weiter auszuharren in einem Kampf, der „sinnlos" geworden ist (DS 245). „Was erreicht ihr denn noch mit dem allen?" ruft sie ihrem Geliebten und dessen Kameraden zu. „Der Krieg geht doch zu Ende! [...] Es war sinnlos, daß ihr ihn [einen englischen Offizier] getötet habt und daß Anschütz sterben mußte. [...] Ich gebe nicht mehr zu, daß ihr euch ohne Zweck in Gefahr begebt!" (DS 245) Sinnlos ist für sie ein Tun, das keine Zukunft hat. Der Kriegsverlauf hat entschieden, daß die Gegenwart und mit ihr die Zukunft den siegreichen Feinden gehört. Gebot der Vernunft ist es also, diese Tatsachen zu akzeptieren und sich sofort auf die neue Lage einzustellen. Denn nur auf dem Boden der gegebenen Tatsachen läßt sich die Zukunft gestalten. Die Ethik des Pragmatismus wird hier identisch mit einer Moral, in der das absolut und im Grunde einzig Gute Erhaltung und Förderung des Lebens ist. Denn die neue Gegenwart des Sieges der Alliierten anzunehmen, heißt auch, das Morden einzustellen und dem Leben zu dienen. Da für sie im Gegensatz zu den Männern Anschütz und Menis nicht der Eid, der an Vergangenes gebunden ist, sondern das Leben, das ja immer in die Zukunft weist, oberstes Gebot des Handelns ist, drängt sie ihren Geliebten und seine Kameraden, die Waffen niederzulegen und sich zu ergeben. Gefangenschaft würde dem Leben dienen und auf ihre künftige Wiedervereinigung mit dem Geliebten hoffen lassen, während Kampf bis zum Äußersten und Letzten der Zukunft keine Chance läßt. Der Bruch mit der Tradition, die sofortige Umstellung auf das radikal Neue, fällt ihr leicht. Es ist das ihr Natürliche.

Resas Einstellung ist kein bloßes Hinnehmen des Sieges der Alliierten. Sie ist Übereinstimmung mit dem Prinzip, für das die Alliierten – offiziell jedenfalls – den Krieg geführt hatten, es ist der demokratische Fortschrittsgedanke, der sich von allen feudalen Traditionen befreienden Moderne. Von ihrer Familie her ist Resa dazu prädisponiert, dieses Prinzip zu verkörpern. Obgleich Hofdame einer Erzherzogin, in deren Opernloge sie der Fähnrich zuerst erblickt hatte, entstammt sie einer Industriellenfamilie, der kapitalistischen Bourgeoisie, jener gesellschaftlichen Schicht, in der sich die Moderne zuerst etabliert hatte. In der großbürgerlichen Wohnung ihrer Eltern merkt man überhaupt nichts mehr vom Krieg, ehe noch dessen letzter Schuß verhallt ist. Der Haushalt steht bereits ganz im Zeichen der neuen, globalen, von Amerika und Westeuropa angeführten Konsumgesellschaft, die bereits die Weimarer Republik und, in bescheidenerem Ausmaß, die Erste Republik Österreichs formen sollte. In der mondänen Abendgesellschaft bei Resas Eltern vermerkt der Fähnrich mit Erstaunen, daß hier „eine ganz andere Welt" angebrochen zu sein schien. „Es war auch nicht mehr die Welt, die mit Beginn des Krieges unterbrochen worden war, es war eine neue, in einem völlig neuen Stil. [...] Ich sah Abendkleider, die schon wieder aus Paris sein mußten [...]. Serviert wurde ständig, Whiskeys und holländische Liköre und französischer Champagner. [...] nebenan wurde getanzt, man spielte einen Boston ‚Destinee', der damals in Mode war." (DS 316f.) Die globale, vom Kapitalismus dirigierte, an Westeuropa und Amerika – Pariser Abendkleider, schottischer Whiskey, holländischer Likör, amerikanische Schlager – orientierte Moderne ist bereits in vollem Schwung. Es ist eine gänzlich zivilistische Gesellschaft, in der nicht mehr der hierarchische Rang der Geburt oder des Dienstes ausschlaggebend sind, sondern nur die Konsumfähigkeit, die ökonomische Lage des Einzelnen. In dieser neuen Nachkriegsgesellschaft wird selbst das jüngst Verflossene, der Krieg, ebenso ignoriert wie alles Vergangene überhaupt. An Stelle von Tradition und Geschichte ist die neueste Mode das Bestimmende geworden. Ohne Bezug zur Vergangenheit lebt man völlig in der unmittelbaren Gegenwart. Der Krieg ist so abgetan, konstatiert der einer alten Offiziersfamilie entstammende Fähnrich, als hätte er nie stattgefunden: „Bei den Langs gab es eine Menge Leute, aber keine einzige Uniform mehr [...]" (DS 315). Und „niemand redete mehr von dem, was noch kaum zu Ende war, es schien abgetan, wenngleich es sich noch vollzog, man sprach von Literatur, Reisen, Unternehmungen." (DS 317) Es „waren Industrielle da und ein paar Bankleute, vor allem aber Frauen, viele davon hübsch, einige sogar sehr hübsch." (DS 315) Vom Gesichtspunkt des militaristischen Protagonisten ist nicht nur die Usurpation des gesellschaftlich repräsentativen Raumes durch das rein Zivilistisch-Kapitalistische, sondern auch, und mit ihm integral verbunden, die Feminisierung dieser neuen Zivilisation, bemerkenswert und wesentlich.

Es zeugt nun von der oft übersehenen Meisterschaft gesellschaftshistorischen Spürsinns in Lernet-Holenias Erzählkunst, wie diese mondäne, international ausgerichtete und hedonistische Konsumgesellschaft in dem an der Vergangenheit hängenden Protagonisten die protofaschistische Tendenz verschärft. Wir begegnen in ihm dem Typ des heimkehrenden, aber sich in der amerikanisierenden Nachkriegsgesellschaft nicht zurechtfindenden und von bitterem Ressentiment gegen sie erfüllten Frontkämpferoffiziers, dessen von Hierarchie und Feudalismus geprägte und sich nun radikal gegen die vom siegreichen Westen kommende Moderne auflehnende Mentalität zum Topos protofaschistischer Literatur werden sollte. Die vom Krieg geformte und an ihn hingebungsvoll glaubende Seele kann in der neuen Zivilgesellschaft nur schmählichen Verrat erblicken. Sie kann und will sich an die neue Zeit nicht anpassen. Menis ist der bürgerlichen Welt entfremdet. Er fühlt sich getrennt und abgestoßen von allem, was in dieser neuen Welt vorgeht. Er ist entwurzelt. Er bleibt im Kriegsgeschehen festgehalten. Hierarchische Befehlsordnung und todesverachtendes Wagnis erscheinen ihm unendlich erhabener als die dagegen banal anmutenden Interessen und Beschäftigungen der zivilistischen Nachkriegsgesellschaft. Der aus dem Krieg Zurückkehrende ist heimatlos geworden. In seinem innersten Fühlen ist er auch gar nicht zurückgekehrt und wird vielleicht nie zurückkehren können: „[...] ich war von ganz woanders hergekommen", denkt Menis, „ich war überhaupt nicht zurückgekommen, ich war immer noch woanders und würde nie zurückkommen können." (DS 299) Für den von chauvinistischer Mystik Erfaßten kann ja ein Krieg nie zu Ende sein, der mit der völligen Niederlage des als Heiligstes Geltenden endet. Ein solcher Kriegsausgang ist unannehmbar. Der Krieg muß in ir-

Politik als Verdrängung des Eros

gendeiner Form weitergehen. Vernichtung des Allerheiligsten schließt für den Gläubigen jedes Überleben aus. So gebiert sich der Protofaschismus aus der Unmöglichkeit, innerlich über den Untergang jener Werte hinwegzukommen, die als die höchsten verehrt wurden. Deren Niederlage kann nicht wahr sein. Sie kann jedenfalls nicht dauern. Das Ende des Krieges ist nur vorläufig und scheinbar. Der Krieg muß weitergehen bis zum Endsieg der heilig gehaltenen Werte: „Denn es war völlig gleichgültig, daß der Krieg zu Ende war, in Wirklichkeit war er gar nicht zu Ende gegangen, dieser nicht. Ein wirklicher Krieg geht nicht zu Ende." (DS 299)

Zu seinem von trotziger Empörung getragenen Verhalten, das den Frieden verwirft und den Krieg zum Permanenzzustand erheben möchte, stellt aber Resa nicht nur die Gegenspielerin dar. Sie bietet auch eine den Protagonisten zutiefst anziehende Alternative zu seinem Verhalten. Diese wäre nicht ernstzunehmen, wenn sie sich in der reinen Transzendenzlosigkeit von Pragmatismus und Konsumgesellschaft erschöpfen würde. Resas Fixierung auf Gegenwart und Zukunft, die Signatur der Moderne ist, hat bei Resa noch eine andere Seite, die über den pragmatischen Hedonismus der Konsumgesellschaft weit hinaus führt. Für sie ist Gegenwart nicht nur die Summe der Tatsachen, an die man sich anzupassen hat. Gegenwart ist vor allem das Da-Sein des geliebten Menschen und die Freude auf die Zukunft mit ihm. In ihrer völligen Hingabe an den Geliebten, im Eros, liegt ein Element, dem trotz der an den Körper gebundenen Immanenz auch etwas Transzendierendes eignet, zwar kein Transzendieren des Lebens, aber ein Transzendieren des Ichs. Obwohl ihr der Tod als das absolut Schreckliche erscheint, würde sie ohne den Geliebten nicht leben können. Liebe ist für sie das Transzendieren nicht des Lebens überhaupt, sondern nur des eigenen.

In Resas Verbindung von pragmatischem Realismus und ich-transzendierender Liebe liegt die ideologiekritische Funktion ihrer Rolle im Erzählgeschehen. Ein Hinweis auf die Parallele zu Ludwig Feuerbachs *Wesen des Christentums* und die sich letzten Endes davon ableitende Ideologiekritik des Marxismus kann hier klärend wirken. (Hier kann das natürlich nur ganz skizzenhaft angedeutet werden.)

Bei Feuerbach soll die Liebe, die im Christentum einem fiktiven Wesen, Gott, gegolten hatte, sich zurück zum Menschen wenden und ihm gelten. Gott war für Feuerbach die Projektion menschlicher Liebe und Sehnsucht auf ein imaginiertes Jenseits, den Himmel. Die dem Mitmenschen ab- und Gott zugewandte Liebe sollte nun wieder zum Irdischen, von dem sie ausgegangen ist, zurückgeführt werden. In Lernet-Holenias Roman wird, wie wir bereits erörtert haben, christliche Religion politisiert. Die Gottheit erscheint als das heilige Reich, das sich in der Standarte inkarniert wie Christus im geweihten Brot der Hostie. Feuerbach vergleichbar, strebt nun Resa dahin, eine dem wirklichen Dasein entfremdete und in eine bloße Idee projizierte Liebe wieder zu dem konkreten menschlichen Wesen selbst zurückzubringen. Menis' mystischer Reichschauvinismus ist Ideologie im Sinne der vom Marxismus, und damit letzten Endes von Feuerbach, herkommenden Ideologiekritik. Das heißt, ein reines Herrschaftsverhältnis, die hierarchische Feudalordnung, die sich vor allem im Heer repräsentiert, wird maskiert als Idee, von der erlösende Kraft ausgehen soll. Ihr Fetisch ist die Standarte, ein Gegenstand, dem Eigenschaften und Bedeutung zugeschrieben werden, die er in Wirklichkeit keineswegs besitzt. Er erhält eine Bedeutung, die ihm, einem „Stückchen Tuch", an sich nicht zukommt, weil in ihn Emotionen investiert werden, die dem wirklichen, menschlichen Leben entwendet und entfremdet worden sind. Die Standarte fasziniert Menis, weil durch sie und in ihr sein erotisches Gefühl für den wirklichen Menschen, das Mädchen Resa, verdrängt und auf den Fetisch abgelenkt worden ist. Die Liebe wird Resa, dem lebenden Mitmenschen, gestohlen und einem leblosen Ding geschenkt. Durch und in dem Popanz aber kommt Menis' Liebe und Liebesfähigkeit nun dem Machtsystem zugute, das die Standarte vertritt. Diese Selbstentfremdung menschlichen Fühlens ist Ideologie, wie sie, von Feuerbach herstammend, die Ideologiekritik versteht. Sie ins Licht zu rücken und zu demaskieren ist bei Lernet-Holenia Funktion der Frau. Resa entlarvt den Fetisch als das, was er ist, ein „Stückchen Tuch", ein „Stückchen Seide" (DS 247), und enthüllt damit gleichzeitig seine mörderische Rolle, die, wie im Fetischismus menschenopfernder Kulte – von dem ja der ideologiekritische Gebrauch des Wortes Fetisch und sein Begriff ursprünglich herkamen – Menschenglück und -leben als Opfer verlangt. „Ich liebe dich doch!" ruft Resa Menis zu: „Verstehst du nicht! Ich liebe dich! Du kannst nicht hingehen und dich töten lassen, denn auch ich würde sterben, wenn dir ein Unglück zustieße! Du kannst mich nicht aufgeben um eines Stückchens Seide willen [...]"

(DS 247). Ganz dem Geiste humanistischer Aufklärung entsprechend, versucht sie ihn von der verzaubernden und phantastischen Ideologie, die leblose Materie in den allmächtigen Fetisch verwandelt, zurückzuholen zur Wirklichkeit, in welcher der konkrete, lebendige Mensch das allein Bedeutungsvolle ist und alles außerhalb Befindliche seinen Sinn nur von ihm erhalten kann. Im Fall des Fetischs Standarte hat früher vielleicht so ein Sinn bestanden, gibt Resa zu. Aber die Geschichte ist hinweggeschritten über ihn. Die sich immer wandelnde Zeit hat die Idee, welcher der Fetisch diente, überholt. In einer völlig veränderten Gegenwart hat dieses Relikt der Vergangenheit keinen Sinn mehr.

Mit Resas entmystifizierender Sicht eröffnet sich dem Leser eine Perspektive, die eine Alternative darstellt zu der vorherrschenden des Ich-Erzählers. Der Leser oder die Leserin kann jetzt den mystischen Chauvinismus des Protagonisten in einem neuen Licht erblicken, welches das Irrationale, das „Wahnsinnige", daran beleuchtet. Diese ideologiedemaskierende, politisch ernüchternde Perspektive geht in Lernet-Holenias Roman von der Frau aus, wie übrigens, in weniger direkter Weise, auch im späteren *Mars im Widder*. Zeitweise affiziert sie sogar den Helden. In einer Aufwallung von Zärtlichkeit angesichts ihres Schmerzes über seinen möglichen Tod und den daher drohenden Verlust seiner Liebe gibt er ihr zu, daß die Standarte „doch nur ein Stück Tuch" ist (DS 252). In für die ideologiekritische Rolle des Eros im Roman bezeichnender Weise ist es das Wiederaufflackern seiner Liebe zur Frau, das ihn das leidenschaftlich vergötterte Symbol der Machtpoetik auf einmal so ernüchtert sehen läßt. Und in der Schlußszene des Romans, nachdem er die Standarte ins Feuer geworfen hat, damit sie nicht in die Hände der Feinde falle, schreitet er zu Resa und nimmt sie „mit einer unsicheren und zögernden Bewegung in die Arme" (DS 325).

Doch kehrt er erst zu ihr zurück, „wenn alles andere vorüber war" und er „niemanden mehr haben würde als sie." (DS 324) In diesem für die Frau wenig schmeichelhaften Romanschluß zeigt sich die das Romangeschehen überdauernde Ambivalenz des Romanhelden. Die Faszination der Ideologie des Reichs und seines Heeres ist nicht eigentlich überwunden, wie auch der dem Roman vorangeschickte Epilog, der zehn Jahre nach dem Romanschluß im Zeitalter der Ersten Republik spielt, deutlich zeigt. Menis' Rückkehr zu Resa und seine

Ehe mit ihr ist keine Entscheidung für ihre Weltauffassung, sondern ein Ersatz, eine Zuflucht, weil ihre mächtige Rivalin – vorläufig jedenfalls – verloren ist. In dem von den Nazis verbotenen Roman *Mars im Widder* kehrt die Verdrängung der unabhängigen, protofeministischen Frau durch reaktionäre Politik, diesmal in Gestalt des Nationalsozialismus, wieder und mit ihr die Ambivalenz des Protagonisten, die sich in jenem Fall in sehr interessanter Weise zu dem zeithistorischen Phänomen herauskristallisiert, das man später „Innere Emigration" genannt hat.

Anmerkungen

[1] Alexander Lernet-Holenia: *Die Standarte.* Wien: Zsolnay, 1959, 1996 (nachgewiesen im Text unter der Sigle DS mit anschließender Seitenangabe).

Prädestination und Phantastizität:
Randbemerkungen über Alexander Lernet-Holenias
Phantastik in *Mars im Widder*

Jean-Jacques Pollet (Arras)

Zu Anfang des Sommers 1939 entschloß sich die Hauptfigur – um nicht zu sagen: der Held – dieses wahrheitsgetreuen Berichts, ein gewisser Wallmoden, eine soldatische Übung, zu der er verpflichtet war, am 15. August zu beginnen. Er hätte schwerlich angeben können, warum er diesen und nicht einen anderen Zeitpunkt gewählt hatte. Denn es war ihm überlassen geblieben, sich ebenso, ja noch eher zum 1. September zu entschließen, – was in der Folge einen großen Unterschied gemacht hätte; und niemand wäre dagegen gewesen, hätte er sich etwa auch zum 15. September oder gar erst zum 1. Oktober gemeldet. Er erschien aber, wie gesagt, schon am 15. August bei seinem Regiment. Später erklärte er, er habe diesen Termin eben zurechtgelegt. Wie er ihn jedoch zurechtgelegt habe, konnte er nicht sagen. Er vermochte nur anzugeben, daß er das Gefühl gehabt: er sei dort, an jenem Tage, erwartet worden. Von wem aber? (MW 7)[1]

Mit diesem Romananfang sind wir gleich im Zentrum Lernetschen Erzählens, nämlich bei der Idee der Prädestination. Alle Hauptfiguren seiner Romane – von Oberleutnant Menis *(Die Standarte)* bis zu Graf Luna oder auch Philipp Branis *(Der Graf von Saint Germain)*, um nur einige wenige zu erwähnen – teilen dasselbe Gefühl, für das, was mit ihnen geschieht (und was also das jeweilige Romangeschehen bildet) irgendwie vorherbestimmt zu sein. Der Kontingenz ihrer sich am Schnittpunkt mit dem Lauf der ‚großen' Geschichte befindenden privaten Existenz wollen sie etwas Notwendiges verleihen. Der Roman ihres Lebens bietet sich demnach jeweils als ein eigenartiger Versuch dar, dieses Prädestinationsgefühl zu begründen.

   Durch diese übergreifende Funktion, welche der Fiktion zugeordnet wird, nähert sich Lernets Roman wohl jenem Erzähltyp einer doppeldeutig narrativen Struktur – in der Art, wie Matías Martínez sie definiert hat.[2] Doppeldeutig ist sie in dem Sinne, daß das in ihr dargestellte Geschehen auf paradoxe Weise doppelt motiviert wird: kausal und final. Das dargestellte Geschehen läuft einerseits in empirischen Ursache-Wirkungs-Ketten ab; andererseits wird zugleich die Existenz eines finalen Wirkungszusammenhangs suggeriert. Die finale Motivation des Geschehens ist allerdings normalerweise mit der kausalen Motivation unvereinbar. Der Handlungshorizont kann nicht zugleich offen und geschlossen, die kausale Beeinflußbarkeit der Zukunft sowohl möglich als auch unmöglich sein. Im doppeldeutigen Erzähltyp aber wird eine paradoxe Motivationsstruktur konstituiert.

Offenbar entspricht *Mars im Widder* dieser Struktur des zweideutigen Erzählens, freilich unter den mit der personalen Erzählsituation verbundenen Bedingungen. Die finale Bedeutung ist hier nämlich primär das Werk des Helden selbst, von dessen Wahrnehmungshorizont aus erzählt wird. Wallmoden ist es, der sich diese Überzeugung verschafft, der sich zwingt, daran zu glauben, daß alles, was ihm passiert und was er (scheinbar) entscheidet, einer tiefen Notwendigkeit gehorcht. Nun fragt sich, ob Text bzw. Erzähler ihm in dieser Selbstauslegung Recht geben oder nicht. In *Mars im Widder* wird weitgehend personal erzählt – der Leser sieht sich auf die Perspektive und die Gedanken von Wallmoden angewiesen –, doch bleibt diese innenperspektivische Erzählung selbstverständlich nicht unberührt von auktorialen Reflexionen.

Im Unterschied zu *Der Graf Luna* hütet sich der Erzähler von *Mars im Widder* davor, das Prädestinationsgefühl seines Helden zu ironisieren. Ganz im Gegenteil, er bestätigt es auf seiner Ebene, übernimmt und übersetzt es in die Narratologie. Das Thema Prädestination läßt er so etwa schon im Titel, in der Erwähnung einer bestimmten astrologischen Konstellation, anklingen. Überdies spielt der Text wiederholt, an entscheidenden Momenten des Erzählverlaufs, auf den Himmel und die Stellung der Gestirne an. Als Wallmoden sich zum ersten Treffen mit Cuba Pistohlkors begibt (Kapitel 4), heißt es: „Als man heimfuhr, dämmerte es bereits. Aber noch stand am Himmel der einzelne rote Stern, den Wallmoden in der Strohgasse wahrgenommen hatte. Er neigte sich bereits dem Westen zu. Dem Zenit näherte sich ein zweiter, mit kaltem Blick, wie ein Auge aus Glas." (MW 64)

Auf der Rückkehr von Baden, wo Wallmoden Cuba in Begleitung von Baron von Örtel wiedergefunden und von ihr das Versprechen erhalten hat, sie werde auf ihn warten, notiert der Erzähler:

Prädestination und Phantastizität

> Die Straßen, anfangs noch belebt, wurden leer, die Weite des Landes schimmerte, kaum sichtbar, im Widerschein des Diamantstaubs, mit dem der ganze Himmel bestreut war. Wie Gewölk hing das Laub der Wälder herein. Zur linken schien Mars durch das Wagenfenster. Er stand wie eine glühende Speerspitze im Zenit. Östlich war, gläsernen Blickes wie das Auge eines Wahnsinnigen, Saturn über den Horizont gestiegen. (MW 112)

Kurz darauf, nachdem das Regiment alarmiert worden war und sich mitten in der Nacht auf den Marsch begeben hatte,

> [...] begannen die Sterne vom Himmel zu schwinden. Als seien oben rieselnde Schleier losgelassen worden, fiel die Finsternis aus den Höhen. Nur Saturn glänzte noch. Er stand jetzt im bläulichen Zenit. Die Gesichter und Gestalten der schlafenden Mannschaft zeigten sich mit einer bleichen Staubschicht bedeckt, als lägen die Körper von Erfrorenen im Schnee. (MW 118)

Solche Schilderungen haben offensichtlich nicht allein die Funktion, Realitätsnähe zu vermitteln. Man bemerke aber, daß die konkrete astrologische Bedeutung, das heißt die Lehre, die aus den Stellungen und Bewegungen der Himmelskörper zur Beurteilung der menschlichen Begebenheiten zu ziehen wäre, nur sehr vage angedeutet wird. Mars und Saturn werden einfach auf dem Umwege von metaphorischen Assoziationen – eine glühende Speerspitze, ein Auge aus Glas – zu Signalen einer unheimlich-zwielichtigen Atmosphäre.

Die Idee der Prädestination wird nicht nur in der Symbolik der Astrologie exponiert; sie ist auch in der Erzählstruktur selbst inkarniert, die sich aus der Spannung der Antizipation ergibt. Mehrfache Vorausdeutungen informieren nämlich den Leser (bzw. den Helden selbst) mehr oder weniger deutlich über die kommenden Ereignisse im Handlungsverlauf, so daß das Romangeschehen dann schließlich im Rückblick als die exakte, gesetzmäßige Erfüllung eines Vorausgesagten erscheint.[3]

Eine solche Antizipationsfunktion erfüllen die Parallelgeschichten, insbesondere die Geschichte von Nadja, die von Major Dombaste schon im ersten Kapitel, gleich nach Wallmodens Ankunft bei seinem Regiment, vorgetragen wird. Es ist von einer leidenschaftlich liebenden jungen Russin die Rede, die sich betrogen glaubte, spurlos verschwand und für tot gehalten wurde, bis sie eines Tages anläßlich einer von ihrem früheren Geliebten veranstalteten spiritistischen Sitzung wieder erschien. Es erwies sich bald, daß sie nicht als Gespenst, sondern in Fleisch und Blut erschienen war, aus dem Ausland zurückgekehrt, um sich zu rächen. Die vorausweisende Bedeutung dieser Anekdote erschließt sich dem aufmerksamen Leser erst am Ende des Romans, also retrospektiv, als Wallmoden im Schlußkapitel die wahre Cuba Pistohlkors trifft; so wie Nadja für den Vetter von Major Dombaste, so wird auch Cuba für Wallmoden sterben und wieder zurückkehren.

Die Antizipationsfunktion der Episode hängt aber nicht allein vom Vermögen des Lesers ab, sie als verschlüsselte implizierte Vorausdeutung zu entziffern. Denn gleichzeitig mit dem Leser nimmt auch Wallmoden diese Geschichte tief beeindruckt zur Kenntnis. Bei seiner ersten Begegnung mit Cuba (Anfang des 2. Kapitels) erinnert ihn diese sofort an die junge Russin:

> Der Major hatte sie in seiner Erzählung nicht beschrieben, allein Wallmoden hätte schwören mögen: nur so wie diese hier und nicht anders könne sie ausgesehen haben. Denn auf sonderbare Weise begann er, Erzähltes und Erlebtes zu verwechseln. Ja der Eindruck war so stark, daß er, als er vorgestellt ward und die junge Frau ihn für einen Moment anlächelte, sogleich auch bei ihr die kleine Unregelmäßigkeit der Zähne zu entdecken suchte, die Dombaste von der andern erwähnte. (MW 18f.)

Wallmoden selbst statuiert also die Identifikation zwischen den beiden Frauen, sogar um den Preis einer „Unregelmäßigkeit"; daher mag er selbst (und nicht nur der Erzähler) das gleiche Los für diese wie für jene mehr oder weniger bewußt gewünscht haben. Ganz genau illustriert wird also hier die am Anfang des Romans in einer auktorialen Reflexion erläuterte theoretische Bestimmung der Prädestination, wonach die zwei Machtbereiche des Willens und des Schicksals manchmal ineinandergreifen, „wobei das Schicksal dem Willen und der Wille letzten Endes nur dem Schicksal dient" (MW 8). Darüber hinaus wird der Geschichte von Nadja in dem Kreis, in dem sie vorgetragen wird, ein poetologisch exemplarischer Charakter verliehen:

> Diese Erzählung befriedigte, durch die Vernünftigkeit ihrer Lösung, allgemein. Wallmoden aber sagte: „Vielleicht haben dennoch diejenigen Berichte am meisten für sich, die weder ganz geisterhaft noch ganz natürlich sind."
> „Weshalb dieses?" fragte der Rittmeister von Sodoma.
> „Weil sich auch unser ganzes Leben eigentlich nirgendwo anders als in einem solchen Zwischenreich abspielt", sagte Wallmoden. (MW 14)

Prädestination und Phantastizität

Hier wird dem Leser gleichsam die poetologische Formel in die Hand gegeben, nach der das künftige Geschehen ästhetisch zu bewerten sei. In der Erzählstruktur des Romans spielt die Parallelgeschichte von Nadja die doppelte Rolle eines Präludiums und eines Präzedenzfalles. In Anlehnung an Eberhard Lämmert[4] lassen sich nun theoretisch die zukunftsgewissen Vorausdeutungen, die in der Überblicksituation des auktorialen Erzählers abgegeben werden, von solchen unterscheiden, die nicht Zutat des Erzählers, sondern selbst Teil des Erzählgegenstandes sind: Zukunftsträume, Ahnungen, Weissagungen, Flüche und Segenswünsche von Figuren der Handlung.

Zur letzteren Kategorie der zukunftsungewissen Vorausdeutungen darf man wohl Wallmodens Traumvision von den zwei badenden Mädchen rechnen (Kapitel 7). Als Wallmoden in den ersten Tagen des Feldzuges in einem einsamen Schloß im Quartier liegt, glaubt er nachts zwei Mädchen, ein schwarzhaariges und ein blondes, in sein Zimmer eintreten zu sehen, die sich, ohne sich von Wallmodens Gegenwart stören zu lassen, wortlos dem Ofen nähern, eine spanische Wand und einen Holzbottich, die dahinter stehen, hervorräumen, Wasser in den Bottich gießen und sich entkleiden, um zu baden. Als jemand an der Tür pocht, verschwinden sie plötzlich; Wallmoden stellt dann zu seinem Erstaunen fest, daß all die Gegenstände an ihrer früheren Stelle wie unberührt stehen; er sieht nur noch Spuren nackter Füße auf dem Boden: „das verwunderlichste aber war, daß es nur die Spuren *einer* Person waren. Auf welche Art hatte die zweite den Raum verlassen?" (MW 126) Daß diese Episode ein verschlüsselter Hinweis auf Cubas Doppelidentität ist, wird später vom Erzähler explizit bestätigt, als er Wallmoden auf die wirkliche Cuba treffen und ihn dabei zuerst „die nassen Spuren zweier nackter Füße" erblicken läßt:

> Es war ganz die gleiche Art von Spur, die er, im Traume in seinem Zimmer im Schloß von Jedenspeigen, gesehen hatte, damals, als er gemeint, zwei Frauen seien in sein Zimmer gekommen, doch nur eine habe es verlassen. Es konnte zwar nicht sein, daß es die Fährten der gleichen Füße waren. Denn wie wäre das Geträumte hierhergekommen! Aber sie waren die Fortsetzung jener andern, die damals irgendwohin geführt hatten und die nun wieder heraufkamen, von irgendwoher. (MW 240)

Vorausdeutungsfunktion eignet auch jenem Wort des Herrn von Örtel (Kapitel 2), Wallmoden möge sich bald ein zweites Paar Stiefel machen lassen, weil er „anderwärts" vielleicht keine Gelegenheit mehr finden werde, eins zu bestellen. Art und Umstände dieser Empfehlung verbieten allerdings, diese Aussage für eine Weissagung im eigentlichen Sinne zu halten. Obwohl die Figur des Herrn von Örtel im Laufe des Romans ziemlich mysteriös bleibt – insbesondere seiner Aktivitäten und seines Verhältnisses zu Cuba wegen –, weist sie, im Gegensatz etwa zu Hackenberg in *Die Standarte*, keinerlei Merkmale eines mehr wissenden Eingeweihten auf.[5] Wallmoden kann aber nicht umhin, dem eher beiläufig klingenden Ratschlag so bald wie möglich, so als betreffe dieser ein Dringlichstes, Folge zu leisten: „er atmete auf, als habe er etwas erledigt, das – er wußte selbst nicht warum – unaufschiebbar gewesen war" (MW 102). Ein letztes Mal wird dieses Detail der Stiefel am Ende des Romans erwähnt, als Wallmoden, nachdem er im Sanitätswagen abtransportiert worden ist, sich in der Nähe der wirklichen Cuba befindet:

> Im Gehen begann ihn die rechte Ferse innen zu schmerzen. Er blieb stehen und bewegte die Ferse im Stiefel hin und her. Es war da etwas im Stiefel, wahrscheinlich war das Futterleder zerrissen, es mochte durchgescheuert sein. So, dachte er, nun habe er zerrissene Stiefel [...]. Im Grunde hätte er jetzt das zweite Paar Stiefel besitzen sollen. Aber er hätte doch wiederum nichts davon gehabt. Sie wären doch, Gott weiß wo, auf seinem Wagen gelegen. Es war doch sonderbar – so ging ihm durch den Sinn –, daß er von diesen Stiefeln wiederum nichts gehabt hätte [...] (MW 246f.).

Wallmodens Reflexion beeinträchtigt keineswegs, sozusagen vom Ende her, die Zukunftsrelevanz der Aussage des Herrn von Örtel. Dieser hatte zweifellos Recht gehabt, Wallmoden zu empfehlen, ein zweites Paar Stiefel zu bestellen. Daß ihm dies, wäre es auch rechtzeitig fertig geworden, in seiner jetzigen Lage praktisch wenig hätte helfen können, wird von ihm nur als neuer Beweis für die Sonderbarkeit seines Geschickes angesehen. Die scheinbare Diskrepanz zwischen Voraussage und Realität wird in eine höhere Schicksalsfügung transponiert.

Zusammenfassend läßt sich also unter manchen Aspekten verifizieren, daß *Mars im Widder* zum Erzähltyp der doppelten Welt, wie ihn Martínez bestimmt hat, gehört. Inszeniert wird tatsächlich eine paradoxe Koexistenz kausaler und finaler Motivation der dargestellten Ereignisse. Darf man aber, allein deshalb, schon von Phantastik sprechen?

Der Erzähltyp der doppelten Welt ist weiter definiert als der Bereich der phantastischen Literatur, insofern als die finale Motivation verschiedenartig bestimmt werden kann (was Martínez erlaubt, so heterogene Werke wie etwa Goethes *Die Wahlverwandtschaften* und Thomas Manns *Der Tod in Venedig* darunter zu rubrizieren). Es scheint dagegen eine unerläßliche Bedingung des Phantastischen zu sein, daß die finale Fügung des Geschehens irgendwie als Produkt oder Ausdruck des Übernatürlichen zu interpretieren sei. Welchen Stellenwert hat nun das Übernatürliche in *Mars im Widder*, und wie weit reicht somit der Geltungsanspruch des Phantastischen in diesem Roman?

Lernet-Holenia läßt seine Figuren Reflexionen und Anekdoten äußern, die gängige kursierende okkultistische Theoreme widerspiegeln. Bereits am ersten Tag, den Wallmoden beim Regiment verbringt, hört er von einem jungen Mann, der beim Baden im Fluß ertrunken sei und dessen Leiche, nach dem Vorschlag eines der Offiziere, am besten vermittels einer spiritistischen Sitzung, bei der man den Geist des Ertrunkenen zitieren (und befragen) könne, zu finden sei. Daraufhin erzählt Wallmoden von seinem Urgroßvater, einem Oberst, der sein Regiment einmal als Geist besichtigt habe, eine Anekdote, die Rittmeister Sodoma dazu veranlaßt, sich Wallmoden gegenüber zu verpflichten, ihm jedesmal, wenn er ihm begegne, ausdrücklich Mitteilung zu machen, ob er selbst oder ob es nur sein Geist sei, der da erscheine. Im Zuge dieses ernsthaft-amüsanten Gesprächs über Geistererscheinungen wurde auch die Geschichte von Nadja erzählt, welche nunmehr, nicht mehr allein funktional, wie weiter oben, sondern auch hinsichtlich ihres okkultistischen Inhalts untersucht werden soll.

Der Epilog dieser Geschichte – die Rückkehr der tot geglaubten jungen Russin aus dem Ausland – akkreditiert freilich nicht die okkultistische These des Übernatürlichen: „Es war natürlich gar nicht Nadjas Geist, sondern Nadja aus Fleisch und Blut gewesen, die die Schüsse abgegeben hatte [...]" (MW 13). Ganz diskreditiert wird diese These aber wiederum nicht, insofern als Nadja gerade während der spiritistischen Sitzung erschien und ihre Rückkehr demnach die paradoxe Wirksamkeit derselben bestätigt: „Selbstredend hätte keine Macht der Welt ihren Geist beschwören können. Allein sie hatte nur vorgegeben, tot zu sein, um der Verbindung mit meinem Vetter, der ihr unerträglich schien, zu entgehen. Die Lebende zurückzurufen, hatten

seine beschwörenden Gedanken während jener Sitzung genügt [...]"
(MW 14).

Mit anderen Worten: einen unmittelbaren Effekt des Übernatürlichen gibt es zwar nicht, wohl aber Umstände, in denen man es glauben könnte; gleichwohl gibt es Koinzidenzen und Fügungen, die derartigen Effekten in merkwürdiger Weise zu entsprechen scheinen: „es gibt weder Dämonen noch Geister, doch stellt sich das ganz Natürliche hin und wieder an, als gehorche es einem rätselhaften Gesetz, und dann scheint uns selbst das Alltägliche verdächtig [...]".[6]

Genau dieselbe Lehre des Phantastischen illustriert die zentrale Liebesintrige um Wallmoden und Cuba, die man auch als Pseudorevenant-Geschichte bezeichnen kann. An der polnischen Front erfährt Wallmoden überraschend von Leutnant Rex, daß seine für den 16. September geplante „blaue Stunde" mit Cuba deshalb nicht stattfinden könne. Diese Frau, die gar nicht Cuba geheißen habe und überdies in zweifelhafte Aktivitäten verstrickt gewesen sei – ‚Cuba' verkehrte in Wien mit Menschen „aus einer ganz anderen Welt als unsereins, mit ganz anderen Ehrbegriffen, wenn man das so nennen kann" (MW 214) –, habe sich unklugerweise, als man sie habe festnehmen wollen, zur Wehr gesetzt und sei daher erschossen worden. Dessenungeachtet aber findet Wallmodens Rendezvous mit ihr zur vereinbarten Stunde dennoch statt. Diese Zusammenkunft erklärt sich aus real-faktischen, wenngleich abenteuerlichen Umständen (Nichtidentität der beiden Cubas, Diebstahl des Passes). Obwohl Wallmoden sich dieser rational-empirischen Aufklärungsmomente vollkommen bewußt ist (er erkundigt sich bei der wahren Cuba detailliert über die Art, wie ihr der Paß entwendet worden ist), stellt er diese Koinzidenz in eine andere Logik, die es ihm erlaubt, den „phantastischen Anschein einer die Grenzen des Raumes und sogar des Todes sprengenden Liebe"[7] zu konstituieren: „Sie mag eine Person gewesen sein, die sich von diesem Zwischenfall, dem Tod, vielleicht doch nicht so sehr hat unterbrechen lassen wie andere [...]" (MW 259).

Wollte man auf Marianne Wünschs Definitionen zurückgreifen, so könnte man hier von einem typisch „potentiell Fantastischen" sprechen.[8] Faktisch Phantastisches liegt nämlich erst dann vor, wenn einer der Erklärungsversuche, die angesichts des Phänomens gemacht wurden, „ein nicht-wissenskonformes Erklärungsangebot des okkultistischen Typs" darstellt, welches dann „eines zusätzlichen

Plausibilitätsfaktors bedarf". Die Möglichkeit okkulter Phänomene muß also im Text selbst ernstlich erwogen, in Betracht gezogen werden, was in *Mars im Widder* aber offenbar nicht ganz der Fall ist. Der Roman erfüllt nichtsdestoweniger alle anderen Bedingungen des Phantastischen, insbesondere die der Nicht-Übersetzbarkeit des dargestellten Phänomens. Wallmodens Interpretation seiner Begegnung mit Cuba ist kein nachträgliches Signal, das Ganze nur als Allegorie zu interpretieren (wie etwa Archivarius Lindhorsts Bemerkung über „das Leben in der Poesie" in der letzten Vigilie von E.T.A. Hoffmanns Erzählung „Der goldene Topf"). Dem Geschehen wird somit nicht der Realitätsstatus genommen.

Ein weiteres Moment der Handlung, das eine Einschätzung des Stellenwertes des Phantastischen ermöglicht, bilden die sogenannten „Zustände" Wallmodens, das heißt, jene sich mehrmals wiederholenden Augenblicke, in denen er zwischen Wirklichkeit und Traumwelt hin und her wandert.

Diese traumartigen Erlebnisse geben den Anlaß zu einer Art hoffmanneskem Kabinettstück. Denn wie Theodor in *Das öde Haus* unterzieht sich Wallmoden wegen seiner „Anfälle" einer ärztlichen Untersuchung. Der Arzt nun erweist sich als ebenso besserwisserisch und dessen Rezept als genauso überflüssig wie dies schon bei E.T.A. Hoffmann dargestellt wurde. Der Arzt des Regimentes, den Wallmoden befragt, begnügt sich nämlich damit, in dessen Zuständen kein Anzeichen für eine Krankheit, sondern lediglich eines für eine höhere „Exaltation" sehen zu wollen, die man nicht um jeden Preis kurieren sollte – „man müsse doch sonst auch einen Künstler von seiner Fähigkeit heilen, Kunstwerke hervorzubringen, oder einen Seiltänzer von seiner Gabe, auf dem Seil zu tanzen" (MW 133) –, worauf Wallmoden einfach erwidert, er sei weder Seiltänzer noch Künstler. Daß der Arzt ihm schließlich eröffnet, er kenne kein Mittel und das Ganze werde sich, wie vieles andere, von selbst erledigen, überzeugt ihn davon, daß er es eigentlich mit einem guten Arzt zu tun hat.

Mit dieser distanzierten Reprise und humoristischen Wiederaufnahme einer klischeehaften Inszenierung der Phantastik setzt eine Verfremdung des (traditionell) phantastischen Traumerlebnisses ein. Weit davon entfernt, ihren Sinn aus einem Bezug zum Transzendenten zu ziehen, sind Wallmodens „Visionen, oder wie man sonst es nennen will" (MW 43), vielmehr dadurch gekennzeichnet, daß sie von der Semantik her zwar Außergewöhnliches, aber nichts, was grundsätzlich über die Gesetze der Natur hinausgehen würde, thematisieren. Man denke an den Traum von den zwei badenden Mädchen im Schloß von Jedenspeigen oder auch an jene Episode im 15. Kapitel, in der Wallmoden infolge einer Bombenexplosion das Bewußtsein verlor – oder eher „den Eindruck hatte, das Bewußtsein zu verlieren" (MW 224) –, in den Bombentrichter stieg, auf dessen Grund glitt und mit den Händen nach den kleinen hohlen Räumen griff, die es gleich leeren Wespennestern unter der Oberfläche gab. Diesen Erlebnissen liegt ein gemeinsames formales Element zugrunde, nämlich, daß „der Traum deshalb so merkwürdig war, weil er sich in nichts – oder fast nichts – vom Wachsein unterschied" (MW 122). Gäbe es nicht das abgrenzende Indiz des Erwachens, so hätten wir im Text selbst eine fast lückenlose Kontinuität – eine Erzählstruktur, die Lernet-Holenia bekanntermaßen bereits in *Der Baron Bagge* meisterhaft angewendet hatte.[9] Und daraus ergibt sich in *Mars im Widder* derselbe Chiasmus-Effekt wie in der vorgenannten Novelle. Das potentiell Phantastische führt zur Erkenntnis und zum Erlebnis des potentiell Wirklichen. Die Realität selbst hat sich nun gleichsam als solche zu legitimieren, wie es übrigens Rittmeister Sodoma für sein Teil in ironischer Weise übt. Diesen Chiasmus-Effekt des potentiell Phantastischen und potentiell Wirklichen wollen wir unter dem Begriff der Phantastizität (einem nach dem Modell der Literarizität konstruierten Neologismus[10]) rubrizieren, der sich insofern von der herkömmlichen Definition des Phantastischen unterscheidet, als er nicht auf einem punktuellen, brutalen Eindringen des Mysteriums basiert, sondern eher auf eine permanente Aura der erzählten Welt hinweist.

Folge dieser Erfahrung der Phantastizität ist, daß sich Wallmoden, ebenso wie andere Helden Lernets, in einem Zwischenreich bewegt, in einem Dazwischen, einem Feld, in dem nichts alleinige Wirklichkeit für sich beanspruchen kann. Diese Aura einer eigentümlichen Zwischenwelt, in der Sichtbares jederzeit ins Unsichtbare umschlagen kann (und umgekehrt), durchzieht den ganzen Text und demnach auch den „wahrheitsgetreuen Bericht" der militärischen Operationen des Aufmarsches an der Ostgrenze des Deutschen Reichs und des Angriffs auf Polen, der bis ins kleinste strategische Detail stimmt und für dessen Abfassung Lernet-Holenia seine Kriegstagebücher verwendet hat. Trotz unbestreitbarer Realitätsnähe hat man den Eindruck, daß das ganze Geschehen in einer seltsam unwirklichen Atmosphäre schwebt. In diesem Kontext ist auch die bekannte Episode der Krebswanderung auszulegen. Dieses riesige, dunkel glitzernde, leise raschelnde Band aus kriechenden Tieren, das Wallmoden eines Abends auf einer einsamen Straße erblickt, erschreckt ihn zunächst als rätselhaftes, unerklärliches Phänomen („Wenn es aber schon unklar war, weshalb sie nicht im Wasser schwammen, sondern über Land marschierten – aus welchem Grunde marschierten sie überhaupt?" MW 163) Er ist es selbst, der dann das Phänomen *metaphorisch* in Zusammenhang mit der Aktualität des Krieges bringt („[...] eine ganze Kolonne, [...] wie ein Geschwader von Gerüsteten [...] die Panzer glänzten im Mondlicht [...]" MW 165), eine Übertragung, deren *tertium comparationis* er dann, vermittelt durch das lateinische Zitat, das ihm in den Sinn kommt, chiffriert angibt. Diese Deutung läßt eine prophetisch-apokalyptische Dimension erkennen: Der Zug der Krebse von Osten nach Westen „weitet", so Müller-Widmer, die „auf das Schicksal der Polen beschränkte Interpretation zu einer Untergangsvision der Menschheit aus, wodurch Lernet-Holenia den Ausgang des Krieges am Beispiel des Polenfeldzuges bereits 1939 vorwegnimmt".[11] Allein welchen Status hat dieses Erlebnis? Wallmoden konstatiert plötzlich, daß die Krebse nicht mehr da waren, wundert sich, wie sie so schnell von der Straße hatten verschwinden können, und ist am Ende „nicht mehr ganz sicher, daß er nicht geträumt hatte" (MW 168). Letztlich ist diese Episode als wirklich-unwirklich zu charakterisieren, als blindes Motiv des Phantastischen, das keine andere Funktion im Handlungskontext innehat, als die Phantastizität des Ganzen als solche zu erzeugen.

Nach Stephan Berg gewinnt der Lernetsche Held, dank seiner Schlafwandler-Existenz, eine Entlastung, „die Entlastung eines Ichs, dem Leben und Tod zu ununterscheidbaren Größen geworden sind".[12] Der Schluß, der sich für die Protagonisten daraus ergibt, ist eine grundsätzliche Skepsis: „das Ich existiert, aber es agiert nicht mehr. Die Möglichkeit zum Handeln scheint von der Widersprüchlichkeit der Welt, in der jede Aktion das Gegenteil des Gewünschten erzeugt, absorbiert".[13] Dieses pauschale Urteil gilt es zu nuancieren. Es trifft vielleicht zu für Maltravers, läßt sich aber schon bestreiten im Fall von Branis in *Der Graf von Saint Germain* und ist gar unhaltbar für Graf Luna, dessen ganzes Handeln geradezu darauf zielt, das, was er seine „Indolenz" zur Zeit der Diktatur nennt, zu sühnen. „Daß wir für das, was wir tun, nicht, oder nicht ganz, verantwortlich sind, verhindert dennoch nicht, daß wir dafür zur Verantwortung gezogen werden", heißt es in *Die Inseln unter dem Winde*.[14] Wallmoden für sein Teil hütet sich zwar davor, in die möglicherweise zur politischen Widerstandsbewegung gehörende Gesellschaft um Herrn von Örtel und Baron von Drska einzutreten (obwohl er objektiv, sozusagen unwillkürlich, in deren Treiben verwickelt wird), gibt aber von dem mutigen, verzweifelten Widerstand der Polen ein aufrichtiges, menschliches Bild, das sicherlich nicht zu der klischeehaften Feinddarstellung der Kriegspropaganda paßte: „Hier wurden von seiten der Polen auch Taten wirklicher Tapferkeit verrichtet. Es gab manche, vor allem Offiziere, die sich bis zum letzten zur Wehr setzten [...]" (MW 200). Textstellen dieser Art belegen, daß seine Schlafwandler-Existenz den Offizier Wallmoden nicht daran hindert, Verantwortungsgefühl und Wahrhaftigkeit zu zeigen.

Die tiefere Bedeutung der Lernetschen Phantastizität läßt sich erst ermessen, wenn man sie in Rückbeziehung auf den Begriff der Prädestination betrachtet. Welche Lehre zieht Wallmoden aus den Ereignissen dieser letzten Wochen? Sein Rendezvous mit Cuba, das nicht allein deren Tod, sondern auch der Polenfeldzug hätte vereiteln müssen, fand dennoch statt. Denkbar ist also, daß sich die Weltgeschichte in seine private Geschichte einfügt, daß die Ereignisse der Weltpolitik nur Irrwege sind, dank denen sich gleichwohl sein persönliches Schicksal realisiert. „Sonderbarerweise war er nicht sicher, daß er nicht zu Cuba fuhr" (MW 117), meinte Wallmoden noch während des Aufmarschs. Potentiell wird also jene Einheit, die das mythische Denken im allgemeinen charakterisiert, von dem Los des Einzelnen und dem Weltlauf rekonstruiert, eine Einheit, die nach Lernet-Holenia mit dem Verfall der Monarchie verloren gegangen ist. Wie alle großen phantastischen Romane Lernet-Holenias steht *Mars im Widder* im Banne dieses mythischen Analogons.

Und hierin liegt der subversivste Aspekt des Werkes. Was in das Wunschbild der deutschen Kriegspropaganda nicht paßte, war nicht nur die Anspielung auf eine politische Widerstandsbewegung oder die respektvolle Darstellung des Feindes, und es war gewiß auch nicht nur die der offiziellen Propaganda widersprechende Schilderung des geheimen deutschen Aufmarschs an der polnischen Grenze noch vor der Kriegserklärung. Das, was die nationalsozialistischen Zensoren grundsätzlich nicht tolerieren konnten, war Lernet-Holenias unerhörte, eigenartige Weise, den Lauf der Geschichte zu privatisieren und im Bezug auf die Existenz des Einzelnen zu denken.

Mars im Widder ist in mancher Hinsicht dem im ersten Weltkrieg situierten phantastischen Roman *Die Standarte* (1934) sehr nah. Das gilt insbesondere für den Ausgangspunkt des Romangeschehens, das heißt die Verknüpfung einer privaten Liebesintrige mit der Aktualität der Weltgeschichte: Wallmodens Fahrten zu Cuba nach Wien und Baden erinnern an Menis' nächtliche Ausritte nach Belgrad, um Resa in einem versteckten Gemach des Konak zu treffen – eine Geographie der Begierde, welche die Situation des Ichs in den Umwälzungen der modernen Weltgeschichte veranschaulicht. Nun erscheint das Phantastische in *Mars im Widder* sozusagen noch potentieller als in *Die Standarte*. Obwohl die Veröffentlichungsdaten der beiden Werke gar nicht so weit auseinander liegen, scheint tatsächlich eine Zäsur eingetreten zu sein. *Die Standarte* darf man noch als ein Spätwerk der phantastischen Literatur zwischen 1890 und 1930 sehen, einer Blütezeit, welche, nach Marianne Wünschs These, sich dadurch erklärt, daß okkultistisches Wissen in dieser Epoche noch kulturell relevant war. Die in *Mars im Widder* dargestellten phantastischen Phänomene und Erklärungsangebote erscheinen dagegen weniger akzeptabel, wahrscheinlich – so man Wünschs These folgt – deshalb, weil sie sich weniger an ein okkultistisches Wissen der eigenen Zeit anschließen. Mit *Mars im Widder* demonstriert nun Lernet-Holenia, wie eine Phantastik, die nicht mehr von okkultistischem Wissen gestützt wird, dennoch *literarisch* relevant bleiben kann: nämlich als geeigneter Code, um die Situation des Ichs in der Gegenwart auszudrücken. Eine Narrativik der Modernität also, wie sie folgendermaßen in *Beide Sizilien* zusammengefaßt wird: „Interessant zu werden, beginnt das Leben überhaupt erst in den Augenblicken, in welchen es unwirklich wird; und die vollkommensten Erzählungen sind jene, welche bei der größten Wahrscheinlichkeit, die sie für sich beanspruchen können, den höchsten Grad von Unwirklichkeit erreichen [...]."[15]

Anmerkungen

[1] Alexander Lernet-Holenia: *Mars im Widder*. Wien, Hamburg: Zsolnay, 1976 (nachgewiesen im Text unter der Sigle MW mit anschließender Seitenangabe).

² Matías Martínez: *Doppelte Welten. Struktur und Sinn zweideutigen Erzählens*. Göttingen: Vandenhoeck u. Ruprecht, 1996, S. 13 – 36.

³ Vgl. Reinhard Lüth: *Drommetenrot und Azurblau. Studien zur Affinität von Erzähltechnik und Phantastik in Romanen von Leo Perutz und Alexander Lernet-Holenia*. Meitingen: Corian, 1988, S. 235f., 244f., 249f., 252.

⁴ Eberhard Lämmert: *Bauformen des Erzählens*. Stuttgart: Metzler, 1980, S. 176.

⁵ Vgl. Jean-Jacques Pollet: „De J.-H. Rosny à A. Lernet-Holenia: récits de guerre fantastique(s)". In: ders. (Hrsg.): *Ecritures franco-allemandes de la Grande Guerre*. Arras: Artois Presses Université, 1996, S. 242f.

⁶ Alexander Lernet-Holenia: *Die Inseln unter dem Winde*. Wien, Hamburg: Zsolnay, 1972, S. 314.

⁷ Lüth, *Drommetenrot und Azurblau*, a.a.O., S. 199.

⁸ Marianne Wünsch: *Die fantastische Literatur der frühen Moderne*. München: Wilhelm Fink, 1991, S. 65 – 68.

⁹ Vgl. Jean-Jacques Pollet: *Introduction à la nouvelle fantastique allemande*. Paris: Nathan, 1997, S. 90 – 94.

¹⁰ Vgl. Jean Bellemin-Noël: „Notes sur le fantastique". In: *Littérature 8*, Paris: Larousse, 1972.

¹¹ Franziska Müller-Widmer: *Alexander Lernet-Holenia. Grundzüge seines Prosa-Werks, dargestellt am Roman „Mars im Widder"*. Bonn: Bouvier, 1980, S. 105.

¹² Stephan Berg: *Schlimme Zeiten, böse Räume. Zeit- und Raumstrukturen in der phantastischen Literatur des 20. Jahrhunderts*. Stuttgart: Metzler, 1991, S. 186.

¹³ Ebd.

¹⁴ Lernet-Holenia, *Die Inseln unter dem Winde*, a.a.O., S. 306.

¹⁵ Alexander Lernet-Holenia: *Beide Sizilien*. Wien, Hamburg: Zsolnay, 1984, S. 482.

Ein Versuch, Staatsdichter zu sein.
Alexander Lernet-Holenia 1945 – 1955

Manfred Müller (Wien)

In den zehn Jahren von 1945 bis 1955 schrieb Alexander Lernet-Holenia drei Romane, die nur schwer in die Reihe seiner übrigen Werke einzuordnen sind. Gemeinsam mit dem ebenfalls in dieser Zeit entstandenen Großgedicht *Germanien* bilden *Der Graf von Saint-Germain*, *Die Inseln unter dem Winde* und *Der Graf Luna* einen Werkblock, der geprägt ist von intensiver Auseinandersetzung mit Problemen der Zeit der Niederschrift, also mit den Folgen des Zweiten Weltkriegs und vor allem mit dem Umgang mit diesen Folgen. In diesen vier Werken sowie in zahlreichen Briefen und Essays versuchte Lernet-Holenia, Probleme wie die österreichische Mitschuld am Nationalsozialismus, das Weiterwirken von Nationalsozialisten an zentralen Stellen (nicht nur) des kulturellen Lebens oder die beginnende Umweltzerstörung durch blinden Fortschrittsglauben zu thematisieren.

Daß seine Analysen keinen allzu großen Widerhall gefunden haben, obwohl sie in den letzten Jahrzehnten thematisch mehrmals dem jeweiligen Zeitgeist entsprochen haben dürften, mag an der Komplexität sowohl dieser Werke als auch der Gedankenwelt ihres Autors liegen: Obwohl Lernet noch heute, und auch in der Wissenschaft, weniger als Dichter, denn als Enfant terrible gesehen und behandelt wird, war er ein ungemein scharfsichtiger Beobachter, der seine Position in der Gesellschaft genau definierte und stets darauf achtete, komplexen dichterischen Idealen treu zu bleiben.

Es ist, so meine ich, nicht möglich, sowohl die Werke als auch ihre schwierige Rezeption auch nur annähernd zu verstehen, ohne die komplexe Figur des Dichters Lernet-Holenia in groben Zügen ‚vermessen' zu haben. Die Aufgabe dieses Beitrags ist demnach eine Ortung des Autors in den Jahren von 1945 bis 1955, gestützt vor allem auf Briefaussagen und Essays.

Am 17. Jänner 1946, acht Monate nach der bedingungslosen Kapitulation der deutschen Wehrmacht, hielt Edwin Rollett in Wien einen programmatischen Vortrag mit dem Titel „Österreichische Gegenwartsliteratur, Aufgabe, Lage, Forderung."[1] Rollett, als Präsident des Verbandes demokratischer Schriftsteller und Journalisten Österreichs und Kulturredakteur der *Wiener Zeitung* ein bedeutender Vertreter der österreichischen Kulturszene, zeichnete darin ein Bild der Situation österreichischer Künstler, namentlich der Schriftsteller, unmittelbar nach dem Krieg, voller Verständnis für deren stille Betroffenheit einerseits, andererseits aber darauf bedacht, die Dichter zum Dichten zu bewegen. Er bezeichnete den Krieg und alles, was in den vorangegangenen Jahren passiert war, als Fundus an Anregungen für eine Dichterphantasie. Am wichtigsten aber wäre, daß sich die Dichter zumindest wieder zu Wort meldeten: „Der Anspruch der Zeit geht nach höchster Produktivität und ernstester Vertiefung aller Schöpferkräfte."[2] Österreich brauche seine Dichter, denn „wir sind nicht reich genug, gerade unsere Allerbesten in so großer Zahl zu entbehren."[3]

Dies mögen wohl für viele schöne Worte gewesen sein, aber sie zeigen doch den Stellenwert, welcher der Dichtung als Mittel zum ‚Wiederaufbau' eingeräumt wurde. Rollett nannte auch Beispiele, Autoren, deren Stimme besonders nötig wäre; einige wenige, darunter Theodor Kramer, Rudolf Brunngraber, Robert Neumann, Erika Mitterer, Franz Theodor Csokor und Alexander Lernet-Holenia[4], wurden in der gedruckten Ausgabe der Rede gar durch Sperrdruck ihrer Nachnamen hervorgehoben. Lernet-Holenia wurde schon einige Seiten vorher als Verfasser der *Standarte* genannt, des „vielleicht schönsten und bedeutendsten österreichischen Kriegsromans",[5] eines Beispiels für die Darstellung des Krieges überhaupt:

> Der Name Alexander Lernet-Holenia, jenes Österreichers nobler, alter Couleur, der wie kein anderer in die oft krausen, abwegigen, tragikomischen Untergründe unserer, gerade unserer Psyche hineinleuchtete, bei dem wirklich alle Wege, wo sie auch begonnen hatten, irgendwie nach Österreich, nach dem Österreich der äußeren Aristokratie und nach dem Österreich des inneren, seelischen Adels hinführten, war insgesamt gezählte zwei Male zu lesen und zu hören, einmal als Autor eines schönen Gedichts, einmal als Verfasser eines wohl sehr wahren Radiovortrages – von wenigen Minuten. Die Stimme des großen Herrn und echten Dichters Alexander Lernet-Holenia hat sein Österreich bisher noch nicht vernommen.[6]

Eine Stimme, die sich bald nach dem Krieg zu Wort meldete, war das kommunistische *Österreichische Tagebuch*. Einer der Redakteure dieser Zeitschrift, der Schriftsteller und Übersetzer Hugo Huppert, schrieb 1946 unter dem Titel „Väter und Söhne" ebenfalls einen Situationsbericht zur österreichischen Literatur, und er ging mit Rollett hart ins Gericht: „Als vor Jahresfrist Dr. Edwin Rollett behauptete, die Literatur des neuen Österreich sei null, hatte er bereits unrecht: das Schweigen Alexander Lernet-Holenias war noch lange nicht das Schweigen Österreichs."[7]

Die literarische „Szene" der unmittelbaren Nachkriegszeit war arm an namhaften Exponenten. Eine Einschätzung Hans Weigels schließt mit einem bekannten Bonmot zur Veranschaulichung der Bedeutung Lernet-Holenias in diesen Jahren: „So waren nach 1945 also die einen entthront, die anderen ausgewandert, viele zugrundegegangen, um den Nachwuchs kümmerte man sich nicht, das Mittelmaß kam zum Zug. In einem Vortrag sagte ich 1948: Die österreichische Literatur besteht derzeit aus zwei Autoren, aus dem Lernet und dem Holenia."[8]

Dieser kurze Blick auf die österreichische Kulturlandschaft der ersten Jahre nach dem Ende des Zweiten Weltkrieges zeigt eines: An Lernet-Holenia kam man damals kaum vorbei. Edwin Rollett, der ihn quasi als Hoffnungsträger *per se* für Österreichs Literatur bezeichnet hatte, wurde von Hugo Huppert zwar deswegen kritisiert, aber allein die Tatsache, daß Huppert die Gleichsetzung der Stimme Österreichs mit der Lernet-Holenias aus Rolletts Artikel herausgehört hatte, obwohl davon nie explizit die Rede gewesen war, zeugt vom Stellenwert des Dichters in dieser Zeit. Und wenn man dann die dritte Wortmeldung, jene Hans Weigels, dazunimmt, sieht man, daß Lernet-Holenia fast ohne eigenes Zutun auf ein Podest gestellt worden war, um dort als Symbolfigur für etwas zu fungieren, was wohl am ehesten mit „dichterischer Wiederaufbau" umschrieben werden kann.

Ich sagte „fast ohne eigenes Zutun", denn interessanterweise finden sich in manchen Briefen „verdächtige" Stellen, aus denen hervorgeht, daß diese neue Rolle für ihn nicht ganz unerwartet war. So schrieb er im Oktober 1945 als Erklärung für sein Verbleiben im ländlichen St. Wolfgang: „[...] was soll ich wirklich in Wien? Sollte ich wirklich meine hohe Inaktivität an's Aktuelle koppeln? Kann ich jetzt in der Tat ein Dichter Österreichs werden, wenn ich's in einem Jahr nicht mehr würde? Ganz zu schweigen davon, wenn ich *der* Dichter Österreichs wäre."⁹ In einem anderen Brief wird die „Tendenz" Hartwichs erwähnt, „mich zu einem repräsentativen Dichter Österreichs zu machen."¹⁰

Aus dem Schriftsteller der Zwischenkriegszeit, der zwar als Lyriker verstanden werden wollte, trotzdem aber nie ein Hehl daraus gemacht hatte, mit mittelmäßigen Dramen und manchmal ebenso mittelmäßigen, manchmal guten Romanen vor allem Geld verdienen zu wollen, war mit dem Kriegsende ein „offizieller" Dichter geworden, auf dessen Stimme man wartete. Alexander Lernet-Holenia ließ sich allerdings noch jahrelang nicht überreden, nach Wien zu kommen, wo sich zwar einerseits fast alle relevanten kulturellen Entwicklungen abspielten, andererseits aber die Siegermächte das tägliche Leben wesentlich stärker beeinflußten als in Oberösterreich: Aus dem ‚Exil' in St. Wolfgang schrieb er an Milan Dubrovic, auf die russische Besatzungsarmee anspielend: „Kurz, ginge ich nach Wien, so verlöre ich dort, in ein paar Wochen, alle Distanz zu den Ereignissen, die mich das Dritte Reich gelehrt hat. Ich kenne Rußland [...] seit 1918. Wozu sollte ich es, 1945, in Wien studieren? Was soll ich Klopstock und Hölderlin beiseite legen, um eine Mischung aus Österreich und Gorki kennenzulernen?"¹¹ Zudem war seine Einschätzung des neuen Staates Österreich und dessen internationaler Bedeutung anfangs nicht allzu hoch, wie die Antwort auf eine Anfrage Dubrovics nach einem Essay mit dem Titel „Österreich als kulturelle Großmacht" zeigt:

> Was uns geblieben ist, ist ein gewisser Sinn für Kultur, und die Philharmoniker, und unser Wesen. Aber mit Kassner allein können wir das Geschäft nicht führen. In seiner Verzweiflung, weil er durchaus was wie eine Tradition hinterlassen wollte, hatte Hofmannsthal ohnedies schon nach Billinger und Mell gegriffen. Kurz: wir haben niemanden. Und wir können vielleicht vor den Alliierten behaupten, wir wären wer, aber nicht vor uns selbst. [...] Einen Aufsatz: „Österreich als museale Großmacht" hätte man vielleicht schreiben können. Wir sind nicht einmal mehr eine gewöhnliche kulturelle Macht. Und vom Ausland gesehen sind wir überhaupt nur mehr eine Mischung aus der Goldenen Gans und der Csardásfürstin. *Die* sehen nämlich, in *Wirklichkeit*, nicht einmal mehr das wenige, was noch da ist.¹²

Trotz dieses harten Urteils hatte Lernet-Holenia zu der Zeit, als dieser Brief geschrieben wurde, also im Jänner 1946, bereits aus eigenem Antrieb damit begonnen, als „Staatsdichter" aufzutreten. Ein besonders bemerkenswertes Beispiel dafür ist der Essay „Der Gruß des Dichters", den Lernet als offenen Brief an den Herausgeber der katholischen Zeitschrift *Der Turm*, Egon Seefehlner, abfaßte.¹³ Dieser berühmt gewordene Artikel, der zu den meistzitierten Werken des Dichters gehört, entspricht in vielem nicht der Tendenz seiner anderen (allerdings privaten) Aussagen aus dieser Zeit. Darin heißt es:

> In der Tat brauchen wir nur dort fortzusetzen, wo uns die Träume eines Irren unterbrochen haben, in der Tat brauchen wir nicht voraus-, sondern nur zurückzublicken. Um es vollkommen klar zu sagen: wir haben es nicht nötig, mit der Zukunft zu kokettieren und nebulose Projekte zu machen, wir *sind,* im besten und wertvollsten Verstande, unsere Vergangenheit, wir haben uns nur zu besinnen, *daß* wir unsere Vergangenheit sind – und sie wird unsere Zukunft werden. Auch das Ausland wird kein eigentlich neues, es wird im Grunde das alte Österreich von uns erwarten, wiederum den Staat also, der [...] das Prinzip enger Nationalität zugunsten seiner Kultur, seiner Lebensart und seiner politischen Tradition längst aufgehoben hatte und wiederum aufheben wird. [...] Gewiß werden wir noch erhebliche Zeit in materieller Unfreiheit zu verharren haben. Wir wollen's hinnehmen als Folge des Unheils, das uns heimgesucht hatte und nach dessen genauen Ursachen zu forschen kleinlich wäre.¹⁴

Der hier spricht, ist ein staatstragender Lernet, in der Tradition eines Wildgans etwa oder – um einen gleichaltrigen Zeitgenossen zu nennen – in der Sprache eines Rudolf Henz. Die Darstellung Hitlers als träumenden „Irren" und ausschließlich Schuldigen sowie der letzte Satz, wonach es „kleinlich" wäre, nach den Ursachen des „Unheils" zu forschen, stellen eine Verharmlosung der Geschehnisse im Dritten Reich und vor allem eine Vertuschung der Rolle Österreichs dar, die es Kritikern leicht machte, Lernet-Holenia in ein stumpf-konservatives Eck zu stellen.¹⁵ Der „Gruß des Dichters" wurde und wird von den meisten Wissenschaftlern als wichtigstes Zeugnis der politischen Gesinnung Lernets und seiner Einstellung zum Nationalsozialismus zitiert. Daß es auch durchaus andere (und wesentlich zahlreichere) Meinungsäußerungen gibt, ist dagegen kaum bekannt. Wenn es etwa in *Germanien* heißt „Schiebt nicht die Schuld auf andre, – diese Schuld und alles andre Schuldsein!"¹⁶, dann klingt das ganz anders, ebenso, wenn der Hauptantrieb der Handlungen Jessierskys in *Der Graf Luna* das Empfinden seiner persönlichen Schuld am Schicksal Lunas ist. In einem Brief an Ernst Schönwiese aus dem Jahre 1947 wird Kritik am Umgang mit „alten Nazis" deutlich:

> Es ist ganz falsch, daß man jetzt willens ist, alles, was aufs Konto des Dritten Reiches geht, vergeben und vergessen sein zu lassen, bloß weil man einen dämlichen Autokonstrukteur oder einen Finanzgauner aus jener Zeit zur Mitarbeit heranziehen will, weil man sich davon Vorteil verspricht. Aus Schuld wird immer nur wieder Schuld. Über jeden nur wirtschaftlichen Vorteil hat politische Anständigkeit zu gehen. Aber gibt es die überhaupt noch? Nur weil wir so viele Sünden von früher mitschleppen, kommen wir, jetzt, zu keinen Tugenden; und die Unlauterkeit der öffentlichen Zustände bedroht sogar unser Innerstes. Nun, wir wollen uns wehren, so gut wir können.[17]

Im Lichte vieler derartiger – privater wie öffentlicher – Äußerungen erscheint der „Gruß des Dichters" als Anbiederung an ein spezielles Publikum: Die Redaktion der Zeitschrift *Der Turm*, die von der konservativen ÖVP mitfinanziert wurde,[18] war in ihrer Tendenz nicht kritisch eingestellt, sondern versuchte eher, eine positive Stimmung zu erzeugen, die einem reibungslosen „Wiederaufbau" im Sinne alter Traditionen und christlicher Werte zuträglich war. Lernet-Holenia verstand es vortrefflich, die Klientel dieser Zeitschrift zufriedenzustellen, indem er sich auf das zurückzog, was er – scheinbar – immer war: der nicht an Politik interessierte, vornehm-dandyhafte Herrenreiter, die Verkörperung einer alten, vergangenen Welt. Daß dies nicht der Realität entsprach, wurde allerdings auch damals bemerkt, wenn auch nicht im katholischen *Turm*, sondern in der kommunistischen Zeitschrift *Österreichisches Tagebuch:*

> Sie sind der Autor eines grandiosen, vollkommenen Gedichts. Seit ich Ihr „Germanien" gelesen und immer wiedergelesen, weiß ich, Alexander Lernet-Holenia, daß Sie ein andrer sind als Sie zu sein vorgeben. Daß Ihre Nonchalance, Ihre Graf-Bobby-Attitüde und alles, was im Literarischen Ihr Sonderlingswesen ausmacht, gespielter Schein ist. [...] Wer hat jemals im Dichterwort das Wesen der „deutschen Misere" prägnanter ausgesprochen? [...] Ein verantwortungsvoller Denker, ein Richter ist da erstanden, wo wir ihn am wenigsten erwartet hätten.[19]

Hugo Huppert, der Autor dieser Zeilen, war Ende der zwanziger Jahre nach Moskau emigriert und im Mai 1945 als Mitglied der KPdSU nach Wien zurückgekehrt.[20] Er stammte also aus einer ganz anderen Welt als etwa Egon Seefehlner, und dennoch schaffte es Lernet-Holenia, beide zu überzeugen. Obwohl seine Aussagen bei genauer Betrachtung widersprüchlich und zum Teil sogar anbiedernd wirken, bereiteten sie ihm in der breitgefächerten und oft genug polarisierenden österreichischen Kulturszene der Nachkriegszeit eine beispielhafte allgemeine Akzeptanz. Heute führen seine unterschiedlichen Aussagen dazu, daß es nahezu unmöglich erscheint, Lernet-Holenias „wirkliche" Positionierung in den politischen Wirren der Nachkriegszeit festzustellen. Er verkörperte mit Sicherheit nicht die Weltsicht des *Turm*, von der Kritik der Kommunisten am jungen Staat Österreich war er aber ebenso weit entfernt. *Germanien*, ein in diesen Jahren einzigartiges Dokument der Abrechnung mit der unmittelbaren Vergangenheit, ist bei aller Reue in einem stolzen Ton gehalten. Der hier spricht, ist Offizier, und er verhält sich so, wie es die Ehre gebietet:

> [...] Es
> gibt Taten, die so ungeheuer sind,
> daß keine Sühne hilft. Wenn ihr gewußt,
> was ihr getan habt – und ihr habt's gewußt!
> – so hättet ihr auch wissen müssen, daß
> die Tat nicht vor den Richter kommen *darf*.
> Nun steht ihr vor dem Richter.
>
> [...] Wo so Ungeheueres
> geschehn ist, wäre es noch schlimmer, nun
> zu tun, als wäre es nur halb geschehn,
> euch halb die Schuld zu geben und halb nicht,
> euch halb zu bücken, wie das Pack sich bückt,
> weil es sich bücken muß, und halb euch zu
> erfrechen, wie das Pack sich nun erfrecht.[21]

Mit den Büchern *Germanien, Der Graf von Saint-Germain* und *Der Graf Luna* wurde auf aufsehenerregende Art und Weise Kritik am Dritten Reich geübt.[22] Offensichtliche Angriffe, Namensnennungen oder konkrete Repliken auf bestimmte Ereignisse wird man darin allerdings vergeblich suchen. Es ging dem Autor demnach nicht um „Kritik" im Sinne des Anprangerns eines Vorgangs oder einer historischen Begebenheit. Was er wollte, war, gleichnishaft den gesamten Vorgang zu zeigen und dabei vor allem das quasi „mythische" Geschehen im Hintergrund, das zu einem solchen Ereignis führen konnte. In einer Briefaussage über Ernst Jünger wird deutlich, was ein Dichter seiner Ansicht nach tun (oder vermeiden) sollte:

> Ein Dichter, sagt Rilke, hat kein Schicksal. Jünger aber kommt vom Schicksal her, – nicht nur von seinem eigenen, auch von dem der Nation. Er kommt von der Vita Activa her und deshalb bricht er auch innerlich die Dinge übers Knie. [...] Ein wirklicher Mensch ändert sich

nicht. Denn ein wirklicher Mensch ist kontemplativ gestimmt und ändert sich, weil er an nichts wirklich engagiert ist, auch in keinem Falle. Jünger aber sagt, letzten Endes, immer nur etwas zum Tage. Der Tag jedoch existiert für den wirklichen Menschen und Künstler nicht. Seine Zeit ist die Zeitlosigkeit. Jüngers Zeit aber ist *diese* Zeit. Die ganzen Marmorklippen, auf Ewigkeit getarnt, sind: das Dritte Reich. Es soll alles ganz allgemein gültig sein und ist doch nur – glaub mir! Für den Einzelfall giltig. Statt vom Mythos durchdrungen zu sein, ist alles bloß in Surrealismus gekleidet.[23]

Woran Lernet (bis 1955, genauer: bis zum Roman *Finanzamt*) gelegen ist, ist also die Bloßlegung des „Mythos", da, wie er Branis in *Der Graf von Saint Germain* in den Mund legt, „die Geschichte der Welt dem Mythos folgt und nicht der Logik!"[24]

Lernet-Holenia hatte in den Jahren des Zweiten Weltkrieges Gelegenheit, sich zurückzuziehen, und er übte dabei gleichsam, sich vor den um ihn herum stattfindenden Ereignissen zu verschließen: in einem anderen Brief an Milan Dubrovic wird das sichtbar: „Und wenn in den beiden Büchern, die, von mir, in Wien jetzt bald erscheinen sollen, etwas Gutes stünde, so nur dann, weil ich mich von den Ereignissen der letzten Jahre innerlich mit aller Macht so weit entfernt habe, daß ich *überhaupt* habe produzieren können. Verzweifeln Sie also nicht an Ihrer Umwelt. Sie ist [...] überhaupt eben bloß Umwelt (und die Welt ist nur in Ihnen)."[25] Für Lernet-Holenia ist das, was in der „Umwelt" passiert, das Alltägliche, unwichtig verglichen mit dem, was im Menschen vorgeht bzw. was „hinter" den Abläufen steht.

In vielen seiner Briefe, vor allem an Emil Lorenz und Lambert Binder, wird diese Einstellung durch die Prophezeiungen des Nostradamus unterstrichen: in der intensiven Beschäftigung mit dem Propheten geht es Lernet allerdings nicht um die konkreten Vorhersagen, sondern ausschließlich darum, daß es überhaupt möglich ist, etwas vorherzusagen: Dadurch erweist sich für Lernet-Holenia die Berechenbarkeit der Geschichte – ein Gedankengang, der den Autor auch immer wieder Oswald Spengler erwähnen läßt.[26] Diese Berechenbarkeit und damit der vorgegebene Fortgang der Geschichte aber beweist für Lernet wiederum, daß der Versuch eines Eingriffs in einen historischen Ablauf von vornherein zum Scheitern verurteilt sein muß.

Auf der Suche nach dem „Mythos" der Geschichte und seiner adäquaten Beschreibung sind Gefühle zu vermeiden: das erklärt die scheinbare Kälte, mit der Vorgänge wie etwa Jessierskys Ermordung des vermeintlichen Grafen Luna[27] geschildert werden. Mitleid ist in der theoretischen Welt des Spengler-Lesers Lernet-Holenia zwecklos und daher unangebracht: Es ist einem Beobachter unangemessen, dessen höchstes Ziel die unbestechliche, also auch gegenüber Gefühlen unempfindliche, Wiedergabe sein muß. In einem späten Brief heißt es gar:

> So ähnlich muss [sic!] – denn es hilft ja nichts – auch unsere Einstellung zur Dezimierung der Bevölkerung dieser Erde sein. Der wirkliche Mann beginnt dort, wo er imstande ist, auch ein wirklich geliebtes Wesen, zum Beispiel einen Hund, selber zu töten. Alle andern stiften automatisch auf dieser Welt mehr Unheil als Gutes, Brandt, Böll und Kreisky e tutti quanti. Brandt ist ein Idealist, und das macht die Sache nur noch schlimmer.[28]

Lernet-Holenia ist kein Idealist, er will es nicht sein. Er versteht sich als Denker, als Philosoph, der die einzige Möglichkeit einer dichterischen Existenz in einer Art von schöpferischem Egoismus sieht. In einem Brief an Berta Schwarz schreibt er:

> Wir sollten [...] nicht immerzu die Empfindung haben, an uns hänge die Welt. Da sie sich nicht um uns kümmert, verschaffen wir uns doch die Vereinfachung, daß auch wir uns nicht um sie kümmern. Wir werden's dann einfacher haben. Geht es uns wieder gut, vergessen wir das Allgemeine, in welchem Zustand es sich auch befinden möge. Vergessen wir's doch auch, wenn es uns schlecht geht! Befassen wir uns nur mit uns selber. Die andern befassen sich ja auch nicht mit uns.[29]

Der von mir gewählte Begriff Egoismus umschreibt hier ein Grundbedürfnis des Autors, um schreiben zu können. Die vollkommene Abkoppelung von der Umwelt, der Versuch, sich nur auf sich selbst zu konzentrieren, sich nicht durch äußere Ereignisse ablenken zu lassen, ist Teil von Lernets poetischem Konzept. Im Roman *Der Graf von Saint-Germain* heißt es:

> An sich wäre es freilich gleichgültig, was jemand andrer tut; man könnte ihn gewähren lassen. Er selbst aber läßt uns nicht gewähren. Immerzu werden wir in die Angelegenheiten anderer gezogen. Man verpflichtet uns zu einer Gemeinsamkeit, die gar nicht vorhanden ist. Denn es gibt keine wirkliche Gemeinsamkeit, es gibt nur Mitleid. Statt aber geben zu können, werden wir beraubt. Weil die Armen nicht reich sind, zwingen sie uns, für sie zu bezahlen; weil der Staat schlechte Diener hat, haben wir's zu entgelten; und weil eine Frau sich

hat betrügen lassen, betrügt sie uns. Wir haben immer nur an unsern Nächsten zu tragen. Sie hängen sich an uns wie eine Last, sie drängen uns ihre Leere auf, sie überziehen uns mit einer Schicht ihres Wesens, das keines ist. Wir sind schon längst nicht mehr wir selbst, und die Zeit wird kommen, zu der sie uns zu dem gemacht haben werden, was sie selber sind – die Zeit, zu der auch wir sein werden wie die andern...[30]

Eine Frage drängt sich in dieser und ähnlichen Stellen auf: Wer ist für Lernet-Holenia „wir"? In einem Artikel, den er im Jänner 1951 unter dem Titel „Welche Pläne können wir fassen?"[31] publiziert hat, gibt er auf diese Frage eine Antwort:

> *Wir* sind sehr wenige. Alle anderen merken nicht eben viel von dem, was in *uns* vorgeht. *Wir* sind immer allein. [...] Wer also sind *wir*? Sind *wir* diejenigen, die in Wirklichkeit sind, während die anderen bloß vegetieren? [...] Wer ist im Recht? *Wir* oder jene? So fragen *wir*, denn während *wir* gewiß sein dürfen, daß sie, in ihrer Einfachheit, sich zumindest im Recht fühlen, sind *wir* kompliziert genug, um sogar daran zu zweifeln, daß *wir* im Recht sind.[32]

Lernet-Holenia gehörte zweifellos zu einer geistigen Elite: Er war überaus belesen, verfaßte Rezensionen nicht nur zu Werken von Schriftstellerkollegen, sondern, was kaum je genannt wird, auch zu philosophischen Abhandlungen, beispielsweise von Heidegger. Er nahm an allen wichtigen kulturpolitischen Diskussionen der Jahre 1945 – 1955 teil, vom „Fall Thomas Mann"[33] über den „Fall Weinheber"[34] bis zum „Fall Nadler",[35] kurz, er war, um ein Schlagwort zu verwenden, am Puls der Zeit, jedenfalls aber war er nicht nur der rückwärtsgewandte, beleidigte Snob, als der er heute noch meist dargestellt wird. Er sah sich in einer Position, die ihm nicht nur das Recht gab, sondern die geradezu von ihm forderte, Stellung zu nehmen, in der Öffentlichkeit als stimmgewaltiger Dichter aufzutreten. Seine Gesellschaftskritik ist immer auch mit einer Pose verbunden: sein „wir" bedeutet, wie oben gezeigt, keinesfalls Verbrüderung mit der Menge der Zuhörer, es schafft im Gegenteil zusätzliche Distanz. Lernet wollte gehört werden, aber er wollte nicht die Probleme des Publikums diskutieren. Er teilte diese Probleme nicht, er sah sie nicht einmal, oder genauer, er ging davon aus, sie nicht sehen zu dürfen. Eine Voraussetzung seiner Position als – nennen wir es im weitestmöglichen Sinn – Volksbildner ist das unbedingte Vertrauen in die Macht der eigenen Mittel: „Schicksal ist nichts weiter als ein Ausdruck für die

Notwendigkeit dessen, was geschieht. Einzig der Geist vermag, es in seiner Bahn herumzulenken. Der Geist ist frei. Er hat Macht über die Unfreiheit des Ungeistigen."[36] Dieser „Geist" ist die Waffe des Dichters im Lernetschen Sinn, die er braucht, denn auf ihm lastet eine große Verantwortung: „Wir selbst haben darüber zu entscheiden, ob die Schöpfung, die wir zu unsrer eigenen Welt umgestaltet haben, des Schöpfers würdig bleiben oder ob sie eine Schande für den Schöpfer werden soll. Wir tragen die Verantwortung für die Welt."[37]

Eine weitere Voraussetzung für die Pose des Dichters ist die Geringschätzung des Publikums: Es finden sich viele Briefaussagen, in denen Lernet kein Blatt vor den Mund nimmt.[38] Der Großteil der Menschheit ist für ihn intellektuell nicht existent. Das zeigen schon die Auflagen seiner Werke: je weniger ihm selbst etwas galt, desto größer waren Auflage und damit Verkaufserfolg[39]. Die meisten Dramen und mit wenigen Ausnahmen auch die Romane bedeuteten ihm wenig, sie dienten ihm als Mittel zur Erzielung bedeutender Einkünfte. Je mehr er allerdings von seinen Büchern hielt, desto strenger hielt er sie mit Kleinstauflagen beinahe unter Verschluß. Diese Entwicklung, die in den 200 Exemplaren gipfelte, die er 1949 von seinem letzten Gedichtband *Das Feuer* auflegen ließ,[40] bedeutete zugleich auch Selbstschutz: In den Gedichten glaubte er so viel von sich preiszugeben, daß er sie wie eine Gabe für private Freunde zurückhielt. In derartigen Extremfällen führt die Geringschätzung des Publikums allerdings auch zu Problemen, zur zwangsläufigen Frage nach dem Sinn der eigenen Arbeit, wenn niemand sie versteht: „[...] für jemand, der kein Gedicht lesen kann, Prosa zu schreiben, ist so zwecklos, wie ihm, eben, ein Gedicht vorzusetzen"[41], so heißt es in einem Brief an Milan Dubrovic in einer Phase, in der Lernet-Holenia – wieder einmal – beschlossen hatte, gar nichts mehr zu schreiben, eine Phase, die, wie alle anderen auch, allerdings nicht lange anhielt.

Die Rolle, die Lernet sich und den Dichtern in der Nachkriegszeit gab, ist vielleicht mit jener vergleichbar, aus der heraus Hölderlin zu den Deutschen sprach, und nicht zufällig ist das erste große Produkt des Dichters Lernet-Holenia nach dem Zweiten Weltkrieg seine Rede an die Deutschen, das Gedicht *Germanien*. Nach dieser Arbeit war er unzufrieden,[42] denn das Ziel eines jeden Lyrikers müsse, so Lernet in einem Brief an Felix Braun, ein „Monument der Hymnik [sein], das die Deutschen seit Klopstock angestrebt haben."[43]

Es muß ein sich selbst durch seine einzelnen Teile multiplizierender Komplex von zehn oder zwanzig großen deutschen Hymnen entstehen, daß man, über das Einzelne und die Versuche und die Fragmente hinaus, sagen könne, daß die deutsche Hymnik existiere. Wer's, also, auf sich nehmen wird, sich daran zu wagen? Raten wir nicht lange herum, – jeder von uns wird's weiter versuchen müssen, doch Gott allein weiß, wem dieser furchtbare Versuch, der bei uns nun schon über zwei Jahrhunderte geht, auch gelingen wird. Die Opfer der „Heiligen Schaar" liegen an den Rändern dieses Wegs begraben, vielleicht wird man unsere Grabmäler für wert erachten, daß sie daran liegen.[44]

Lernet-Holenia deutet an, daß die Aufgabe, ein derartiges Werk zu leisten, selbst für einen Rilke zu groß gewesen sei:

Vor fünfundzwanzig Jahren hat sich uns das Schauspiel eines Versuchs geboten – die „Duineser Elegien", mit denen ihr Autor, fürchte ich, mehr einverstanden war, als die Öffentlichkeit es gewesen ist. Nicht ihrer schweren Zugänglichkeit halber. Sondern weil das Monument ein privates geworden ist, und, bei allen Vorzügen, ohne ein Verhältnis zu den Göttern und zur Nation. Es ist das Werk eines allzu Einzelnen, nicht der Chorgesang einer Welt.[45]

Der hier spricht, ist nicht der Lernet-Holenia, der Gedichte in Liebhaberauflagen produziert, jetzt strebt er Anderes an: es geht nicht mehr um den Dichter, den „allzu Einzelnen", sondern um die Welt, der er einen Chorgesang geben möchte. Es läßt sich beobachten, daß Lernet-Holenia in den Jahren nach dem Zweiten Weltkrieg für große Anlässe mehrere Hymnen dichtete, eine etwa für den Wettbewerb um die neue österreichische Bundeshymne, aber auch die im Gedichtband *Das Feuer* enthaltene „Hymne zum feierlichen Staatsakt Österreichs für Johann Wolfgang von Goethe am 28. August 1949 . Darin heißt es:

Unermeßliches Leid
tragen die Dichter. Denn
gewaltiger fühlen sie
als sonst die Menschen,
wenngleich das gleiche.

[...] Den Dichtern
allein ist eine Macht,
zu vollenden, gegeben,
und Unzuvollendendes
hinabzustürzen
mit richtenden Worten [...].[46]

Hier sind die Dichter diejenigen, auf denen das liegt, was man als „die Last der Zeit" umschreiben könnte. Sie sind es, die, wie oben bereits gesagt, Verantwortung tragen, sie haben aber auch die Macht, mit ihrer Kunst Veränderungen herbeizuführen. Daß diese euphorische Sichtweise – natürlich – nicht unreflektiert blieb, scheint klar, und läßt sich auch in einem anderen Gedicht dokumentieren, in „Amphion" von 1948. Darin heißt es:

> Denn dies ist's, ein Dichter zu sein:
> Viel aufzugeben, ja
> das Werk auch zuletzt
> und das Ungeheure der un-
> geschriebenen Strophen,
> Unzuvollendendes aber
> auf immer bewahren zu müssen [...].[47]

Amphion ist in der griechischen Mythologie derjenige, der mit der Kraft seiner Leier das selbe vermag wie sein Zwillingsbruder Zethos mit Muskelkraft – eine Mauer aufzubauen. Als die Mauer steht, ist der vor Kraft strotzende Zethos im Gegensatz zum musischen, zarten Amphion erschöpft – nie mehr wird er seinen Leier spielenden Bruder verspotten.

Allein die Tatsache, daß Lernet-Holenia diese Figur einsetzt, um dann melancholisch von „ungeschriebenen Strophen" zu sprechen, ist interessant. Amphion bleibt unerreicht, er ist quasi die Vorgabe, das Programm, kein Dichter wird ihn erreichen.

Dieses Gedicht stammt aus dem Roman *Der Graf von Saint-Germain*. Es wird dort Théophile Gautier zugeschrieben und ist in einen Zusammenhang eingebettet, der stark an den oben zitierten Brief an Felix Braun erinnert. Da heißt es aus dem Munde des Industriellen Philipp Branis:

> Gautier [...] hat es angedeutet in einem Gedicht „Amphion", von welchem ich immer geglaubt habe, es handle davon, daß jemand nicht mehr schreiben wolle. Jetzt aber weiß ich, daß es davon handelt, daß jemand nicht mehr schreiben darf. [...] Ich will es hierhersetzen, denn wenn es jemand läse, der es verstünde, schriebe er vielleicht lange nicht, dann aber schriebe er das Überwirkliche.[48]

Gottfried Benn, ein Lyriker, den Lernet-Holenia hochschätzte und mit dem ihn ein Briefwechsel verband, nannte das Gedicht „Amphion" in der Frankfurter *Neuen Zeitung* 1950 bei der Beantwortung einer Umfrage nach dem wichtigsten kulturellen Ereignis seit 1945 an der bemerkenswerten dritten Stelle.[49] An der selben Umfrage nahm auch Lernet-Holenia teil. Seine Antwort ist eindeutig: „Für das bedeutendste Ereignis seit dem Jahr 1945 halte ich das Erscheinen von Martin Heideggers ‚Holzwege'."[50] *Holzwege* ist eine Sammlung von Abhandlungen und Vorträgen, darunter auch einer mit dem Titel „Wozu Dichter?" Heidegger nimmt darin direkten Bezug auf Hölderlin, der in einer Elegie fragt: „Wozu Dichter in dürftiger Zeit?" Die Antwort ist für den Philosophen klar:

> Dichter sind die Sterblichen, die mit Ernst den Weingott singend, die Spur der entflohenen Götter spüren, auf deren Spur bleiben und so den verwandten Sterblichen den Weg spuren zur Wende. [...] Dichter sein in dürftiger Zeit heißt: singend auf die Spur der entflohenen Götter achten. Darum sagt der Dichter zur Zeit der Weltnacht das Heilige.[51]

Die Weltnacht, ein von Heidegger auch für die Zeit der Niederschrift gebrauchter Begriff, der durch die fast völlige Absenz Gottes oder der Götter definiert ist, ist eine Zeit, in der einem wahrhaften Dichter

> [...] aus dem Dürftigen der Zeit zuvor Dichtertum und Dichterberuf zur dichterischen Frage werden. Darum müssen ‚Dichter in dürftiger Zeit' das Wesen der Dichtung eigens dichten. [...] Wir anderen müssen auf das Sagen *dieser* Dichter hören lernen, gesetzt, daß wir uns nicht an der Zeit, die das Sein verbirgt, weil sie es birgt, dadurch vorbeitäuschen, daß wir die Zeit nur aus dem Seienden errechnen, indem wir dieses zergliedern.[52]

In diesem Zitat steht einiges, was das Verhalten Lernet-Holenias und seinen Anspruch erklären könnte: Die ‚dürftige Zeit', in der er lebt, die Nachkriegszeit Österreichs, verlangt nach einem Dichter im Heideggerschen Sinn, und Lernet-Holenia scheint bereit zu sein, sich in dieser Rolle zu versuchen. Im Jahre 1933 hatte er in einem Brief an Gottfried Benn erklärt: „[V]on Natur aus stellt der Künstler sich niemandem andern zur Verfügung als sich selbst oder, bestenfalls, seinen Göttern."[53] Jetzt, etwa fünfzehn Jahre später, werden viele Punkte, die Heidegger nennt, von ihm erfüllt: niemals sonst ist das Dichten selbst derart häufig Thema der Lernetschen Dichtungen, niemals sonst versucht er so häufig, Probleme der Zeit zu erklären und aus der Geschichte herzuleiten, sei es unter Zuhilfenahme der bereits erwähnten Theorien Oswald Spenglers oder der Weissagungen des Nostradamus. Und niemals sonst begibt er sich derart in Abhängigkeit von seinem Publikum, das er nun nicht mehr einfach mit Boulevardkost bedient. Heidegger meint „Wir anderen müssen auf das Sagen dieser Dichter hören lernen", und Lernet-Holenia vertraut auf die Macht der Dichtung und die Lernfähigkeit des Publikums und versucht, ein Amphion, ein „Dichter in dürftiger Zeit" für Österreich zu sein.

Dies gelingt ihm, wie wir heute wissen, nicht. Ein plausibler Grund für den Mißerfolg mag sein, daß der Generation, der er angehörte und für die er schrieb, die Kritik des Autors Lernet-Holenia zu herb war und daß die nachkommende Generation von Autoren ihrer Generation und – vor allem – ihres Vokabulars zufriedenstellend versorgt wurde. Ein weiterer Grund könnte sein, daß es Lernet-Holenia nicht geschafft haben dürfte, glaubwürdig zu bleiben: Und das erscheint verständlich, denn ein Dichter, der fast gleichzeitig einen restaurativen „Gruß des Dichters" und das in seiner Grundstimmung diametral entgegengesetzte Gedicht *Germanien* publiziert, setzt sich der Gefahr aus, unglaubwürdig zu sein.

Und die, die ihn trotzdem lasen, bekamen von ihm selbst regelmäßig Modelle geliefert, ihn als den oberflächlichen ‚Komödiendichter' abtun zu können, als der er in den meisten Literaturgeschichten überdauert hat.

Lernet-Holenias Versuch, Staatsdichter zu werden, muß als gescheitert angesehen werden. Am Ende blieb ihm nur mehr die Selbststilisierung, die große Pose.

1965, als *Das Finanzamt* erschien und damit offensichtlich die alltäglichen Problemchen längst die Oberhand gewonnen hatten, schrieb er resigniert in einem Brief an Michael Guttenbrunner:

> Deine Briefe, woferne sie von Deinen oder meinen Beziehungen zur Literatur handeln, wie wir die Dichtung in diesem Falle bescheidener Weise nennen wollen, sind mir umso interessanter und wertvoller, als sie von einem Gegenstande handeln, vor dessen Entwicklung ich, offen gestanden, immer ratloser stehe. Im Dritten Reich haben wir uns oft gefragt, wer eigentlich wahnsinnig sei, wir oder die andern. Jetzt haben wir Gelegenheit, uns dasselbe in betreff dessen zu fragen, was geschrieben wird. Nicht eigentlich, daß ich an mir selbst zweifeln möchte. Ich zweifle nur am Sinn und Zweck alles literarischen Tuns; oder mit anderen Worten: ich fühle mich immer mehr versucht, alles das als eine museale Angelegenheit zu betrachten. Das soll ihr nichts von ihrem Wert nehmen. Ich frage mich bloss [sic!], ob der ungeheure Widerstand, den die heutige literarische Produktion,

sei's nun von seiten der Herren Grass und Böll oder Frisch und ähnlichen Menschen, gegen die wirkliche Dichtung aufbringt, nicht vielleicht berechtigt ist. Denn wenn jemand heute ein Dichter sein will, ist's dann nicht, als ob er, ins Religiöse übersetzt, ein Heiliger sein wollte? Gibt es noch Dichter und Heilige? Ich wage diese Frage nicht zu beantworten. Alles was ich in diesem Falle tun kann, ist abzuwarten und zu beobachten, wie das, was wir Dichtung zu nennen gewohnt gewesen waren, immer weiter ins Wehrlose, Lächerliche und Unbezahlte absinkt. Man hat, scheint's, wirklich Veranlassung, sich diesen Umstand vor Augen zu halten. Ich weiss [sic!] die Ursache dieser Zustände nicht, ich glaube nur, nicht viel andres tun zu können, als mich abseits zu stellen, bis ich erkenne, was der Grund davon ist.[54]

Anmerkungen

[1] Edwin Rollett: *Österreichische Gegenwartsliteratur, Aufgabe, Lage, Forderung.* Wien: „Neues Österreich" Zeitungs- und Verlagsgesellschaft, 1946 (Schriftenreihe „Neues Österreich"; 3. Heft).

[2] Ebd., S. 9.

[3] Ebd., S. 21.

[4] Ebd., S. 17 – 19.

[5] Ebd., S. 6.

[6] Ebd., S. 18 – 19.

[7] Hugo Huppert: „Väter und Söhne. Eine literarische Erörterung". In: *Österreichisches Tagebuch*, 1. Jg., 1946, Nr. 36, S. 9.

[8] Hans Weigel: „Es begann mit Ilse Aichinger. Fragmentarische Erinnerungen an die Wiedergeburtsstunden der österreichischen Literatur nach 1945 . In: *Aufforderung zum Mißtrauen. Literatur, Bildende Kunst, Musik in Österreich seit 1945*. Hrsg. v. Otto Breicha u. Gerhard Fritsch. Salzburg: Residenz, 1967, S. 25 – 30, hier: S. 27. Dieser häufig zitierte Ausspruch wird meist – aus dem Zusammenhang gerissen – als ausschließlich lobende Bemerkung zum Schriftsteller Lernet-Holenia verstanden. Weigels Aussage ist indes offensichtlich eher *gegen* die Situation der Literatur als *für* den Autor Lernet-Holenia gewichtet.

[9] Alexander Lernet-Holenia an Sandor Hartwich, 10. 10. 1945 (Nachlaß Milan Dubrovic, Wiener Stadt- und Landesbibliothek, Handschriftensammlung).

[10] Alexander Lernet-Holenia an Sandor Hartwich, 23. 11. 1945 (Nachlaß Milan Dubrovic, Wiener Stadt- und Landesbibliothek, Handschriftensammlung).

[11] Alexander Lernet-Holenia an Milan Dubrovic, 8. 10. 1945. (Alle in der Folge zitierten Briefe an Milan Dubrovic finden sich im oben bereits erwähnten Nachlaß. Dubrovic (1903 – 1994), während und nach dem Zweiten Weltkrieg mit Lernet-Holenia befreundet, schrieb als Journalist u. a. für *Die Presse;* 1953 – 1961 war er deren Chefredakteur.)

[12] Alexander Lernet-Holenia an Milan Dubrovic, 24. 1. 1946.

[13] Alexander Lernet-Holenia: „Gruß des Dichters". In: *Der Turm,* 1/4/5, 1945, S. 109.

[14] Ebd., S. 109.

[15] Ein besonders anschauliches Beispiel für ein solches „Mißverständnis" ist die Darstellung Lernet-Holenias in Robert Menasses Buch *Die sozialpartnerschaftliche Ästhetik* (Wien: Sonderzahl 1990, S. 7 – 110). Darin wird nicht nur dessen politischer Horizont auf den „Gruß des Dichters" reduziert (S. 27 – 28); die endgültige „Hinrichtung" auch des Schriftstellers Lernet-Holenia erfolgt mit Hilfe einer krassen, fast schon bösartigen Beurteilung des Romans *Mars im Widder* (S. 67 – 68, 71). Ohne dieses Buch als „Widerstandsroman" überbewerten zu wollen, bleibt doch die Frage, was Lernet-Holenia zu einer derartigen Reizfigur für die Literaturwissenschaft machen konnte – auch wenn Menasses Tiraden (hoffentlich) nicht „wissenschaftlich" intendiert waren.

[16] Alexander Lernet-Holenia: Germanien. In: Alexander Lernet-Holenia: *Das lyrische Gesamtwerk.* Hrsg. v. Roman Roček. Wien, Darmstadt: Zsolnay, 1989, S. 367 – 380, hier: S. 372.

[17] Alexander Lernet-Holenia an Ernst Schönwiese, 27. 12. 1947 (Nachlaß Ernst Schönwiese, Österreichisches Literaturarchiv der Österreichischen Nationalbibliothek).

[18] Rüdiger Wischenbart: Zur Auseinandersetzung um die Moderne. Literarischer „Nachholbedarf" – Auflösung der Literatur. In: Friedbert Aspetsberger / Norbert Frei / Hubert Lengauer: (Hrsg.): *Die Literatur der Nachkriegszeit und der fünfziger Jahre in Österreich.* Wien: Österreichischer Bundesverlag 1987, S. 351 – 366, hier: S. 353.

[19] Hugo Huppert: Einem, der auf Goldgrund schreibt... Offener Brief an Alexander Lernet-Holenia. In: *Österreichisches Tagebuch,* 19. 7. 1947.

[20] Nach Karl Müller: Muß Odysseus wieder reisen? In: Friedbert Aspetsberger / Norbert Frei / Hubert Lengauer: (Hrsg.): *Die Literatur der Nachkriegszeit und der fünfziger Jahre in Österreich.* Wien: Österreichischer Bundesverlag 1987, S. 270 – 289, hier: S. 277.

[21] Alexander Lernet-Holenia: Germanien, a.a.O, S. 376 – 377.

[22] Vgl. v.a. das Kapitel „A Destiny of Guilt" in: Robert Dassanowsky: *Phantom Empires: The Novels of Alexander Lernet-Holenia and the Question of Postimperial Austrian Identity.* Riverside: Ariadne, 1996, S. 126 – 156.

[23] Alexander Lernet-Holenia an Sandor Hartwich, o. D. (Nachlaß Milan Dubrovic, Wiener Stadt- und Landesbibliothek, Handschriftensammlung).

[24] Zit. nach Robert Dassanowsky, a. a. O., S. 130.

[25] Alexander Lernet-Holenia an Milan Dubrovic, 11. 11. 1945.

[26] Vgl. „[D]ie ganze Welt ist nur mehr ein Beweis für Oswald Spengler." Alexander Lernet-Holenia an Emil Lorenz, 11. 6. 1940. Aus: Alexander Lernet-Holenia: *Briefe.* Hrsg. von Roman Roček. Unveröffentlichtes Typoskript. In vielen Briefen, vor allem während des Zweiten Weltkriegs, weist sich Lernet-Holenia

als Kenner Oswald Spenglers aus. Seine Auffassung von Geschichte dürfte stark vom Verfasser von *Der Untergang des Abendlandes* beeinflußt sein.

[27] Alexander Lernet-Holenia: *Der Graf Luna*. Wien, Hamburg: Zsolnay, 1955.

[28] Alexander Lernet-Holenia an einen ungenannten Adressaten, 4. 11. 1971 (der Brief befindet sich im Besitz Michael Guttenbrunners).

[29] Alexander Lernet-Holenia an Berta Schwarz, 11. 6. 1947 (Nachlaß Berta Schwarz, Österreichisches Literaturarchiv der Österreichischen Nationalbibliothek).

[30] Alexander Lernet-Holenia: *Der Graf von Saint-Germain*. Zürich: Morgarten Verlag, 1948, S. 36.

[31] Alexander Lernet-Holenia: „Welche Pläne können wir fassen?". In: *Neue Zeitung*, 3. 1. 1951.

[32] Ebd. Hervorhebungen durch den Autor.

[33] Vgl. Alexander Lernet-Holenia: „Der Fall Thomas Mann". In: *Der Turm*, 1/7, 1946, S. 172.

[34] In der Zeitschrift *Der Turm* wurde im 2. Jahrgang, 1946, eine Umfrage mit dem Titel „Debatte um Weinheber" durchgeführt, an der auch Alexander Lernet-Holenia teilnahm. Sein Beitrag wurde in Heft 7 veröffentlicht.

[35] Vgl. Alexander Lernet-Holenia: „Rückblick auf den Fall Nadler". In: *Die Presse*, 26. 2. 1949.

[36] Lernet-Holenia, „Welche Pläne können wir fassen?", a.a.O.

[37] Ebd.

[38] Vgl. etwa: „Am 5. September soll die ‚Maresi' in Salzburg heraus. Aber der Tierschutzverband ist dagegen, nicht jedoch, weil er die Tiere, die im Kino sitzen, schützen möchte." Alexander Lernet-Holenia an Milan Dubrovic, 23. 8. 1948.

[39] Vgl. dazu etwa folgende Stelle aus einem Brief an Hans Weigel: „Denn in den Staaten, in God's own Country, liest man weder Weigel noch Lernet-Holenia, und auch in Wien und Berlin liest uns nur eine hauchdünne Schicht. Es ist gut, daß diese Schicht hauchdünn ist, diese Dünnheit garantiert ihren Wert [...]." Alexander Lernet-Holenia an Hans Weigel, 27. 6. 1950 (Nachlaß Hans Weigel, Wiener Stadt- und Landesbibliothek, Handschriftensammlung).

[40] Roman Roček: Anmerkungen. In: Alexander Lernet-Holenia: *Das lyrische Gesamtwerk*. Hrsg. v. Roman Roček. Wien, Darmstadt: Zsolnay, 1989, S. 623 – 681, hier: S. 662.

[41] Alexander Lernet-Holenia an Milan Dubrovic, 19. 12. 1947.

[42] Vgl. „Mir ist, als hätte ich mit dem Gedichte ‚Germanien' wie mit einem großen Grabdeckel alles zugeschlagen." Alexander Lernet-Holenia an Berta Schwarz, 16. 10. 1947.

[43] Alexander Lernet-Holenia an Felix Braun, 27. 2. 1947 (Nachlaß Felix Braun, Wiener Stadt- und Landesbibliothek).

[44] Alexander Lernet-Holenia an Felix Braun, 21. 3. 1947 (Nachlaß Felix Braun, Wiener Stadt- und Landesbibliothek).

⁴⁵ Alexander Lernet-Holenia an Felix Braun, 27. 2. 1947 (Nachlaß Felix Braun, Wiener Stadt- und Landesbibliothek).
⁴⁶ Alexander Lernet-Holenia: *Das lyrische Gesamtwerk.* Hrsg. v. Roman Roček. Wien, Darmstadt: Zsolnay, 1989, S. 531.
⁴⁷ Ebd., S. 592.
⁴⁸ Lernet-Holenia, *Der Graf von Saint-Germain,* a.a.O., S. 103.
⁴⁹ „Das waren meine stärksten Eindrücke. Eine Weihnachtsumfrage." In: *Neue Zeitung,* 23. 12 .1950, Beilage, S. A5.
⁵⁰ Ebd.
⁵¹ Martin Heidegger: *Holzwege,* Hrsg. v. Friedrich-W. von Herrmann, Frankfurt a. M.: Vittorio Klostermann 1994, S. 268.
⁵² Ebd.
⁵³ Alexander Lernet-Holenia an Gottfried Benn, 27. 5. 1933. In: *Alexander Lernet-Holenia. Die Lust an der Ungleichzeitigkeit.* Redaktion: Thomas Hübel, Manfred Müller. Wien: Paul Zsolnay 1997, S. 51 – 59, hier: S. 53.
⁵⁴ Alexander Lernet-Holenia an Michael Guttenbrunner, 21. 6. 1965 (Privatbesitz Michael Guttenbrunner).

Bibliographie der Werke Alexander Lernet-Holenias

Romane

Die nächtliche Hochzeit [nach dem gleichnamigen Theaterstück].
Berlin: S. Fischer 1930.
Die Abenteuer eines jungen Herrn in Polen. Berlin: Gustav Kiepenheuer Verlag 1931.
Ljubas Zobel. Berlin: Gustav Kiepenheuer Verlag 1932.
Jo und der Herr zu Pferde. Berlin: Gustav Kiepenheuer Verlag 1933.
Ich war Jack Mortimer. Berlin: S. Fischer 1933.
Die Standarte. Berlin: S. Fischer 1934.
Die Auferstehung des Maltravers. Wien, Leipzig u. Zürich: Herbert Reichner Verlag 1936.
Der Mann im Hut. Berlin: S. Fischer 1937.
Riviera. Berlin: S. Fischer 1937.
Ein Traum in Rot. Berlin: S. Fischer 1939.
Mars im Widder. Berlin: S. Fischer 1941 [Gesamtauflage verboten, eigentliche Erstauflage: Stockholm: Bermann-Fischer 1947].
Beide Sizilien. Berlin: Suhrkamp Verlag 1942.
Der Graf von Saint Germain. Zürich: Morgarten Verlag 1948.
Die Inseln unter dem Winde. Frankfurt am Main: S. Fischer 1952.
Der junge Moncada. Zürich: Rascher Verlag 1954.
Der Graf Luna. Wien u. Hamburg: Paul Zsolnay 1955.
Das Finanzamt. Aufzeichnungen eines Geschädigten. Wien u. Hamburg: Paul Zsolnay 1955.
Das Goldkabinett. Des Finanzamts zweiter Teil. Wien u. Hamburg: Paul Zsolnay 1957.
Die vertauschten Briefe. Wien u. Hamburg: Paul Zsolnay 1958.
Das Halsband der Königin. Wien u. Hamburg: Paul Zsolnay 1962.
Die weiße Dame. Wien u. Hamburg: Paul Zsolnay 1965.
Die Hexen. Wien u. Hamburg: Paul Zsolnay 1969.
Pilatus. Ein Komplex. Wien u. Hamburg: Paul Zsolnay 1967.
Die Geheimnisse des Hauses Österreich. Roman einer Dynastie. Zürich: Flamberg Verlag 1971.

Die Beschwörung [unter dem Pseudonym: G. T. Dampierre]. Wien u. Hamburg: Paul Zsolnay 1974

Sammelbände

Drei Reiterromane. Wien u. Hamburg: Paul Zsolnay 1963 [Strahlenheim, Ljubas Zobel, Jo und der Herr zu Pferde].
Zwei Reiterromane. Knaur 1966 (Knaur-Taschenbuch; 116) [Strahlenheim, Ljubas Zobel].
Wendekreis der Galionen. Wien u. Hamburg: Paul Zsolnay 1973 [Riviera, Die Inseln unter dem Winde, Der junge Moncada].
Jubiläumsband. Wien u. Hamburg: Paul Zsolnay 1984 [Die Auferstehung des Maltravers, Die Abenteuer eines jungen Herrn in Polen, Ich war Jack Mortimer, Beide Sizilien].

Erzählungen

Der Herr von Paris [ab 1946: Brakenbourg oder Der Herr von Paris]. Wien, Leipzig u. Zürich: Herbert Reichner Verlag 1936.
Der Baron Bagge. Berlin: S. Fischer 1936.
Mona Lisa. Wien: Höger Verlag 1937.
Strahlenheim. Berlin: S. Fischer 1938.
Der zwanzigste Juli. Wien: Erasmus Verlag 1947.
Die drei Federn. Wien, Graz u. München: Stiasny Bücherei 1953.

Erzählbände

Die neue Atlantis. Berlin: S. Fischer 1935.
Der siebenundzwanzigste November. Wien: Amandus Edition 1946.
Spangenberg. Wien: Bellaria Verlag 1946.
Seltsame Liebesgeschichten. Wien: Bellaria Verlag 1949.
Drei große Liebesgeschichten. Zürich: Morgarten Verlag 1949.
Die Wege der Welt. Wien: Herold Verlag 1952.
Mayerling. Wien u. Hamburg: Paul Zsolnay 1960.
Das Bad an der belgischen Küste. Wien u. Hamburg: Paul Zsolnay 1963.

Götter und Menschen. Wien u. Hamburg: Paul Zsolnay 1964.
Pendelschläge. Wien u. Hamburg: Paul Zsolnay 1972.

Lyrik

Pastorale. Wien und Berlin: Wiener Literarische Anstalt 1921.
Kanzonnair. Leipzig: Insel 1923.
Das Geheimnis Sankt Michaels. Berlin: S. Fischer 1927.
Die goldene Horde. Wien/Leipzig/Zürich: Herbert Reichner Verlag 1935.
Die Trophae [Kleine Ausgabe]. Als Manuskript im Faksimiledruck veröffentlicht. 1927.
Die Titanen. Wien: Amandus Edition 1945.
Die Trophae [2 Bände, Gedichte im 1. Band]. Zürich: Pegasus Verlag 1946.
Germanien. Berlin: Suhrkamp 1946.
Das Feuer. Wien: Erasmus Verlag 1949.
Das lyrische Gesamtwerk. Hrsg. v. Roman Roček. Wien u. Darmstadt: Paul Zsolnay 1989.

Theaterstücke (mit Jahr der Uraufführung)

Demetrius. 1925.
Ollapotrida. 1926.
Österreichische Komödie. 1927.
Alkestis (Szene). 1927.
Saul (Szene). 1927.
Szene als Einleitung zu einer Totenfeier für Rainer Maria Rilke. 1927.
Erotik. 1927.
Flagranti. 1927.
Gelegenheit macht Liebe [auch: Quiproquo; gemeinsam mit Stefan Zweig]. 1928.
Die Frau in der Wolke [gemeinsam mit Rudolf Lothar]. 1928.
Parforce. 1928
Die nächtliche Hochzeit (Ein Akt) [Vorabdruck 1928, nicht aufgeführt].

Die nächtliche Hochzeit, Haupt- und Staatsaktion (Drei Akte). 1929.
Tumult [auch: Mariage; gemeinsam mit Paul Frank]. 1929.
Kavaliere [entstanden 1930, nicht aufgeführt].
Attraktion [auch: Transaktion; gemeinsam mit Paul Frank]. 1930.
Lauter Achter und Neuner [auch: Kapriolen]. 1931.
Liebesnächte. 1932.
Die Lützowschen Reiter. 1932.
Die Frau des Potiphar. 1936.
Die Abenteuer der Kascha [nach dem Roman „Die Abenteuer eines jungen Herrn in Polen"; entstanden 1934, nicht aufgeführt].
Der Triumph des Todes (Szene) [entstanden 1935, nicht aufgeführt].
Glastüren. 1939.
Remasuri [bei Wiederaufnahme 1961: Tohuwabohu]. 1939.
Lepanto (Szene) [entstanden 1946, nicht aufgeführt].
Spanische Komödie. 1950.
Radetzky [Publikation 1956, nicht aufgeführt].
Das Goldkabinett [nach dem gleichnamigen Roman]. 1957.
Die Schwäger des Königs [Publikation 1958, nicht aufgeführt].
Die Thronprätendenten [Publikation 1965, nicht aufgeführt].
Die Hexe von Endor [entstanden 1968, nicht aufgeführt].
Das Finanzamt [nach dem gleichnamigen Roman; Publikation bereits 1955]. 1969.

Hörspiele

Plutonium. 1952.
Die Schwäger des Königs [nach dem gleichnamigen Theaterstück]. 1960.
Lauter Achter und Neuner [nach dem gleichnamigen Theaterstück]. 1960.
Ich war Jack Mortimer [nach dem gleichnamigen Roman]. 1961.
Die Standarte [nach dem gleichnamigen Roman]. 1961.
Die Abenteuer eines jungen Herrn in Polen [nach dem gleichnamigen Roman). 1964.
Spanische Komödie [nach dem gleichnamigen Theaterstück]. 1964.
Der Zwanzigste Juli [nach der gleichnamigen Erzählung]. 1966.
Glastüren [nach dem gleichnamigen Theaterstück]. 1967.

Die Thronprätendenten [nach dem gleichnamigen Theaterstück]. 1968.
Der gestohlene Mord [nach der gleichnamigen Erzählung]. 1969.
Leutnant Burda [nach Ferdinand von Saar]. 1970

Biographien

Prinz Eugen. Wien u. Hamburg: Paul Zsolnay 1960.
Naundorff. Wien u. Hamburg: Paul Zsolnay 1961.

Verschiedenes

Greta Garbo. Ein Wunder in Bildern. Berlin, Wien u. Leipzig: Höger 1938.
Monologische Kunst? Ein Briefwechsel zwischen Alexander Lernet-Holenia und Gottfried Benn. Wiesbaden: Limes Verlag 1953.
Der wahre Werther. Wien u. Hamburg: Paul Zsolnay 1959.
Die wahre Manon. Wien u. Hamburg: Paul Zsolnay 1959.
Jahr und Jahrgang 1897. Hrsg. v. Gustav Hillard, Alexander Lernet-Holenia und Otto Brües. Hamburg: Hofmann und Campe 1966.

Übersetzungen

Lieder hoher Minne [Innentitel: Dies Büchlein sagt von hoher Minne]. Wien: W. Leopold Heidrich 1922.
Alessandro Manzoni: Die Verlobten. Zürich: Manesse 1950.
Egle Marini: Gedichte. Frankfurt a. M.: S. Fischer 1958.
Stanley Loomis: Die Dubarry. München: Biederstein 1960.
Marino Marini, Ein Lebensbild. Ein Gespräch mit seiner Schwester Egle Marini. Frankfurt a. M.: S. Fischer 1961 (Fischer-Bücherei).
Mario Mazzuchelli: Die Nonne von Monza. Hamburg: Nannen 1962.
Robert Louis Stevenson: Quartier für eine Nacht. Wien, Berlin u. Stuttgart: Paul Neff 1963.
Noel Coward: Wegen der Leute [auch: Wechselkurs der Liebe]. Berlin-Wilmersdorf: Felix Blochs Erben 1963.

Anhang

Autoren

Hélène Barrière, geb. 1958 in Toulouse. Studium der Germanistik in Toulouse, Paris IV und Fontenay-aux-Roses; 1983–1991 Gymnasiallehrerin; 1991 – 1994 und 1996 – 1997 A.T.E.R. an den Universitäten Lille III bzw. Artois; Promotion 1998 über Phantastik im Erzählwerk Alexander Lernet-Holenias, 1998 – 2004 maître de conférences an der Université d'Artois, seit 2004 an der Université de Provence (Aix-Marseille I). Aktuelles Forschungsgebiet: österreichische Literatur der Nachkriegszeit (Vergangenheitsbewältigung, Mythos), Publikationen zu Alexander Lernet-Holenia, Hans Lebert, Gerhard Fritsch und Christoph Ransmayr.

Donald G. Daviau, seit 1955 Professor für österreichische und deutsche Literatur an der University of California, Riverside (seit 2000 Emeritus); von 1974 – 2000 Herausgeber der Literaturzeitschrift „Modern Austrian Literature"; von 1987 – 2000 Gründer und Verlagsleiter der „Ariadne Press". Autor zahlreicher Bücher und Aufsätze, u.a. über Auernheimer, Bahr, Bernhard, Dürrenmatt, Frischmuth, Hofmannsthal, Kraus, Lothar, Mitgutsch, Musil, Schnitzler, Turrini, Stefan Zweig, das Biedermeier und die Zensur im Vormärz.

Martin Esslin, geb. 1918 in Wien. 1936 – 38 Studium der Anglistik und Philosophie in Wien, 1938 Abschluß des Reinhardt-Seminars (Regie); Emigration. 1940 – 1977 Mitarbeiter der BBC, 1977 – 1991 Professor of Drama an der Stanford University. Zahlreiche Publikationen u.a. zu Artaud, Beckett, Brecht und Pinter. Gest. 2002 in London.

Rüdiger Görner, geb. 1957. Professor für Neuere deutsche Literatur und Kulturgeschichte an der Aston University Birmingham und Direktor des Institute of Germanic Studies der University of London. Jüngste Buchveröffentlichungen: *Nietzsches Kunst. Annäherungen an einen Denkartisten*. Frankfurt a. M. u. Leipzig 2000; *Literarische Betrachtungen zur Musik*. Frankfurt a. M. u. Leipzig 2001; *Grenzen, Schwellen, Übergänge. Zur Poetik des Transitorischen*. Göttingen 2001; *Rainer Maria Rilke. Im Herzwerk der Sprache*. München u. Wien 2004.

Adolf Haslinger, geb. 1933 in Saalfelden/Salzburg. Studium der Anglistik und Germanistik in Innsbruck, ab 1964 Assistent am Institut für Germanistik der Universität Salzburg, ab 1973 Universitätsprofessor für Österreichische Literatur. Forschungsschwerpunkte u. a.: Barockliteratur, österreichische Literatur der Gegenwart; Herausgeber des Gesamtwerks Georges Saikos; zahlreiche Publikationen u. a. zu Heimito von Doderer, H.C. Artmann, Thomas Bernhard, Andreas Okopenko, Konrad Bayer und Peter Handke.

Thomas Hübel, Studium der Germanistik und Philosophie an den Universitäten Wien und Freiburg i. Br. Mitarbeit an Projekten im Kunst- und Kulturbereich, u. a. im Wiener Sigmund Freud-Museum. Derzeit Arbeit an einer Monographie zu Alexander Lernet-Holenia.

Krzysztof Lipiński, geb. 1957 in Rzeszow. 1976 – 1980 Studium der Germanistik in Krakau, 1984 Promotion über Georg Trakl, 1991 Habilitation über „Goethes Faust als Übersetzungsvorlage". Seit 1980 Mitarbeiter, seit 1999 Direktor des Instituts für Germanistik der Jagiellonen-Universität in Krakau. Seit 1999 Mitglied des Österreichischen PEN. Buchveröffentlichungen zu Goethes „Faust" (Kommentar und Übersetzung), Georg Trakl und zur österreichischen Literatur im 20. Jahrhundert. Zuletzt erschienen: *Auf der Suche nach Kakanien. Literarische Streifzüge durch eine versunkene Welt*. St. Ingbert 2000.

Kai Luehrs-Kaiser, geb. 1961 in Bremen. Studium der Philosophie, Germanistik, Musik- und Religionswissenschaft in Berlin, 1999 Promotion mit einer Arbeit zu Romanen Robert Musils, Heimito von Doderers und Hans Henny Jahnns. Publikationen insbesondere zur österreichischen Literatur des 20. Jahrhunderts. Dramaturgische Arbeiten an der Schaubühne Berlin. Musik- und Theaterkritiker für die Tageszeitung „Die Welt". Zuletzt (mit-)herausgegeben: „*Geschlossene Formen*". Würzburg 2004. Zur Zeit Vorbereitung der Historisch-kritischen Edition von Heimito von Doderers Roman *Die Dämonen*.

Manfred Müller, geb. 1969 in Zell am See/Salzburg. Studium der Germanistik und Kunstgeschichte, 2002 Promotion mit einer Arbeit zu Doderers *Der Fall Gütersloh*. Mitarbeiter der Österreichischen Gesellschaft für Literatur, Lehrbeauftragter am Institut für Germanistik der Universität Wien, zahlreiche Publikationen zur österreichischen Literatur nach 1945, insbesondere zu Alexander Lernet-Holenia.

Autoren 247

Jean-Jacques Pollet, geb. 1949 in Arras, Studium der Germanistik in Lille. Promotion über Gustav Meyrink, Habilitation über die deutsche phantastische Literatur am Beginn des 20. Jahrhunderts. Professor für neuere deutsche Literatur und Präsident der Université d'Artois, Leiter des Institut International Erasme. Übersetzer von Leo Perutz, Alexander Lernet-Holenia, Gustav Meyrink und Alexander Moritz Frey ins Französische. Chefredakteur der Zeitschrift „Germanica". Zahlreiche Publikationen zur deutschsprachigen phantastischen Literatur.

Wendelin Schmidt-Dengler, geb. 1942 in Zagreb, lebt in Wien. Professor am Institut für Germanistik der Universität Wien und Leiter des Österreichischen Literaturarchivs. Zahlreiche Veröffentlichungen zur österreichischen und deutschen Literatur. Herausgeber von Schriften Heimito von Doderers und Herzmanovsky-Orlandos. Zuletzt herausgegeben: *Albert Drach: „Z.Z." das ist die Zwischenzeit. Ein Protokoll.* Wien 2003.

Walter H. Sokel, geb. 1917 in Wien. 1938 Emigration, Fortsetzung des Studiums der Germanistik und Vergleichenden Literaturwissenschaft in den USA; 1953 Promotion; Lehrtätigkeit u. a. an der Columbia University, in Stanford und an der University of Virginia. Zahlreiche Publikationen zur Literatur des 19. und 20. Jahrhunderts, v. a. zu Franz Kafka und zur Literatur des Expressionismus.

Gerald Sommer, geb. 1963 in Karlsruhe. Lebt als freier Autor, Redakteur und Herausgeber in Berlin. 1999 Promotion mit einer Arbeit zur Erzähltechnik Heimito von Doderers. Zahlreiche Veröffentlichungen zu Doderer sowie Editionen aus dem Nachlaß des Autors. Mitherausgabe von: *Heimito von Doderer: Tagebücher 1920 – 1939.* München 1996. Zuletzt herausgegeben: *Gassen und Landschaften: Heimito von Doderers „Dämonen" vom Zentrum und vom Rande aus betrachtet.* Würzburg 2004. Zur Zeit Vorbereitung der Historisch-kritischen Edition von Heimito von Doderers Roman *Die Dämonen.*

Claudia Tuppy, geboren 1969 in Wien, Studium der Deutschen Philologie und Romanistik in Wien, Diplomarbeit 1998 über *Die Todeslandschaften im prosaepischen Werk von Alexander Lernet-Holenia.* Lebt in Wien und arbeitet derzeit als Trainerin für Deutsch als Fremdsprache in der Erwachsenenbildung.

Namenregister

Dieses Register enthält die Namen aller in Text und Kommentar genannten realen Personen, nicht jedoch die literarischer oder mythologischer Gestalten.

Abraham a Sancta Clara 122
Aichinger, Ilse 23, 234
Alewyn, Richard 141, 156
Alexander III. (der Große), König von Makedonien 118
Alighieri, Dante 13, 77
Amann, Klaus 186
Apelles 118
Arnold, Armin 156
Aspetsberger, Friedbert 170, 235
Attila, König der Hunnen 112
Auernheimer, Raoul 69, 71, 72, 74, 75, 91
Ayren, Armin 113, 123

Bahr, Hermann 8, 58, 67, 69, 70, 71, 75, 76, 77, 78, 79, 80, 81, 89, 92
Bailly, Jean Sylvain 164
Baur, Uwe 105
Beckett, Samuel 11
Becsi, Kurt 68
Beer, Otto F. 55
Beer-Hofmann, Richard 80
Beethoven, Ludwig van 8
Bellemin-Noël, Jean 218
Bellingrath, Arpad 10
Bendix, Konstantin 105
Benn, Gottfried 10, 80, 102, 105, 107, 122, 127, 128, 129, 134, 135, 136, 137, 139, 231, 232, 237, 242
Berg, Stephan 110, 122, 215, 218

Berger, Günther 156
Bermann Fischer, Gottfried 136
Bernhard., Thomas 57, 67
Beulwitz, Dagmar von 105
Bierce, Ambrose 179
Billinger, Richard 81, 222
Binder, Hartmut 156
Binder, Lambert 113, 123, 226
Blanc, Jean Joseph Louis 164
Boeckl, Herbert 13
Böll, Heinrich 7, 227, 234
Bonaparte, Louis-Napoléon (s. a. Napoleon III., Kaiser von Frankreich) 164, 169
Brandt, Willy 227
Braun, Felix 78, 92, 229, 231, 236, 237
Brecht, Bertolt 11, 57
Breicha, Otto 23, 234
Broch, Hermann 23
Brües, Otto 242
Brunkhorst, Ingeborg 123
Brunngraber, Rudolf 220
Burger, Heinz Otto 105

Calderon de la Barca, Pedro 83
Canetti, Elias 186
Carr, Edward Hallett 163, 169
Casanova, Giovanni Giacomo, Chevalier de Seingalt 43, 55
Caussidière, Marc 164
Celan, Paul 125, 136, 137, 139
Chevalier, Jacques 169

Namenregister

Chopin, Frédéric 100
Cleopatra VII. Thea Philipator, Königin von Ägypten 160, 165, 169
Colli, Giorgio 138
Cooper, James Fenimore 141
Courteline, Georges 67
Coward, Noel 242
Csokor, Franz Theodor 7, 14, 121, 143, 220
Curtius, Ernst Robert 133, 138

d'Annunzio, Gabriele 130
Danton, Georges Jacques 164
Dassanowsky, Robert 70, 81, 90, 91, 92, 94, 146, 150, 151, 156, 235
Daviau, Donald G. 91, 92, 93
Diebold, Bernhard 60
Dietrich, Margret 93
Dine, S. S. van (Ps. v. Willard Huntington Wright) 140
Dirrheimer, Günter 185
Doderer, Heimito von 8, 12, 23, 24, 45, 143, 176, 185, 186
Donnenberg, Josef 170
Dostojewski, Fjodor Michailowitsch 98
Dubrovic, Milan 187, 222, 226, 229, 234, 235, 236
Dumézil, Georges 115, 123

Eckert, Brita 168
Eco, Umberto 41
Eliot, Thomas Stearns 132, 138
Engels, Friedrich 170
Erasmus von Rotterdam 14
Esslin, Martin 11
Eugen, Erzherzog von Österreich 9, 167
Eugen, Prinz von Savoyen 108, 109, 122, 177, 179, 242

Felstiner, John 139

Ferdinand II., König beider Sizilien 144
Fetzer, Günther 105
Feuerbach, Ludwig 201, 202
Feydeau, Georges-Léon-Jules-Marie 61, 62, 67
Fiechtner, Helmut A. 88, 93, 94, 123
Fischer von Erlach, Johann Bernhard 108
Fleischer, Wolfgang 185
Flesch-Brunningen, Hans 69, 91
Fliessbach, Holger 139
Fontana, Oskar Maurus 58, 67
Fontane, Theodor 51
Frank, Paul 63, 240
Franz I. (von Lothringen), röm.-dt. Kaiser 21
Franz II., König beider Sizilien 144
Frei, Norbert 170, 235
Frenzel, Herbert A. 70
Freud, Sigmund 193
Frisch, Max 234
Frisé, Adolf 156
Fritsch, Gerhard 23, 234
Fussenegger, Gertrud 143

Gagern, Otto Freiherr von 144
Garber, Klaus 138
Garbo, Greta 242
Gautier, Théophile 114, 137, 231
Genette, Gérard 166, 167, 168, 170
George, Stefan 82, 87, 93
Gerhardt, Paul 77
Goebbels, Joseph 184
Goethe, Johann Wolfgang von 8, 51, 76, 77, 134, 137, 138, 184, 187, 211, 230
Goldscheider, Albert (s. Balduin Grollers) 142
Gordon, Glenn (Ps. v. Fritz Habeck) 142
Gorki, Maxim 222
Grass, Günter 234

Grollers, Balduin (Ps. v. Albert Goldscheider) 142
Groner, Auguste 141
Groß, Hans 140, 141
Groß, Otto 141
Großmann, Stephan 76
Gruenter, Rainer 105
Guttenbrunner, Michael 233, 236, 237

Habeck, Fritz (s. Glenn Gordon) 142
Hadik, Andreas, Reichsgraf von Futak 173
Han, Yeong-Suk 38, 39
Handke, Peter 143
Hartwich, Sandor 222, 234, 235
Hasubek, Peter 138
Hearn, Lafcadio 112
Heftrich, Eckhard 139
Hegel, Georg Wilhelm Friedrich 160, 164, 169, 190
Heidegger, Martin 195, 228, 232, 233, 237
Henrich, Dieter 160, 169
Henz, Rudolf 14, 223
Herrmann, Friedrich-Wilhelm von 237
Hildebrandt, Johann Lukas von 108
Hillard, Gustav 242
Hindenburg, Paul von 163
Hinkel, Hans 182
Hirsch, Rudolf 92, 137
Hitler, Adolf 66, 75, 162, 163, 181, 186, 191, 223
Hoffmann, Ernst Theodor Amadeus 179, 213
Hofmannsthal, Hugo von (eigtl. Hugo Hofmann Edler von Hofmannsthal) 8, 21, 22, 23, 55, 58, 67, 69, 70, 71, 75, 76, 80, 81, 82, 83, 84, 85, 86, 87, 88, 89, 90, 92, 93, 94, 101, 108, 109, 112, 121, 122, 123, 124, 126, 137, 152, 222
Hölderlin, Johann Christian Friedrich 58, 77, 126, 129, 130, 131, 132, 135, 137, 138, 222, 229, 232
Holzner, Johann 156
Homer 77
Horaz 23, 125, 126, 127, 128, 129, 130, 131, 135, 137, 138
Horváth, Ödön von 142
Hübel, Thomas 237
Huppert, Hugo 221, 224, 234, 235

Immermann, Karl 133, 138

Jellinek, Oskar 143
Jens, Walter 54, 105
Jünger, Ernst 195, 225, 226

Kadrnoska, Franz 169
Kafka, Franz 141
Kalbeck, Florian 88
Kassner, Rudolf 13, 14, 222
Kaukoreit, Volker 144, 156
Kindermann, Heinz 93
Kleist, Heinrich von 18, 19, 60, 80
Klimt, Gustav 13
Klopstock, Friedrich Gottlieb 222, 229
Klotz, Volker 105
Kokoschka, Oskar 13
Koopmann, Helmut 139
Körner, Theodor 65, 66
Koselleck, Reinhart 169
Kramer, Theodor 220
Kraus, Karl 58, 68, 69, 71, 79, 80, 92, 122, 142, 152, 156, 186
Kreisky, Bruno 227
Krug, Wilhelm Traugott 160
Kruntorad, Paul 143, 156
Kubin, Alfred 101, 143
Kurz, Paul Konrad 138
Kytzler, Bernhard 137, 138

Namenregister

Lafayette, Marie Joseph Motier, Marquis de 164
Lämmert, Eberhard 209, 218
Leander, Zarah 184
Lengauer, Hubert 170, 235
Leopardi, Giacomo 40
Lernet, Alexander 7, 8, 26, 72
Lernet, Sidonie (geb. Holenia, verw. von Boyneburgk-Stettfeld) 7, 8, 9, 72
Levitschnigg, Heinrich Ritter von 141
Loerke, Oskar 125, 137
Loernée, [Hauptmann] 108
Lohner, Edgar 136
Loomis, Stanley 242
Loos, Erich 55
Lorenz, Emil 226, 235
Lothar, Ernst 72
Lothar, Rudolf 63, 240
Louis II. (de Bourbon), Prince de Condé 164
Lukács, Georg 52
Lüth, Reinhard 38, 39, 40, 53, 56, 69, 70, 84, 85, 91, 93, 94, 105, 106, 111, 118, 119, 123, 124, 146, 156, 168, 186, 218
Lützow, Adolf, Freiherr von 65, 66, 67, 68, 241

Mach, Ernst 101
Maecenas, Gaius Cilnius 128
Maeterlinck, Maurice 86
Mann, Thomas 13, 14, 24, 133, 211, 228, 236
Manzoni, Alessandro 51, 242
Marcus Antonius 160
Marginter, Peter 143
Maria Theresia, Erzherzogin von Österreich, Königin von Ungarn und Böhmen 21
Marini, Egle 242
Marini, Marino 242
Martínez, Matías 205, 210, 211, 218
Marx, Karl 164, 169, 170
Matejka, Viktor 117, 124
Mazzuchelli, Mario 242
Meinecke, Friedrich 163
Melchinger, Siegfried 170
Mell, Max 14, 74, 81, 93, 222
Menasse, Robert 46, 47, 49, 50, 52, 55, 235
Meyrink, Gustav 101, 105
Mitterer, Erika 220
Molière 82, 83
Montinari, Mazzino 138
Moser, Hans 61
Müller, Hans-Harald 168, 169
Müller, Karl 156, 235
Müller, Manfred 237
Müller-Widmer, Franziska 29, 38, 39, 55, 56, 70, 91, 95, 104, 106, 118, 119, 124, 215, 218
Musil, Robert von 23, 45
Musulin, Janko 107, 122

Nadler, Josef 84, 93, 228, 236
Napoleon I., Kaiser von Frankreich 66, 108, 164
Napoleon III., Kaiser von Frankreich (s. a. Bonaparte, Louis-Napoléon) 164, 169
Naundorff, Karl Wilhelm von 242
Nestroy, Johann Nepomuk 67, 122
Neumann, Robert 58, 68, 220
Nietzsche, Friedrich 128, 138
Nostradamus 226, 232
Novotny, Fritz 13

Pascal, Blaise 169
Pechlivanos, Miltos 169
Perkonig, Josef Friedrich 74
Perutz, Leo 38, 56, 91, 101, 105, 123, 156, 157, 161, 162, 163, 164, 165, 166, 167, 168, 169, 170, 186, 218
Phidias 119
Pindar 126, 129, 130
Pinero, Sir Arthur Wing 67
Poe, Edgar Allan 140, 179

Polgar, Alfred 63, 68, 122
Polheim, Karl Konrad 93
Pollet, Jean-Jacques 168, 218
Pott, Peter 38, 70, 91, 168f.
Praz, Mario 39
Prévost d'Exiles, Antoine-François, Abbé 45
Prokopius 21

Radetzky von Radetz, Johann Joseph Wenzel Anton Franz Karl, Graf 66, 67, 241
Redl, Alfred 98
Reich-Ranicki, Marcel 68, 105
Reimann, Hans 107, 122
Retz, Jean-François-Paul de Gondi, Kardinal von Retz 164
Richelieu, Armand-Jean du Plessis, Kardinal und Herzog von 161, 165
Rieger, Stefan 169
Rilke, Rainer Maria 8, 9, 25, 33, 38, 58, 70, 75, 76, 77, 80, 81, 126, 130, 131, 132, 225, 230, 240
Rismondo, Piero 91
Robespierre, Maximilien Marie Isidore de 164
Roček, Roman 7, 40, 80, 92, 93, 111, 123, 138, 151, 152, 156, 170, 235, 236, 237, 240
Rollett, Edwin 220, 221, 234
Rosei, Peter 143
Rosny, J.-H. 218
Roth, Joseph 45, 102, 105
Rother, Rainer 186
Rüdiger, Lisa 39

Saar, Ferdinand von 242
Salin, Bernhard 115
Sauter, Heinz von 55
Saxo Grammaticus 114, 115
Schacht, Konrad 139
Schäfer, Eckart 137
Schahadat, Shamma 169
Scharang, Michael 143

Scheicher, Nadja 38
Schiele, Egon 13
Schiller, Friedrich von 142, 147
Schlüter, Marguerite 139
Schmid, Josef 156
Schmidt, Jochen 138
Schmidt-Dengler, Wendelin 163, 165, 169
Schnitzler, Arthur 45, 51, 67, 75, 80
Schödel, Siegfried 105
Schoeller, Bernd 137
Schondorff, Joachim 67
Schönwiese, Ernst 223, 235
Schwarz, Berta 227, 236
Sebestyèn, György 91, 104, 106
Seefehlner, Egon 12, 223, 224
Seeger, [Dr.] 182
Shakespeare, William 136
Shaw, George Bernard 59, 65
Simek, Rudolf 123
Simenon, Georges 140
Simmel, Johannes Mario 41
Skreb, Zdenko 105
Snorri Sturluson 114, 115
Snow, Charles Percy 140
Soyka, Otto 142, 156
Spalek, John M. 91
Spengler, Oswald 15, 160, 169, 226, 227, 232, 235, 236
Spiel, Hilde 39, 75, 92, 95, 150, 155, 156, 172, 185
Stein, Heinrich Friedrich Karl, Reichsfreiherr von und zum 65, 66
Steiner, George 128, 138
Stevenson, Robert Louis 242
Stieg, Gerald 186
Stifter, Adalbert 77
Strauß, Botho 138
Strauß, Johann, Vater 67
Strelka, Joseph P. 91, 93
Struck, Wolfgang 169
Sue, Eugène 141
Suhrkamp, Peter 137

Namenregister

Talleyrand, Charles Maurice de 164
Talon, Omer 164
Theodora, Kaiserin des Oströmischen Reiches 21
Thimig, Helene 93
Thomalla, Ariane 39
Thurn und Taxis, Marie von 138
Timur Lenk 34
Torberg, Friedrich 58, 68, 69, 91, 96, 104, 107, 122
Trakl, Georg 80, 102, 106
Travers, Ben 61
Trobitius, Jörg 138
Trunz, Erich 187
Tuppy, Claudia 38

Valéry, Paul 13
Vargas Llosa, Mario 138
Vergil 127, 128
Vidal, Gore 41, 54
Vivez, Luis 120

Wassermann, Jakob 143

Weigel, Hans 7, 12, 14, 23, 75, 221, 234, 236
Weinheber, Josef 228, 236
Weiß, Ernst 143
Weitz, Michael 169
Wieland, Christoph Martin 51
Wilde, Oscar 59, 61, 64, 67
Wilhelm III. (von Oranien), König von Großbritannien 109
Wischenbart, Rüdiger 235
Wrede, Alphons Freiherr von 156
Wright, Willard Huntington (s. S. S. van Dine) 140
Wünsch, Marianne 212, 217, 218
Wysling, Hans 139

Zangerle, Ignaz 106
Zenker, Helmut 143
Zenker, Margit 143
Ziethen, Hans Joachim von 173
Zuckmayer, Carl 75, 91, 96, 101, 104, 105, 142
Zweig, Stefan 20, 63, 98, 99, 105, 159, 168, 169, 240

"Die österreichische Literatur besteht derzeit aus zwei Autoren, aus dem Lernet und dem Holenia." Hans Weigels Diktum aus dem Jahr 1948 beschreibt exemplarisch die repräsentative Rolle Alexander Lernet-Holenias (1897-1976) im Österreich der Nachkriegsjahre: den Autor, der zur zentralen Figur des Literaturbetriebes wurde, weil er als Konservativer den Nationalsozialismus ablehnte und eine in die Zeit der Monarchie zurückreichende Kontinuität verkörperte, und den streitbaren Intellektuellen, der sich nicht selten mit überraschenden Positionen kritisch in öffentliche Debatten einmischte. Obwohl literarisch einem striktem Traditionalismus verpflichtet, hatte Lernet-Holenia keine Scheu, die politischen Umbrüche und soziale Entwicklungen seiner Zeit in seinen Werken zu verarbeiten.

Zwanzig Jahre nach seinem Tod war der einst viel gelesene Autor weitgehend in Vergessenheit geraten, und auch die Wissenschaft glaubte ihn als literarischen Traditionalisten und Vertreter des habsburgischen Mythos hinreichend charakterisiert zu haben. Das Symposion "Die Lust an der Ungleichzeitigkeit," mit dem die Österreichische Gesellschaft für Literatur den 100. Geburtstag des Autors würdigte, markiert in gewisser Weise den Wendepunkt hin zu der mittlerweile wieder sehr lebendigen Rezeption Lernet-Holenias bei Publikum und Wissenschaft. Die Vorträge der Tagung, die in diesem Band versammelt sind, geben einen Überblick über das lyrische, dramatische und erzählerische Werk des Autors und bieten damit, und nicht selten in kontroverser Weise, Anlaß zu seiner Relektüre und Neubewertung.